国家出版基金项目
NATIONAL PUBLICATION FOUNDATION

中国粮食经济与安全丛书

中国粮食生产高质量发展研究

陈杰　邓俊淼　董铠进　著

中国农业出版社

北　京

总　序

　　粮食事关人民健康、经济发展、社会稳定，粮食安全直接影响人民生命安全、经济安全乃至国家安全。粮食安全影响中国，也影响世界；影响当前，也影响未来。

　　新中国成立75年来创造了中华民族农业史上的四个里程碑：彻底摆脱了持续数千年的饥饿困扰，彻底结束了持续2 000多年交"皇粮"（农业税）的历史，基本结束了持续数千年"二牛抬杠"依靠畜力耕地的历史，彻底消除了现行标准下的绝对贫困。2021年，我国人均粮食占有量已经达到483千克，超越了联合国粮食及农业组织规定的人均400千克粮食占有量的温饱线（吃饱线），但距发达国家人均消费粮食800千克左右的"吃好线"还差317千克。可见，"吃饱没问题，吃好要进口"是中国粮食安全的基本国情，粮食安全问题将长期存在，我国必须走出一条具有中国特色的农业发展、粮食安全的发展道路，牢牢地把饭碗端在自己手中。

　　未来，粮食安全问题将更为突出，粮食安全鸿沟将长期存在，粮食安全将长期困扰人类生存与发展。当前，世界上78.9亿人中仍有8.28亿人没有吃饱，未来还将出生的25亿人吃什么？世界粮食安全期待第三次绿色革命，期待填平粮食安全鸿沟，期待人类粮食命运共同体的诞生！

　　在国际环境日益复杂多变的形势下，推动粮食产业高质量发展、稳住"三农"基本盘是应对国内外各种风险挑战、保障国家经济安全的战略要求。确保国家粮食安全，既需要足够的粮食产量和合理库存作为前提，又离不开相应的加工流通能力和产业链掌控能力。在复杂的地缘政治环境和不确定的贸易政策形势下，我国1亿多吨的粮食进口面临着国际粮源与供应链中断风险；在农业资源约束趋紧、粮食供需错配的背景下，6亿多吨的消费量、3亿多吨的存储量、2.4亿吨的跨省物流量，给国内粮食生产、收储、加工、流通带来了巨大压力和挑战。我国既可能面临国际市场风险加剧、国际供应链中断所带来的防御型安全威胁，又可能面临"谷贱伤农""米贵伤民"在粮食生产、流通领域的管理型安全威胁，必须统筹好粮食生产、储备、流通、贸易，大力发展粮食产业经济、健全粮食产业体系。

第七次全国人口普查数据表明，我国人口总量将在2025—2030年达到峰值14.5亿人，以人口老龄化为核心的人口结构性矛盾日益突出。为应对人口峰值和老龄化所形成的粮食安全保障与消费新需求，必须谋划粮食安全保障新战略和粮食产业发展新方式。同时，随着居民收入增长与消费升级，口粮直接消费（面粉、大米）逐步减少并趋于稳定，肉蛋奶的消费总体仍呈上升趋势，未来我国粮食消费结构中，除了主粮、饲料粮，蛋白饲料、能量饲料等需求将呈持续增长趋势。2021年我国人均国内生产总值（GDP）已达到12 551美元，但距高收入国家标准还有不小的差距。经验表明，进入高收入国家，食物消费结构将发生较大变化。目前，我国粮食需求仍然处于上升通道，保障粮食供应的任务十分艰巨，但同时也为粮食产业链的转型升级、高质量发展提供了战略性机遇。

产业强、粮食安，习近平总书记多次对粮食问题作出重要指示，强调抓好"粮头食尾""农头工尾"，抓住粮食这个核心竞争力，延伸粮食产业链、提升价值链、打造供应链，深入推进优质粮食工程，做好粮食市场和流通的文章，为保障国家粮食安全、加快粮食产业高质量发展指明了正确方向，提供了根本遵循。

为深入贯彻习近平总书记关于保障粮食安全的重要论述，全面系统研究中国粮食经济与安全领域的关键性理论问题，更好地支撑粮食经济与安全发展，中国农业出版社组织编写了"中国粮食经济与安全丛书"。该丛书围绕"立足新发展阶段、贯彻新发展理念、构建新发展格局、推进高质量发展"，在粮食产业高质量发展评价体系设计与应用的基础上，从流通、贸易、金融化、储备、基础设施、经济史等方面按照"高质量发展及支持政策的问题识别→解决短板、实现高质量发展的路径设计与机制识别→保障高质量发展的推进策略"的思路，进行流通、贸易、金融、储备、基础设施等关键环节的政策效果评估和路径优化研究，有利于构建链条优化、衔接顺畅、运转高效、保障有力的粮食产业体系，进而实现我国粮食安全保障战略和粮食产业高质量发展。该丛书共7册，分别为《粮食安全视角下中国粮食储备管理制度与风险防范研究》《"双循环"下中国粮食流通体制改革与创新研究》《地缘政治风险影响中国粮食价格的传导机制与实证研究》《中国跨国粮食供应链构建的现实逻辑与路径优化》《中国粮食生产高质量发展研究》《粮食安全战略下农业基础设施建设对粮食增产效应的研究》《中国粮食经济史》，是国内首套中国粮食经济与安全的系统性著作。

　　该丛书的顺利出版，对于构建具有中国特色的粮食安全与产业高质量发展理论体系、深化对以粮食为客体的若干重大关系的认识、破解粮食产业高质量发展政策目标错位的难题、指导粮食产业高质量发展评价等都具有重要意义。该丛书既可为我国粮食战线广大干部职工和科技人员学习研究提供参考，又可为政府部门制定与完善我国粮食安全战略和推动粮食产业高质量发展政策措施提供借鉴。

　　手中有粮，心中不慌。我国粮食安全问题是一个需要持续关注的兼具理论性和现实性的战略问题。该丛书对于相关问题的研究不免挂一漏万，希望更多的专家学者关注、研究中国粮食安全问题，为"中国人的饭碗任何时候都要牢牢端在自己手中，我们的饭碗应该主要装中国粮"作出新贡献。

清华大学国际生物经济中心主任

前　言

　　粮食生产事关我国粮食安全战略和国运民生，同时也是粮食产业经济发展的源头和基础，要实现粮食产业经济的高质量发展，必须首先实现粮食生产的高质量发展。小麦、玉米和水稻是我国主粮的重要组成部分，其生产高质量构成了我国粮食生产高质量的重要部分，因此本书在分析我国粮食生产高质量发展的过程中，将分析对象重点集中在小麦、玉米和水稻三大粮食作物品种上。

　　本书结合我国粮食生产的特征和高质量发展理念，建构了基于"新发展理念"为导向的粮食生产高质量发展的理论体系。主要结合我国单纯"靠'要素投入'来维持产量增加"的粮食生产体系向"以'效率提升'来提高粮食产量和质量共同提升为目标"的粮食生产体系转型的实际国情，在理论上"以'粮食生产永续发展'为目标"，结合高质量发展理念，建构了"以生产效率提升为导向"的粮食高质量发展指标体系。总体指标主要包括粮食生产全要素生产率相关指标，用于测度粮食生产的创新水平；粮食生产绿色全要素生产率相关指标，用于测度粮食生产的绿色水平；粮食生产社会化服务水平相关指标，用于测度粮食生产的开放、协调和共享水平。

　　本书分品种分别测度了小麦、水稻和玉米生产高质量水平，重点测度三大作物品种生产的全要素生产率和绿色全要素生产率及其动态变化特征，反映从效率角度粮食生产高质量发展的动态和静态特征。

　　同时，在小麦、水稻和玉米三大作物生产效率测度水平的基础上，允分考虑粮食生产过程的社会化服务水平，建构粮食生产高质量的测度指标体系，对全国涉及主粮生产的 26 个省级单位主粮生产的高质量发展水平进行测度与综合评价。在粮食生产高质量测度及动态变化特征分析的基础上，提出我国粮食生产高质量发展的策略和战略。

著　者

2024 年 7 月

目　录

第一章
绪　论

　　"中国特色社会主义进入了新时代，我国经济发展也进入了新时代，基本特征就是我国经济已由高速增长阶段转向高质量发展阶段。"这是党中央根据国际国内环境变化，特别是我国发展条件和发展阶段变化作出的重大判断。粮食生产是我国经济发展的基柱，经济发展向高质量转变，标志着我国粮食生产也正由"量"向"质"转变。但是，我国粮食生产向高质量发展转变过程中，尚存在以下问题：

　　第一，农村劳动力大量外流与粮食生产高质量发展的劳动力要求相冲突。粮食生产高质量发展离不开大量优质的劳动力。然而，随着我国经济的发展，农村劳动力大量向城镇转移，粮食生产受到劳动力外流的持续冲击（钟甫宁等，2016）。据研究测算，我国东部和中部地区的"刘易斯转折点"已经到来，这些地区农村劳动力的不停流出将减少粮食生产中文化学历高、知识技能优的劳动力要素投入，不利于我国粮食生产的高质量发展（蔡昉，2022；范东君，2013）。甚至于在部分地区，受制于机械替代难度和种植结构调整空间等因素，农村劳动力的流出会对粮食产出量带来负向影响，严重阻碍粮食生产向高质量发展转变（宦梅丽等，2021；程名望等，2015；李光泗等，2015）。

　　第二，小规模粮食生产与粮食生产高质量发展的规模化经营要求相冲突。粮食生产高质量发展的关键在于效率提高，而规模是影响效率的主要因素（危薇等，2019）。从规模经济的角度分析，适度规模化经营能够使得在既定的技术条件下，在某一生产规模区间，生产一单位粮食的平均成本递减，因此，粮食生产的高质量发展必定需要我国粮食生产的适度规模化（徐志刚等，2024）。但是目前我国粮食生产仍以传统小农户为主体，适度规模化经营推进步伐放缓，玉米等粮食作物种植规模效率仍有进一步提升的空间且省际差异明显，不符合粮食生产向高质量发展的要求（贾琳等，2017）。

第三，粮食生产环境污染与粮食生产高质量发展的绿色化要求相冲突。粮食生产的高质量发展需要以粮食绿色生产为驱动，不断支持粮食生产向绿色生态方向改革（于法稳等，2022）。粮食生产高质量发展是从聚焦粮食增产到注重农产品质量提升、再到以绿色生态为导向的转变过程，在此过程中逐步实现了经济性、安全性和低碳性的体系化整合。事实上，粮食生产面临着严峻的资源约束趋紧、面源污染严重、生态系统退化等形势，粮食主产区产量连年增长的背后是巨大的生态代价，这些问题在粮食生产高质量发展转变中亟待解决（罗海平等，2022；杨晨等，2021）。

除此之外，现有粮食生产实践中存在的劳动力老龄化、生产资源要素配置不均、生产空间布局不协调等问题，都与粮食生产高质量发展创新、协调、绿色、开放、共享的要求有所冲突。因此，当前我国粮食生产高质量发展的具体状况怎样以及如何推进其高质量发展，成为本书探究的主要内容。

第一节　粮食生产高质量发展问题的提出

一、粮食生产高质量发展的提出背景

党的十八大以来，以习近平同志为核心的党中央直面我国经济发展的深层次矛盾和问题，提出创新、协调、绿色、开放、共享的新发展理念。高质量发展是贯彻新发展理念的根本体现。2017年，党的十九大首次提出"高质量发展"的新表述，表明中国经济由高速增长阶段转向高质量发展阶段。此后，从"重视数量"转向"提升质量"、从"规模扩张"转向"结构升级"、从"要素驱动"转向"创新驱动"，高质量发展成为新时代中国经济的鲜明特征。高质量发展，就是能够很好满足人民日益增长的美好生活需要的发展，是创新为第一动力、协调为内生特点、绿色为普遍形态、开放为必由之路、共享为根本目标的发展。

习近平总书记多次强调，高质量发展要抓住粮食这个核心竞争力，抓好"粮头食尾""农头工尾"，延伸粮食产业链、提升价值链、打造供应链。面对严峻复杂的外部环境和艰巨繁重的国内改革发展稳定任务，粮食产业必须立足"以我为主"的战略基点，强化"产-购-储-加-销"全链条协同保障，坚持数量质量并重，深入实施优质粮食工程，全面提高粮食供给质量和产业发展水平，维护粮食产业链供应链安全稳定，始终把中国人的饭碗牢牢端在自己手中。粮

食产业是国民经济的基础性、战略性产业，加快粮食产业高质量发展，是保障国家粮食安全的坚实基础，扩大内需构建新发展格局的重要支撑，满足人民日益增长的美好生活需要的必然要求。

粮食生产作为我国粮食产业高质量发展的基础，必须完整、准确、全面贯彻新发展理念，更好统筹质的有效提升和量的合理增长，实现粮食生产的高质量发展。我国粮食生产目前仍存在着生产主体的多元性和复杂性、生产组织化程度不高、生产空间布局有待优化等诸多问题，这些都为我国粮食生产高质量发展带来了管理难度和不确定性。从生产的角度，如何构建有效的粮食生产高质量评价模型，从而对我国粮食生产高质量水平进行评价，更为完整地认识我国粮食生产高质量发展所存在的问题？如何构建适应粮食生产高质量发展的组织体系和主体构成，实现粮食生产主体的优化及其经营效率的提升？这些问题都亟须通过对我国粮食生产高质量发展进行研究来加以解决。粮食生产高质量发展成为推动经济发展质量变革、效率变革、动力变革的关键。

二、粮食生产高质量发展的研究内容

本书对粮食生产高质量发展的研究重点在于对其的测度与评价。为了更加准确地分析我国粮食生产高质量发展情况，本书首先从生产效率理论、绿色生产理论、空间溢出理论和社会化生产理论等理论角度，将新发展理念中的"创新、协调、绿色、开放、共享"等理念融入我国粮食生产高质量发展中，提炼出粮食生产高质量发展的内涵；然后根据粮食生产高质量发展的内涵，测度粮食生产全要素生产率、粮食生产绿色全要素生产率以及各省份粮食生产的社会化服务程度，并通过熵权法来度量每个指标的权重，最终形成分地区的粮食生产高质量发展综合指标；最后对我国不同的主要粮食生产品种和省份进行粮食生产高质量发展水平评价。

粮食生产高质量发展测度的关键在于生产效率，在同样的投入条件下，尽量产出、尽可能多地产出。这依托的是技术进步和技术效率，通过技术进步的创新和技术效率的提升来创造更多的产出。为了衡量粮食生产在该方面的水平，本书将粮食生产的全要素生产率作为粮食生产高质量发展衡量指标的重要部分。同时，随着人们对环境问题的关注，粮食产出开始强调尽可能地降低对环境造成污染的非期望产出的规模，实现粮食生产的绿色化。本书将粮食生产绿色全要素生产率作为粮食生产高质量发展衡量指标的另一重要组成部分。

粮食传统的生产局限于农户小规模生产空间内部，是一个封闭的过程，与外界的关联仅限于自然和个体的生产经验和技术，生产开放程度较小。随着农业生产社会化服务水平的提高，生产的开放程度逐步提高，并且在粮食生产过程中多个生产主体共享生产服务，体现了生产过程中的共享程度和协调程度。因此，从协调、共享和开放角度，本书还将粮食生产过程中社会化服务水平作为粮食生产高质量发展衡量指标的组成部分。

三、粮食生产高质量发展的研究框架

如图1-1所示，本书建立了一个多维的粮食生产高质量评价模型，其中包括粮食生产的全要素生产率、粮食生产的绿色全要素生产率和粮食生产的社会化服务水平，全方位地评价不同地区的粮食生产高质量发展水平，刻画粮食生产高质量发展的时空演变特征。在此基础上，提出粮食生产高质量发展的针对性对策建议，从多维整合的角度上，设计提升我国粮食生产高质量发展的机制。

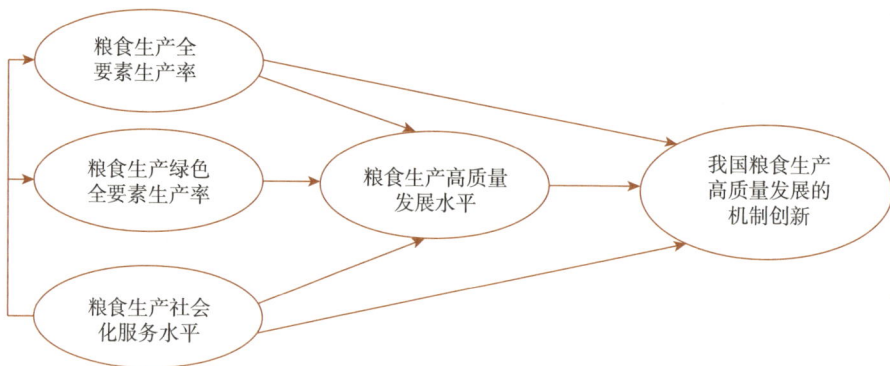

图1-1　研究框架

四、粮食生产高质量发展的研究思路

本书研究思路如图1-2所示。

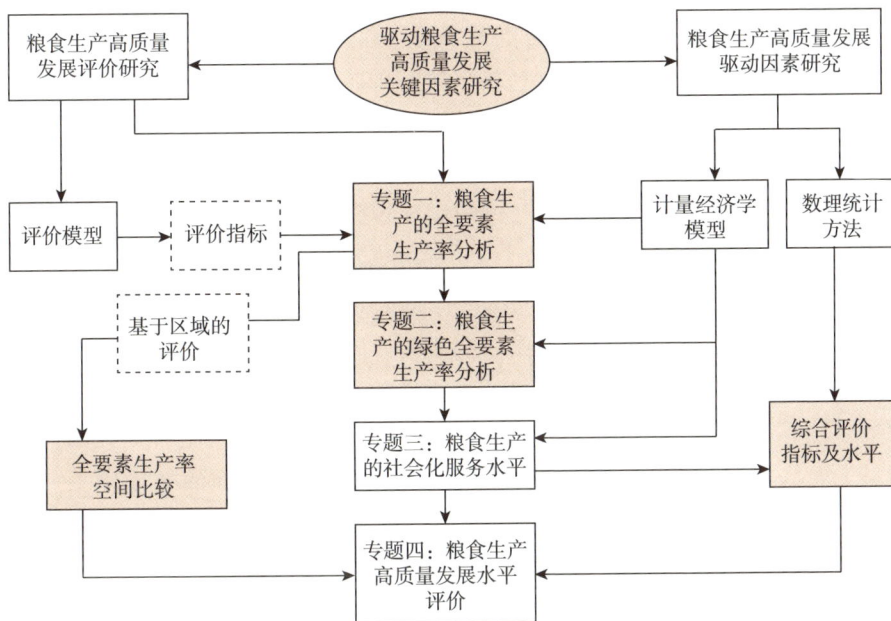

图 1-2　研究思路

第二节　粮食生产高质量发展的文献综述

我国作为世界最大的粮食进口国，随着国际形势的变化与冲击，对我国粮食安全产生了巨大考验。在当下复杂的经济与政治形势下，毫不放松抓好粮食生产，对保障国家粮食安全具有重要意义。目前，学术界关于粮食生产高质量发展的研究尚处于探索阶段。总体来看，现有文献关于粮食生产高质量发展的研究主要与粮食产业高质量发展密切相关，部分文献的研究直接将粮食产业高质量发展等同于粮食生产高质量发展进行分析，具体可以从如下几个方面进行梳理归纳。

一、粮食生产高质量发展的内涵研究

高质量发展是我国当前和今后一个时期确定发展思路、制定经济政策、实施宏观调控的根本要求。粮食安全是社会经济发展的"压舱石"和"定盘星"，其重要性不言而喻。推动粮食生产与流通等方面的高质量发展，是我国农业供

给侧结构性改革的重要内容，是加快推进实施乡村振兴战略的有效载体，也是确保我国经济全面高质量发展的重要条件（孔贵宝，2020）。口粮绝对安全是实现全面高质量发展进而实现乡村振兴的基础，因此，要不断稳固和完善我国粮食产业发展模式，落实新时代我国粮食安全新战略，确保谷物基本自给、牢牢掌控国家粮食安全的主动权（上官彩霞等，2020；陈燕，2020）。由此可见，推动我国粮食生产高质量发展对于维护国家粮食安全与实现乡村振兴有着十分重要的意义。

当今我国经济建设和发展已进入一个新时期，经济建设已由最初注重速度转向注重质量，由高速增长阶段跨入高质量发展阶段，与我国目前的社会发展状况高度吻合。随着我国经济建设的快速发展，国内环境的不断变化，同时也伴随着社会主要矛盾的出现，目前迫切需要采取相应的措施来推动我国经济高质量发展。而农业作为国民经济的基础，也步入了新旧动能转换的全面推进期，开始遵循高质量发展原则（钟钰，2018）。高质量发展的内涵主要包括"高质量供给与需求""高质量资源配置与投入""高质量区域联动与收入分配"三个方面、六个维度。

农业高质量发展的核心是粮食生产的高质量发展。对于粮食生产高质量发展的研究，需要先明确其含义与基本内涵，才能准确把握粮食生产高质量发展的发力方向。很多现有研究认为，粮食生产高质量发展是一个动态、可持续、协调发展的过程，对于更高水平地保障国家粮食安全、更好地满足人民日益增长的美好生活需要具有重要意义（李利英，2022）。尹琴等（2021）认为，保障粮食安全是粮食生产高质量发展的核心目标，粮食生产高质量发展应该是体现质量第一、效率优先，产业竞争力、创新力以及可持续发展能力不断增强的发展。杜志雄和韩磊（2020）同样基于粮食安全的视角阐释了粮食生产高质量供给的内涵，认为粮食生产高质量供给就是通过粮食生产要素和资源的优化配置，不断提高粮食供给体系的质量和效率。李明文等（2019）则认为，当前粮食产业发展面临的主要问题在于粮食供给的结构性矛盾，因此粮食供给能力提升也应是粮食生产高质量发展的必然要求。具体而言，播种面积调整能力和单产调整速度可在一定程度上反映粮食生产高质量发展水平。

部分文献从绿色生产效率的视角对粮食生产高质量发展的基本内涵进行了阐释。巩前文和李学敏（2020）认为，粮食产量的增长并非高质量发展的全部内涵，粮食生产的绿色效率也是高质量发展不可或缺的关键构件，推动粮食绿色化生产才能突破生态环境对粮食产业发展的约束作用，从根本上保证粮食生产向更高质态的发展轨道转型。张露和罗必良（2020）则指出单极化追求粮食增产的发展模式不具有可持续性，农业化学品的过量使用会引发严重的资源与环境危机，环境恶化反过来会进一步威胁粮食质量安全，由此形成恶性循环，必须积极探索粮食减量化生产的内在机理与可行路径。张元洁和田云刚（2020）结合马克思产业理论，提出推动乡村农业提质增效就要不断提高农业劳动生产率和土地收益率，通过促进三次产业融合发展改造传统农业，建立适应生态产业发展的绿色化生产方式。尹昌斌等（2021）从绿色发展的角度对粮食生产高质量发展的内涵进行了进一步阐释，认为粮食生产高质量发展就是要从过去单纯依靠要素投入、不计生态环境代价的粗放型产业发展模式，向注重提高质量和效益的集约化经营转变，以确保国家粮食数量和质量安全、提升农业发展的生态效益和经济效益为主要目标，从生产环节绿色化向全产业链绿色化延伸。

此外，一些文献则从生态系统服务视角对粮食生产高质量发展的基本内涵进行了分析。张露和罗必良（2020）认为，随着经济发展与需求结构变化，农业高质量发展的演变逻辑已经从农产品增长的单极目标向生态系统服务的多维价值共创方向转变，农业生态功能和社会功能的重要性日渐凸显。黄修杰等（2020）也认为，农业发展的最终目的是要实现人与自然和谐，要巩固粮食供给，不断提升粮食品质，支撑整个国家和社会的食物需求，要展现对人文地理的关怀，反哺生态系统，促进农村社会福利最大化。通过追求粮食产供销各环节与生态环境、社会发展等方面的协调统一，最终服务于整个生态系统。谢艳乐和祁春节（2020）则认为，粮食生产高质量发展是以最小要素投入获得最大优质产出，强调经济效益和生态效益持续提升的发展。粮食生产高质量发展应该充分发挥农业的多功能性，打通"粮食产业兴旺、乡村生态宜居、农民生活富足"的联动机制。

综上分析可知，已有文献为理解粮食生产高质量发展的内涵提供了有益见解，但仍然存在一些不足之处。粮食生产高质量发展虽然内含于经济和粮食产业高质量发展之中，但由于前者与后者在范围上存在较大差异，粮食生产高质量发展的内涵并不能简单套用经济或粮食产业高质量发展相关理论。粮食产业高质量发展的内涵极其丰富，涵盖粮食供给、生态环境、社会经济和农村发展等多个维度，但不同维度中粮食生产高质量发展的重要性并不等同，单纯依靠粮食产业高质量发展内涵而对粮食生产高质量发展进行理论界定与内涵概括会存在一定的偏差。因此，本书结合社会的持续发展与人们对粮食商品的诉求变化，满足人们对粮食供给由数量增长转向数量与质量并重的诉求、满足人们对粮食生产减量化和绿色化的诉求、满足人们对粮食产业反哺生态系统的诉求，对我国粮食生产高质量发展质态的内涵提出更高层次的要求与阐释，旨在促进我国粮食产业向更高质态的发展轨道跃迁。

二、粮食生产高质量发展的测度评价与影响因素研究

粮食产业高质量发展是新时期经济高质量发展在农业领域的具象化和深度化，而粮食生产的高质量发展又是粮食产业经济发展的源头和基础。因此，很多研究围绕粮食生产高质量发展的测度与影响因素进行研究。

（一）粮食生产高质量发展的测度评价

从新发展理念出发，学者们构建了不同的指标体系从不同方面对粮食生产高质量发展情况进行测度和评价。辛岭（2019）根据农业高质量发展的 4 个主要特征，构建我国农业高质量发展综合评价体系，采用熵值、专家打分等方法评估发现，农业自然资源禀赋与经济发展水平是影响农业高质量发展的重要因素。梁伟森等（2021）则从粮食安全、生产效率、绿色发展和农业科技 4 个维度选取指标对广东省的粮食产业高质量发展水平进行评价，发现粮食产业的高质量发展主要依赖于财政支农和农村信息化。燕枳璇等（2022）在新发展理念背景下，选取了产量规模、科学技术、绿色生态和经济社会 4 个一级指标和 16 个二级指标来建构粮食生产高质量发展评价指标体系，运用组合熵权法评估发现科学技术水平和社会经济水平对粮食生产高质量发展的影响较大。在粮食生产高质量发展的趋势评价上，祁迪等（2022）从安全保障、结构效益、科技创新、绿色生态和包容共享 5 个维度共构建 33 个指标，全方位多层次地对我国粮食生产高质量发展水平进行评估，发现我国粮食生产高质量发展水平呈现快速上升趋势。徐孝新等（2022）运用加入时间变量的熵权法和 Dagum 基尼系数以及多种收敛性检验，发现我国粮食主产区高质量发展水平较低，在波动中呈总体上升趋势。在粮食生产高质量发展的区域评价上，王静（2021）从高品质农业、高效益农业、高效率农业、高素质农业 4 个维度出发，构建我国农业高质量发展测度指标体系，通过熵权法及多目标线性加权函数法测度，发现我国粮食生产高质量发展的重点和难点都在西部地区。由此可见，现有文献中粮

食生产高质量发展的测度指标体系构建已相对完备。

（二）粮食生产高质量发展的影响因素

影响粮食生产高质量发展的因素是多方面的，现有研究可以具体从以下几个方面来梳理：一是农业机械化因素。农业机械化对粮食高质量生产的影响存在环节异质性，例如机械播种和机械收获对全要素生产率的影响不显著，而机械施肥影响显著且有正向作用（徐志刚等，2022）。二是农业社会化服务因素。尽管全国各类农业经营主体从事农业社会化服务的比例还不高，但从事农业社会化服务总体上是"有利可图"的。发展农业社会化服务对改变参与粮食生产的经营主体、优化粮食生产规模、改进粮食生产方式均具有积极意义（钟真等，2021）。李明文等（2020）也通过进一步的实证分析发现，农业服务业占比升高有利于粮食全要素生产率的提升。三是农业政策因素。在推进粮食生产高质量发展关键时期，农业政策对小麦、水稻和玉米的播种面积、单位产量及总产量均有显著影响，但对粮食产量的正向拉动效果正在减弱。拉动粮食产量增长的关键因素是财政支农政策，且主要通过影响粮食播种面积来促进粮食产量的提高（李明文等，2019）。四是科技创新因素。我国粮食生产受到科技创新的显著影响，科技创新对农业高质量发展有显著的正向驱动，进而对粮食生产发挥显著的间接影响（陈兆荣等，2022；华坚等，2022）。由此可见，在粮食生产高质量发展过程中，要重点关注这些影响因素，善于利用这些因素，转化成为我国粮食生产高质量发展的"助燃剂"。

（三）粮食生产高质量发展的现实困境与突破对策

粮食生产高质量发展面对耕地撂荒或非农化、非粮化使用，自然灾害、基础设施薄弱、融资难融资贵，劳动力结构性缺失，以及粮食生产比较效益低下等一系列现实困境。从生产效益层面来看，宁化县作为国家级的产粮大县，通过推广生态耕种、种粮托管及发力深加工来促进粮食生产的高质量发展（方炜杭，2022）。此外，汪恭礼（2021）提出培育粮食生产新型经营主体、提升耕地资源质量、提高比较优势和效益等方法来保障粮食生产能力，以确保国家粮食长期、持续稳定和安全。从保护耕地层面来看，号称"洞庭粮仓"的湖南多部门合作，坚决落实党政同责，通力建设高标准农田，推动粮食生产的高质量发展（李杰，2022）。从资金扶持层面来看，四川省精准实施了耕地地力保护政策，种粮大户补贴政策以及实际种粮农民一次性补贴政策，牢牢守住了国家粮食安全的生命线。从科技支撑层面来看，伍卫等（2022）提出要加大科技投入来推进粮食高质量发展的措施。除了确保粮食产量安全，从金融制度层面来看，吴莎莎等（2019）提出要强化金融杠杆信号功能，发挥政策金融的牵引作用，促进加快粮食供给侧结构性改革。由此可见，在实现我国粮食生产高质量发展过程中需要多方协作、多措并举，共同解决"谁来种粮，如何种粮"问题。

综上所述，推动粮食生产高质量发展，对于提升粮食生产效率，保障粮食安全，建设资源节约、环境友好的绿色农业，拓宽农业功能，进而实现乡村振兴有着十分重要的意义。

已有研究对我国粮食高质量指标体系的构建已相对完备，但是大多研究聚焦于粮食产业的角度进行实证分析，基于粮食生产的细分角度进行专门分析的很少。

影响粮食生产高质量发展的因素主要有农业机械化、社会化服务、科技水平和制度政策等。在对粮食生产高质量发展进行研究时，要注意考虑这些因素的调节效用。

针对粮食生产高质量发展建设过程中现实困境的解决，不仅要注重解决"谁来种粮，如何种粮"问题，还要重视区域的均衡发展，在区域内妥善处理好绝对与相对、质量与数量、公平与效率的关系；在区域间，要发挥"追赶效应"和"以高带低"拉动机制，缩小区域差距，实现跨区域协同提升。

三、粮食生产的全要素生产率研究

"效率"在经济学中是指在既定的投入和技术条件下，最大可能利用资源的程度。效率可以分为单要素生产率和全要素生产率（total factor productivity，TFP）。在现实生产中，要素投入并非单一，而是以组合的形式呈现。此时的生产效率需以全要素生产率的形式来衡量。为更加深入地了解粮食生产全要素生产率的内在机理特征和外在影响因素，本书从全要素生产率的测算方法、影响因素以及时空演变特征出发，梳理了粮食生产全要素生产率的相关文献。

（一）粮食生产全要素生产率的测算方法

在生产效率的研究领域中，全要素生产率的测算是一个重要方面。由于不同测算方法都有各自的优势与劣势，学界仍在不断改进和优化。目前学者们普遍采用的全要素生产率测算方法是数据包络分析法（DEA）和随机前沿分析法（SFA）。

1. 数据包络分析法（DEA）

该方法是一种非参数方法，最早由美国运筹学专家 A. Charnes 和 W. W. Cooper、E. Rhodes 于 1978 年提出，主要用于测度决策单元（DMU）在面临多种投入，形成多种产出情形下的相对有效性水平（徐桂鹏，2013）。DEA 方法本质上属于纯数学范畴，无须预设特定的指标模型，一定程度上规避了模型构建中主观因素的影响，并且可以将全要素生产率分解为技术进步指数和技术效率指数，一般被用于评价衡量角色部门的生产效率运行状况（魏金义，2016）。秦青（2011）采用 DEA 交叉评价方法，对河南省 18 个城市的农业和粮食全要素生产率进行测度，并通过相关性分析探讨效率的影响因素。伍国勇（2019）基于产出视角，运用 DEA 模型测算了 2006—2017 年中国各省域的粮食全要素生产率，并将其分为两个时段进行观测。黄佩佩（2022）采用 DEA-Malmquist 指数方法对共建"一带一路"国家粮食全要素生产率进行测度发现，共建"一带一路"国家粮食全要素生产率整体增长，技术进步是粮食全要素生产率增长的主要动力。张凡凡等（2019）采用三阶段 DEA 与 DEA-Window 相结合的方法，既关注外部环境对粮食主产区粮食生产效率的影响，又关注主产区粮食生产效率的动态演化规律，从而更准确地评价粮食全要素生产效率。陆泉志等（2018）运用 DEA-Malmquist 指数模型和经典收敛回归方法，对广西壮族自治区粮食全要素生产率进行测算和分解，并分析其收敛情况。谭忠昕等（2019）利用超效率 DEA 模型对中国三大区域和 31 个省级行政区的粮食全要素生产效率进行测度，发现粮食生产存在效率低、生产要素投入冗余或不足等问题，粮食生产要素配置未能达到最优化。

2. 随机前沿分析法（SFA）

该方法是一种利用随机前沿生产函数进行效率估计的方法，最早出现于 20 世纪 70 年代，以 Meeusen（1977）和 Aigner（1977）两者几乎同时发表的论文为诞生标志。该方法考虑了随机误差对结果造成的影响，而且通过提前设定的生产函数形式，不仅可以提高技术效率的准确性，而且可以分析效率与影响因素间的相关性。江艳军（2022）利用随机前沿生产函数模型中的超越对数生产函数对粮食全要素生产效率进行测算，结果显示：粮食主产区的粮食全要素生产效率每年都高于非主产区，山区的粮食全要素生产效率每年都低于平原。

效赛丽等（2015）用 SFA 模型研究河南省粮食全要素生产效率及其变动特征，发现河南省粮食全要素生产率的增长表现为技术进步驱动型增长模式，技术进步成为全要素增长的源泉，技术效率则成为全要素增长的潜在动力，粮食生产过程中资本要素替代了劳动力要素。马梦丽（2020）采用随机前沿生产函数法对微观主体的粮食全要素生产率进行测算发现，农户的粮食全要素生产率在增长，但增长率在逐年下降。其中，技术效率在以递增的速度不断恶化，全要素生产率的增长主要是由技术进步带来的。彭超（2020）用 SFA 对农户生产效率进行研究结果显示：农业机械作业费用增加会提升粮食全要素生产效率。黄金波（2010）利用随机前沿函数方法，分析我国的粮食生产技术效率的影响因素发现，2004 年以来我国技术效率提高的速度持续下降，技术进步逐渐成为粮食全要素生产效率增长的主要动力。

由此可见，研究方法的优化为粮食全要素生产效率的衡量提供了广泛的工具基础；不同方法各有其优缺点和适用条件，在实际问题的探讨中，应根据具体的研究问题选择合适的参数方法进行应用，避免发生研究结论与现实问题偏差的情况。

（二）粮食全要素生产率的影响因素

目前粮食全要素生产率影响因素的研究涵盖了很多方面，通过对现有文献的研究可见，影响粮食全要素生产率的内生因素主要来自技术进步的变化，而外部影响来自基础设施建设、机械投入、农村人力资本投入、土地要素投入以及农业补贴等因素，本书围绕以上几个方面进行如下梳理。

1. 基础设施建设对粮食全要素生产率的影响

农业基础设施建设和制度因素是影响我国粮食全要素生产率的关键因素（黄金波等，2010）。学者研究发现，基础设施建设正向作用于粮食全要素生产率，并通过机械作业间接促进粮食全要素生产率的增长（张梦瑶，2021）。从具体研究来看，农田水利基础设施对粮食全要素生产率有显著的正向影响；农村交通基础设施当期对粮食全要素生产率没有显著影响，其滞后项则对粮食全要素生产率存在显著的正向影响。农业电力基础设施对粮食全要素生产率的影响并不显著（卓乐等，2018）。朱晶等（2017）构建超越对数成本函数，通过对粮食全要素生产率增长的分解发现，农业基础设施投资存量的增加不仅可以使生产粮食的成本下降，而且还可以促进全要素生产率的增长。农业基础设施存量对中、西部地区主粮全要素生产率增长的促进作用优于东部地区。

2. 机械投入对粮食全要素生产率的影响

地形地势等先天资源在生产条件、机械性投入等方面，对不同地方的粮食全要素生产率的影响是不同的。刘成等（2021）基于2000—2016年省级面板数据，从不同土地规模视角分析农机服务对粮食生产技术效率的影响发现，农机服务对粮食生产技术效率具有显著的正向影响，但影响的大小会受限于土地规模大小。由于要素配置或自然条件原因，机械化水平和农业结构调整度显著负向影响四川省粮食全要素生产率（唐亮等，2021）。学者通过研究农机服务与粮食生产效率关系发现，农机服务对粮食全要素生产率的增长有显著的促进作用，但是存在地区差异和滞后效应，并指出农业分工与农机作业服务的交互影响有助于增强粮食全要素生产率的促进作用（张丽等，2021）。王洋（2021）通过回归分析农机服务对粮食全要素生产率的影响，发现生产效率高的地区，农机服务显著正向影响粮食全要素生产率；而生产效率低的地区，农机服务水平对粮食全要素生产率的提高没有显著影响。李刘艳等（2022）研究表明，机械化水平对提高粮食全要素生产率具有显著的正向影响，劳动投入对粮食全要素生产率的影响不确定。由此可见，机械投入在不同地区效果产生差异的原因，主要是有些地区的先天条件不足、农机服务市场发展不充分，以及资源配置效率未改善。

3. 农村人力资本对粮食全要素生产率的影响

农村人力资本对粮食全要素生产率的影响，主要涉及劳动力转移、劳动力老龄化、劳动力妇女化以及低学历化对粮食全要素生产率的影响。当下我国农村劳动力结构对粮食生产率影响的观点存在分歧。有学者认为农村劳动力老龄化和劳动力转移导致农业生产过程中出现农业劳动力投入不足的现象，从而制约了粮食生产（陈锡文等，2011）。也有学者通过研究发现，我国农村劳动力结构的现状并没有显著降低粮食全要素生产率；农村劳动力非农转移对粮食生产技术效率的提高反而有显著正向积极作用，但不同区域的差异较大，就区域影响程度来看，平衡区＞主产区＞主销区，说明在粮食平衡区劳动力转移对粮食全要素生产率有较大的提升作用（马林静等，2014）。在农村"老龄化""女性化"以及"低学历化"方面，学者研究发现，该现象并不会造成粮食全要素生产率的损失，反而起到了一定的正向促进作用。究其原因是这类群体可以把自身的时间和精力大量投入农业生产中，尤其是老龄群体，他们自身的种植经验积累的贡献要比体能下降而导致效率损失的影响更大（彭代彦，2016）。

4. 土地要素对粮食全要素生产率的影响

全要素生产率影响的土地要素包括土地流转、土地细碎化及土地规模等。第一，在土地流转方面，农地流转和多种形式的规模经营是发展现代农业的必要方式，农地流转对粮食生产生态效率的提升具有重要影响（匡远配等，2021）。朱建军（2019）从质量和数量两个角度分析其对粮食全要素生产率的影响，结果显示：转入耕地并不能有效提高粮食生产效率，但转入面积却会影响粮食生产效率且影响为正。第二，在土地细碎化方面，曾雅婷等（2018）运用 SFA 模型对样本内 346 个农户的数据进行测度分析，发现土地细碎化程度负向影响技术效率。土地细碎化增加了农业生产成本，加大了劳动力的投入，影响了机械的用工量，使得农业生产要素的配置效率降低，农业规模化生产无法顺利推进，影响农业生产利润，不利于提高粮食全要素生产率（王嫚嫚等，2017）。第三，在土地规模方面，借助对吉林省调研数据的研究，发现土地规模和粮食全要素生产率两者之间不是简单的线性关系（张忠明等，2010）。仇焕广（2017）通过研究发现：土地规模的扩大并不会使粮食单产下降，适度扩大土地的经营规模反而有利于生产效率的提高。也有学者从时间序列和横截面两个维度对耕地经营规模与农业生产效率、环境压力的关系进行定量分析，发现土地经营规模对粮食全要素生产率影响的不确定性，并非在所有的时空效应下都是一致的（廖柳文等，2022）。

5. 农业补贴对粮食全要素生产率的影响

作为资本投入的农业财政补贴，无论是现金形式还是实物形式，都能促进资本的流动，降低农民的投入成本，提高农民的种粮积极性，从而对粮食生产形成反馈效应，提高粮食生产效益（高鸣等，2016）。中央惠农政策的实施对提高主产区的粮食全要素生产率水平有显著作用，而对主销区和平衡区的影响具有一定滞后性（马林静等，2014）。李自强等（2021）通过实证分析发现，财政支农补贴通过发挥结构效应和技术效应，能够有效促进粮食全要素生产率的提升。贾娟琪等（2019）运用随机前沿函数模型，通过实证研究发现小麦最低收购价政策对主产省份小麦生产技术效率和技术进步均有显著正向影响，从而在总体上促进了主产省份小麦全要素生产率的提升，但影响程度较弱。李辛一等（2017）通过研究发现，粮食收入性补贴有效促进了 3 种籼稻全要素生产率的增长，但作用力度偏弱。焦晋鹏等（2015）通过构建个体固定效应模型，实证分析粮食直补对粮食生产效率的影响。结果表明，粮食直补金额的增长不仅抑制了粮食全要素生产率的上升，还抑制了农户技术使用效率的提升，仅实现了促进粮食生产技术的进步。粮食直补不仅具有推动效率提升的激励效应，还有阻碍生产效率提高的挤出效应。

除上述因素外，人均粮食生产规模、农药化肥的投入、城镇化水平、环境污染和自然灾害等因素对粮食生产效率也有显著影响。

（三）粮食全要素生产率的时空演变特征

我国国土面积辽阔，各地区的资源禀赋和政策环境不同，也导致了地区间农业发展的不均衡。第一，从全要素生产率测算结果来看，我国粮食全要素生产率整体有所改善。其中，东部地区增长最快，中西部地区次之。通过分解发现技术进步是我国粮食全要素生产率增长的主要源泉；但技术效率指数的变化原因存在区域差异，中部、东部地区技术效率的改善主要源自规模效率的增长，西部地区技术效率的下降则是因为纯技术效率的恶化（张梦瑶，2021）。第二，从核密度估计结果来看，全国粮食全要素生产率整体差距呈扩大态势。从具体三大区域来看，东部地区差距变小的同时表现为"三极分化"逐渐消失。中部地区差距明显，而西部地区差距则经历了先缩小后扩大的过程（范丽霞，2017）。第三，从空间溢出效应来看，我国邻近地区粮食全要素生产率的提升对本地粮食增产具有显著的正溢出效应。从空间结构看，粮食全要素生产率的溢出效应存在显著的空间异质性，中部地区存在显著负溢出效应，西部地区表现为正溢出效应，东部地区无显著溢出效应（罗海平等，2021）。第四，从要素错配程度来看，东部地区要素错配程度相对较低，西部地区相对较高，中部地区粮食作物的实际全要素生产率增长对要素错配的敏感度要强于东部和西部地区（罗慧等，2021）。第五，从稳态分析上看，马尔可夫链分析表明，省份粮食全要素生产率分布的流动性比较低，但与高水平省份相比，低水平省份的粮食全要素生产率更具活跃性。稳态分布表明，我国粮食全要素生产率水平表现为"中间大、两头小"的分布格局，"极化"现象较难发生。由此可见，我国粮食全要素生产率的时空演变特征较为丰富，掌握好这些时空特征有助于更准确地从宏观角度考虑和制定措施，把握各地区粮食全要素生产率的改进方向，实现地区均衡发展。

（四）文献评述

综上所述，可得出以下几点总结。

第一，全要素生产率的测算方法除了本书介绍的两种常用方法（DEA、SFA）外，还包括的参数方法有索洛余值法（SRA）和生产函数法（如柯布-道格拉斯函数、CES 生产函数等），还包括的半参数方法主要有基于微观层面的 OP 法、LP 法等。因此，即使使用相同的样本数据，如果方法模型或者参数设定不同，也会得出不同的结果和结论，学者们在研究问题时一定要用不同方法从不同角度入手进行多方论证，才能确保结论的科学性。

第二，如果单纯关注或止步于粮食全要素生产率的测算分析，可能会导致研究结果与政策建议的偏误，因此对于全要素生产率影响机理的探讨至关重要。

第三，从我国粮食全要素生产率分区域的测度分析上看，粮食全要素生产率在区域上异质性表现明显，且效率水平与经济发展水平呈正相关，主要是因为较发达地区的粮食灌溉、收割播种等各项服务都比欠发达地区完善，因此要注意发挥落后地区的追赶效应，因地施策，实现地区之间的均衡发展。

四、粮食生产的绿色全要素生产率研究

改革开放以来，在一系列"支农、扶农、惠农"政策措施的作用下，我国粮食产量在总体上呈现出快速增长的趋势。但随着经济发展和城市化推进，作为粮食生产大国和消费大国，我国粮食安全形势出现了一些新的情况和问题。在我国既定的经济发展战略以及现有的自然禀赋条件下、在较短时期内难以改变的客观现实情况下，要保证我国的粮食安全，改变粮食生产因普遍的环境污染而效率低下的状况，实现粮食生产向"资源节约型"和"环境友好型"的"两型"生产方式转变，就必须实现由"粗放型"向"集约型"转变的粮食增长方式，建构粮食绿色生产方式。

基于此，本书将从粮食绿色全要素生产率的起源发展、测算研究、影响因素以及时空演变特征几方面入手，作出以下综述。

（一）粮食绿色全要素生产率的起源发展

1998 年第五次国际清洁生产研讨会首次提出"绿色全要素生产率"概念。在现实生产中，要素投入并不单一，而是以组合的形式呈现，此时的生产效率需以全要素生产率的形式来衡量。绿色全要素生产率强调的是投入要素及生产过程绿色化下的生产率。在粮食生产过程中，大部分学者容易忽略粮食生产环节产生的如碳排放和面源污染等问题，即"非合意产出"。如果忽略这部分负

面产出，将会在一定程度上扭曲粮食生产发展绩效，进而影响粮食全要素生产率测算的准确性。关于环境效率的研究是从国外兴起的，在污染变量的处理上，起初学者将其作为投入变量纳入生产函数或测度模型中，将污染视为"未支付的投入"（Mohtadi，1996）。但随后的研究表明，污染实则是负的产出，应将其考量为非期望产出。Chung 等（1997）首次将方向性距离函数（DDF）引入数据包络分析（DEA），将环境因素也考虑到粮食生产效率影响因素中来。Färe 等（2007）提出了环境生产技术，将合意产出和非合意产出纳入方向距离函数（DDF）这一个模型核算体系中，通过设置相同的输入条件来实现期望产出的最大化和非期望产出的最小化。与此同时，随着我国粮食生产过程中资源枯竭以及环境恶化的问题日益突出，考虑到环境因素的绿色全要素生产率也开始进入我国学者的研究视野，即将化肥、农药、农膜等污染性要素投入的负向影响纳入农业全要素生产率的测度中。

（二）我国粮食绿色全要素生产率的测算研究

有学者认为我国粮食生产对环境的破坏比较严重，一些地区粮食产量增加的背后是以环境不断恶化为代价的，且治理费用的增加导致生产成本加大，因此有必要重新审视我国的粮食生产方式（田旭等，2016）。事实上，在粮食生产过程中，大部分学者容易忽略粮食生产环节产生的如碳排放和面源污染等问题，即非合意产出。如果忽略这部分负面产出，将会在一定程度上扭曲粮食生产发展绩效，进而影响粮食生产效率测算的准确性。

从粮食绿色全要素生产率的测度内容上看，农业绿色全要素生产率能客观衡量农业生产的真实效率（郭海红等，2018）。闵锐等（2012）利用方向性距离函数和序列 DEA 技术，测度了我国粮食生产是否考虑环境因素两种情形下的全要素生产率指数，并进一步分解为技术效率变化和技术进步变化。研究结果表明，是否考虑环境污染成本对于测算结果有较大影响，这对于政策导向意义重大。罗丽丽（2016）将粮食生产过程中的净碳排放量这一因素引入生产函数中，运用超越对数随机前沿分析法分析了我国粮食生产的绿色技术效率和绿色全要素生产率。闵锐等（2014）通过分析湖北省绿色全要素生产率与传统全要素生产率的差异发现，湖北省粮食生产中"两型农业"理念运行绩效表现良好，但未体现其粮食生产优势地位。匡远配等（2021）运用 SFA 模型结合水足迹理论，测算各省份粮食生产的生态效率，探讨农业土地流转对粮食生产生态效率的影响。薛选登等（2022）通过研究非粮化对粮食绿色全要素生产率的门槛效应，发现确实存在以种粮利润为门槛变量的单一门槛效应，且两者之间的负向关系在跨过门槛值之后将显著提升。分区域来看，各区域省份非粮化与种粮利润之间耦合协调度的变动趋势，与其粮食绿色全要素生产率的变动趋势基本一致。

从粮食绿色全要素生产率的驱动因素上看，产粮大省山东省、处于东部较发达地区的江苏省和位于东北粮食生产基地的辽宁、黑龙江、吉林等省份，在实现碳排放约束条件下的农业技术创新方面发挥了重要作用，直接推动着农业环境技术的进步与创新，但中部一些省份，如湖南、湖北、江西、安徽的表现则不理想（杨璐嘉，2013）。邓灿辉等（2019）通过研究发现河南省的粮食绿色全要素生产率是由技术进步和技术效率共同驱动的，但技术进步的贡献率明显高于技术效率。进一步分析发现，豫北地区是河南省粮食绿色全要素生产率增长的主要驱动力，属集约式粮食生产模式。豫东和豫西地区的生产方式相对粗放，化肥农药等要素投入使用效率低（邓灿辉，2019）。粮食生产绿色全要素生产率呈现东高西低趋势，在考虑环境规制因素的分解中，绿色全要素生产率的增长主要通过技术进步增长而增长，技术效率对绿色全要素生产率呈抑制趋势（井莉，2021）。

由此可见，加入环境因素的生产效率测度能够准确地考量我国农业发展的真实绩效，这对于有效地评估我国粮食生产高质量发展水平有着十分重要的价值。

（三）我国粮食绿色全要素生产率的影响因素

关注我国粮食绿色全要素生产率的影响因素探究，有助于深入理解绿色全要素生产率的内涵，以便更好地协调我国经济发展、资源利用以及生态环境保护之间的矛盾，进而推动中国粮食生产向资源节约型和环境友好型的"两型"生产方式转变，以实现我国粮食高质量发展。

从对全国层面的影响来看，蔡梦雨等（2021）通过实证分析发现，非农就业、产业结构对于我国农业绿色全要素生产率增长存在正向影响，化肥施用对我国农业绿色全要素生产率的增长存在负向影响。李自强等（2022）通过分析发现农业基础设施各维度都能有效提高粮食生态全要素生产率，但时间存在滞后性。其中，农业水利设施对其影响呈现倒 U 形关系。同时研究了环境规制的调节作用，发现环境规制在粮食生态全要素生产率较高的区域比在粮食生态全要素生产率较低区域，能够发挥更强的正向调节作用。王淑红等（2020）则实证分析了农业劳动力老龄化对粮食绿色全要素生产率变动的影响，发现农业劳动力老龄化与我国粮食绿色全要素生产率变动之间呈现出显著的 U 形关系，其他因素如工资性收入比例以及受灾率的增高等对粮食绿色全要素生产率变动均具有负向影响，而财政支农力度的提高则能够显著促进粮食绿色全要素生产率的增长。周应恒等（2021）通过测算我国粮食绿色全要素生产率和投入产出冗余率发现，粮食绿色全要素生产率相对无效的省份其效率损失的主要原因是第一产业从业人员存在冗余、农膜使用量和碳排放量过多。除上述因素外，农户特征、农业生产要素、农业技术培训以及土地细碎化等因素均会对粮食生产环境效率产生影响（田旭等，2016）。

从对区域层面的影响来看，郭永奇等（2022）通过对主产区农业绿色全要素生产率研究发现，机械化水平、财政支出水平对粮食主产区农业绿色全要素生产率表现为显著正向影响，而粮食作物受灾水平、灌溉设备水平、农资化肥负荷指数、劳均经营规模、第二产业第三产业发展水平对粮食主产区农业绿色全要素生产效率有显著的负向影响。崔宁波等（2021）考察了松花江、黄河、长江三大流域粮食主产区的粮食绿色全要素生产率的影响因素，研究结果表明，环境规制、第一产业占比、农业财政支持对主产区的绿色全要素生产率的增长具有显著的正向影响，环境污染、自然灾害则反之。井莉（2021）研究发现人力资本对全国及东部地区粮食绿色全要素生产率存在显著正向影响，对西部地区呈显著负向影响；粮食生产财政支出对全国和中部地区粮食绿色全要素生产率存在显著正向影响。粮食生产经济发展水平对全国和东部地区粮食绿色全要素生产率影响呈现先弱后逐步增强的变化趋势，中部和西部地区经济发展水平对粮食绿色全要素生产率均呈现先增强后逐步减弱的发展趋势。李自强等（2022）分地区样本研究发现，南方地区农业水利设施及其滞后项对粮食生态全要素生产率不具有显著影响，且农业电力设施及滞后项对其具有抑制作用；分产区样本研究发现，粮食主产区农业交通设施及其滞后项、非粮食主产区农业电力设施及其滞后项对粮食生态全要素生产率也不具有显著影响。

由此可见，粮食生产财政支出、化肥农药等化学用品使用、自然灾害等方面对全国的影响一致，而人力资本、基础设施建设以及环境规制分区域影响的程度或效果则不同。

（四）我国粮食绿色全要素生产率的时空演变特征

测量我国粮食绿色全要素生产率的时空演变特征，将数据以可视化的方式呈现其发展历程与特征，对于评估我国各省份粮食生产发展绩效的溢出效应，以及准确地把握我国粮食绿色全要素生产率的演变方向和趋势有着重要意义。

学者研究认为，无论是否考虑碳排放因素，我国东部地区粮食全要素生产率均高于中部和西部地区，东部省份在推动我国粮食全要素生产率的增长方面发挥了重要作用，中西部省份则面临粮食增长与资源、环境协调发展的艰巨任务（刘其涛，2016）。因此，掌握粮食绿色全要素生产率在我国时空演变的动态特征，对于制定对策以实现地区粮食生产高质量均衡发展有着十分重要的作用。学者采用核密度函数和空间马尔科夫链，从时空视域分析中国农业绿色全要素生产率的动态演变规律，发现中国农业绿色全要素生产率呈微 M 形波动增长且农业绿色技术创新差距呈不断扩大趋势，东部农业绿色创新效果明显，呈"双元"驱动良好态势，中、西部资源环境压力仍然较大。空间滞后类型对区域转移的稳定程度具有显著影响；"与邻为善"与"以邻为壑"并存，与农业绿色全要素生产率水平较高区域相邻，会降低向低水平转移的概率，但跨界式增长难以实现（郭海红等，2020）。空间探索性数据分析（ESDA）是测算分析空间集聚特征的流行方法。周应恒等（2021）采用空间探索性数据分析对粮食绿色全要素生产率的全局和局部空间特征进行研究发现，粮食绿色全要素生产率在时间上，相对有效的省份呈现以东部为主，并逐期向东北→中部→西北发展的格局；在空间上，呈现出向中部、西南部高效率区集聚的空间特征，并且集聚程度不断增强。王永静等（2022）同样使用该方法，考察其空间集聚特征发现样本期间内农业绿色全要素生产率呈 M 形波动，地区间差距较大，长江流域主产区农业绿色全要素生产率最高，其次是黄淮海主产区，最后为东北主产区；农业绿色全要素生产率长期呈空间负相关，并且空间集聚特征逐渐减弱；农业投入和产出优化潜力最大的三项指标分别是劳动力投入、机械投入和碳排放量产出。河南省粮食绿色全要素生产率通过测算分析发现与粮食产出的二元全局空间自相关大体呈 N 形变化，粮食绿色全要素生产率和粮食产出由不平衡发展逐渐趋向平衡发展（邓灿辉等，2019）。

由此看来，我国粮食绿色全要素生产率的空间聚集与地区的经济发展程度有密切关系，在此基础上，实行西部大开发战略和中部崛起战略对于农业经济和生态效益的提高有着十分重要的意义。

（五）文献评述

综上所述，可得以下几点总结。

第一，通过阅读文献发现，在致力建设资源节约型、环境友好型社会的背景下，中国粮食生产以科技进步拉动经济增长的同时，要兼顾生态效益的保障。研究我国粮食绿色全要素生产率不仅可以全面地反映农业经济增长的质量和效果，而且对于环保、农业部门制定政策具有重要的实践指导意义。

第二，现有文献通过对我国粮食绿色全要素生产率变化影响因素的方向与大小程度研究，提倡要充分认识粮食生产活动的正负外部性，为中国农业未来发展方向以及如何促进粮食绿色全要素生产率增长提供依据，有利于推进农业农村绿色发展，使政府关注到农业面源污染综合治理的重要性，为政府改进和优化我国环境规制政策体系，大力开展绿色高质高效行动提供参考依据。

第三，现有文献多从省级层面对粮食全要素生产率的空间溢出效应进行测度分析，而对于市级和县级层面的空间特征研究较少，不利于从微观生产层面把握地方的粮食生产溢出效能，不利于政府精准调控施策。

五、粮食生产的社会化服务研究

以规模化、专业化和新技术采用为代表的农业社会化服务出现和发展本身就是对传统、落后粮食生产方式的替代。一方面，社会化服务通过把经营规模小、分散而独立的小农户粮食生产纳入分工经济中，充分发挥各个参与主体在不同粮食生产环节上的比较优势，能够缓解因土地细碎化带来的规模经济不足、投入要素使用效率偏低问题。另一方面，农业社会化服务的供给主体主要以专业大户、农民合作组织、涉农服务企业等新型经营主体为主，这些主体本身就代表着农业技术进步、专业化、信息化等现代农业生产方式。因此，相比于土地流转等因素，农业社会化服务对粮食全要素生产效率的提升作用更大。

我国非常重视农业社会化服务水平的提升。从 2017 年起，中央财政就每年安排专项转移支付资金用于支持农业社会化服务，各级政府也逐步向农业社会化服务倾斜，一些市场主体纷纷进入农业社会化服务领域。截至 2020 年底，全国各类社会化服务主体超过 90 万个。2021 年 7 月，农业农村部出台了《关于加快发展农业社会化服务的指导意见》，明确提出大力培育服务主体，着力拓展服务领域，加快推进资源整合，逐步完善支持政策，发展多元化、多层次、多类型的农业社会化服务。2021 年 8 月，农业农村部办公厅又发布了《关于开展农业社会化服务创新试点工作的通知》，部署农业社会化服务创新试点县和试点组织两个层面的试点工作。

（一）我国农业社会化服务的内容

农业社会化服务是包括专业经济技术部门、乡村合作经济组织和社会其他方面为农、林、牧、副、渔各业发展所提供的服务（刘新智，2015）。农业社会化服务包括农资服务、金融和保险服务、农业机械化服务、农业信息化服务、农业基础设施服务和社会公共服务六类（表1-1）。我国农业社会化服务总体服务水平呈现逐渐上升趋势，其中农业机械化和农业信息化服务水平增长最快，农业基础设施建设服务和社会公共服务水平增长缓慢，农资服务水平、金融和保险服务水平增长不明显（韩苗苗等，2013）。

表1-1　社会化服务的评价指标

准则层	指标层	单位	资料来源
农资服务水平	农业生产资料价格指数	—	《中国统计年鉴》（2001—2020年）
	农业化肥施用量	万吨	《中国统计年鉴》（2001—2020年）
	农药施用量	万吨	《中国统计年鉴》（2001—2020年）
	农业塑料薄膜使用量	吨	《中国统计年鉴》（2001—2020年）
	农村电力消耗	亿千瓦时	《中国统计年鉴》（2001—2020年）
金融和保险服务水平	农业贷款金额	亿元	《中国金融年鉴》（2014—2019年）
	农业保险	亿元	《中国保险年鉴》（2006—2020年）
	农业技术人员	人	《中国科技统计年鉴》（2002—2018年）
农业机械化服务水平	农业机械总动力	万千瓦	《中国统计年鉴》（2001—2020年）
	农业柴油消耗量	万吨	《中国统计年鉴》（2001—2020年）
农业信息化服务水平	移动电话	部	《中国统计年鉴》（2006—2013年）
	彩色电视	台	《中国统计年鉴》（2006—2013年）
	家用电脑	台	《中国统计年鉴》（2006—2013年）
农业基础设施服务水平	有效灌溉面积	千公顷	《中国统计年鉴》（2001—2020年）
	发电设备容量	千瓦	《中国统计年鉴》（2001—2020年）
	水库总容量	亿米^3	《中国统计年鉴》（2001—2020年）
社会公共服务水平	水土流失治理面积	千公顷	《中国统计年鉴》（2001—2020年）
	农林水事务	亿元	《中国统计年鉴》（2001—2020年）
	对第一产业的总投资	亿元	《中国统计年鉴》（2002—2018年）
	谷物回收损失	万吨	《中国粮食年鉴》（2006—2017年）

（二）农业社会化服务的绩效研究

1. 预防风险，降低受灾程度

农业保险在预防风险和降低农业生产受灾程度方面起着重要作用。农业社会化服务主体能够为农户提供"保姆式"生产托管服务，在自然灾害，尤其洪涝灾害严重的条件下，社会化服务主体参与抗洪排涝、抢收、晾晒烘干、改种补种短生育期作物，能够有效地把自然灾害损失降到最小。随着农业社会化服务市场化程度加深，以植保专业技术、农业气象预测与决策服务等为代表的高科技社会化服务，可以有效防范农业重大病虫灾害、气象灾害，成为减灾的重要力量。

农业属于弱质性产业，自然灾害阻碍农业生产，经实证检验农业灾害对粮食生产技术效率存在显著的负向直接影响（李俊鹏等，2018）。在自然灾害和疫情双重叠加的影响下，农业生产尤其是粮食生产面临较大的困难，应充分发挥农业社会化服务在防灾减灾应用中的重要作用（谢琼等，2021）。农业保险担负着保护农业的重要使命，它的发展直接关系到农民发展农业生产的积极性，关系到农村社会化服务体系的建立和健全，关系到农业产业化的进程（陈年红，1996）。农业投保引致的技术储备增加是稳定作物单产的重要力量。此外，生产风险分散所带来的农户被保险作物品种面积增加能够弥补单位面积产出下降对收入造成的抑制效应，有利于提高农户收入。保险也具有马太效应，种植规模越大的农户，投保所产生的收入提升效果越好。据此，应继续加强与完善农业保险，推动保险公平，发挥农业新型经营主体的引领示范作用，提高农业社会化服务体系建设水平（张哲晰等，2018）。

2. 参与社会化服务，提升粮食生产效率

农业社会化服务是实现小农户与现代农业有机衔接、推动农业规模经营发展、提高农业生产效率的重要途径。研究表明，农户社会化服务参与程度越高，对技术效率的促进作用越明显（张永强等，2021）。相关研究也表明，农业社会化服务对粮食全要素生产率的增长具有显著的促进作用（张丽等，2020）。

农机服务可以显著提升粮食生产技术效率（宦梅丽，2021）。农业机械化是提升粮食生产效率的重要途径，研究发现机械化耕种对粮食生产效率表现出有限的正向影响，且该结果与差异化农机作业方式密切相关。相比于购置农机的自我服务，服务外包程度越高，机械化耕种对粮食生产效率的提升作用越

弱。进一步分析发现，农机作业外包的正向作用随农地经营面积的增加而提升，当经营面积超过某一阈值，农机作业外包将反超购置农机的自我服务，在提升粮食生产效率方面发挥更大作用。此外，非市场化性质鲜明的统一机耕服务表现出拉大农机作业外包比较劣势，不利于农机社会化服务发展的特征（武舜臣等，2021）。我国小麦主产省份的农机服务使用程度及生产技术效率，在区域之间有着显著性差异，农机服务投入对小麦生产技术效率有显著正向影响（刘成等，2019）。

农户购买社会化服务有利于水稻生产技术效率提升，能显著调节务农劳动力质量下滑对水稻生产技术效率的负面影响（田红宇等，2021）。得益于水稻生产环节多种社会化服务的支持，我国水稻生产效率整体上保持相对稳定（周宏等，2014）。从整体看，农业生产性服务虽然促进了水稻生产技术效率的提高，但是不同生产环节之间差异较大，整地和播种环节的生产性服务对水稻生产技术效率具有显著的正向影响，而病虫害防治环节的生产性服务则具有显著的负向影响（孙顶强等，2016）。因此，在大力推动农业生产社会化服务发展的同时，应当根据不同生产环节的特点，合理制定相对应的政策措施。

3. 降低生产成本，增加农民收入

学者研究发现发展农业社会化服务可以成为新时代农业经济增长的重要潜力点。农业社会化服务不仅有助于促进农民增收、推动农业结构调整，还有助于保持和提高农业综合生产能力，并为实现农业生产绿色化转型提供更大可能（钟真等，2021）。具体来看，采用农业社会化服务可以显著提升农户家庭总收入和工资性收入，且会加剧农村内部收入差距。进一步研究发现，农业社会化服务对农户收入的提升效果由高到低依次是劳动力优化配置、服务专业化分工和土地规模效应（曲朦等，2021）。杨春玲等（2010）研究发现农业基本建设投资是促进农民增收的重要因素，农业贷款和农业保险次之。

从农业社会化服务供给者的角度来看，新型农业经营主体作为精准扶贫的重要载体，新型农业经营主体通过创新农业经营模式和提供社会化服务两方面作用机制实现贫困户脱贫，从而促进贫困户经营性收入的提高（张琛等，2017）。加强新型农业经营主体社会化服务能力建设，实行农民家庭经营与新型农业经营主体社会化服务相结合的发展模式，破除束缚小农的外在约束性条件，将小农户纳入现代农业的发展轨道（赵晓峰等，2018）。涉农企业通过在组织结构中综合运用联邦分权制原则和平台化优势，能够在创新农业社会服

务模式的基础上，显著提升企业社会化服务业务的经营绩效，促进小农户增收（穆娜娜等，2020）。研究发现，农民专业合作社、农业产业化龙头企业等新型农业经营主体的具体影响机制，是通过降低农业生产成本、提高农产品产量和销售价格、稳定农产品销售渠道、开展农产品深加工、促进剩余劳动力转移和土地流转以及鼓励生产要素投资参股而提高农民的经营性、工资性和财产性收入，进而增加农民纯收入（穆娜娜等，2016）。

但是，并不是所有的农业社会化服务都可以起到"降本增收"的作用，如农业科研和技术服务对农民增收不但没有促进作用，相反由于增加了农业生产支出，可能还会起到微弱的阻碍作用（彭代彦，2002；杨春玲等，2010）。

（三）农业社会化服务影响因素的探析

从农业社会化服务的需求者角度出发，宋海英等（2015）通过对小麦种植户的调查发现，服务价格对小麦种植户的农机社会化服务选择有显著的影响。王钊等（2015）通过研究发现土地规模、农业生产收入和农业服务水平对农业社会化服务需求发挥积极作用。土地细碎化程度、农户兼业化程度对农业社会化服务需求产生消极影响，男性对社会化服务的需求程度明显高于女性。夏蓓等（2016）通过研究发现，在农业技术服务需求方面，性别、参加合作社、受教育水平、种粮收入所占比例、种植面积、土地流转价格与年限对其有正向影响；在农业信息服务需求方面，受教育水平与种植面积对其有正向影响；在农业信贷服务需求方面，性别、受教育水平、种植面积、土地流转价格与年限对其有正向影响；在农业机械服务需求方面，年龄与兼业对其有正向影响；在农机配套需求方面，兼业、种植年限与土地流转年限对其有正向影响；在农资与粮食储存服务需求方面，兼业与种植面积对其有正向影响。应瑞瑶等（2014）根据农户行为理论，从空间溢出角度分析发现，农户采纳病虫害统防统治服务对周边其他农户具有示范效应，因而影响其他农户采纳病虫害统防统治服务的决策；户主年龄、户主自评身体健康状况、户主受教育水平、户主农药中毒经历及其程度、农户是否兼业、农户家庭外出务工收入、种植面积、与农技员的联系强度等，均是影响农户采纳病虫害统防统治服务的重要因素。

从农业社会化服务的供给者角度出发：第一，以理性的经济人视角，服务组织自身成本的降低和利润的提高是驱动社会化服务产生的重要条件之一（姜长云，2016）。第二，以自身要素禀赋的视角，不同的社会化服务组织所掌握的生产要素各不相同，对于资金实力较弱，技术能力欠缺的社会化服务组织，无法为农户提供优质完善的社会化服务。第三，以外部性支持的视角，王定祥等（2016）界定了政府和市场在新型农业社会化服务体系中的行为边界和分工耦合机制，指出构建农业社会化服务体系时，政府不仅应当在公益性农业社会化服务方面发挥主导作用，而且还应当制定诱导性的政策措施，以激励在经营性农业社会化服务中的市场机制发挥作用。钟真等（2020）研究发现以外向型融合为代表的乡村旅游对以内源型融合的农业社会化服务有显著的正向影响，乡村旅游收入的提高有利于农业社会化服务收益的提升。要素禀赋发挥了正向的中介传导作用，但土地要素相比于劳动力和资本的中介效应而言并不明显。

（四）农业社会化服务主体的研究

我国农业社会化服务市场不断完善，伴随农业现代化进程的不断加快，农业社会化服务在农业生产中承担愈发重要的角色。当前，受高交易成本影响，其面临多元化服务需求难以满足和服务供给功能发挥受限的困境，需要通过建设需求端和供给端双重组织化的服务联合体走出困境。在此过程中，资源整合、分工协作、协同效应以及利益联结是保障服务联合体运行的重要机制（曹铁毅等，2022）。在国家一系列政策引导和农户社会化服务需求不断扩张的双重驱动下，以市场为导向的各类社会化服务主体逐渐走向成熟。

第一，政府机构。对于农业社会化服务体系建设，任何时期都不能缺少政府力量的干预。政府在社会化服务体系建设中的职能有两个，一是尽可能多地关注和扶持服务体系建设，创造有利于服务组织自我发展的社会经济环境；二是强化组织协调的体制改革，消除农业社会化服务体系建设的组织障碍（王仁勇，1998）。具体来看，应针对兼业农户、专业小农户及不在地农户的不同需求发展专业服务组织，坚持产业型政策与社会型政策相结合，兼顾效率与公平，制定优惠政策吸引本地人才返乡创业，充实农业社会化服务组织人才队伍（苑鹏，2018）。

第二，龙头企业。龙头企业尤其是省级以上农业产业化重点龙头企业，有较强的品牌、技术、人才、资金、市场优势，综合实力与联农带农能力强，对补齐经营性农业社会化服务短板有着重要的作用。探索了"龙头企业＋农村集体组织＋农户""龙头企业＋农民专业合作社（家庭农场）＋农户＋科研单位"的产业化联合体服务模式。又探索了"订单服务模式""股份合作模式"，建立了"由村集体先流转农户土地，再委托龙头企业实施农业托管"的新模式（蒲有能等，2022）。

第三，科研单位。农业科研单位以拥有的技术力量为主要依托，通过政府、农业龙头企业、农民合作组织紧密合作，整合农业社会化服务资源，推动产前、产中、产后的各环节服务工作开展以及推动农村生活层面改善与思维方式转变，打造科技→生产→加工→销售完整的产业链条，构建起专业化、组织化、社会化相结合的新型农业社会化服务体系（林梅，2017）。

第四，信用社。农村信用合作社是农村社会化服务体系的一个重要组成部分，它用资金这条"血管"将千家万户连在一起，为发展整个农村经济服务（张启文等，2000）。

第五，合作组织。民间主体几乎在各项农业社会化服务项目中占有重要地位，尤其表现在外部性较弱或不具有外部性的社会化服务项目上，如组织农民外出务工、购买化肥、购买农机、租用农机、播种、打药、机耕、农机修理、大宗农作物收割与脱粒、农作物采摘、包装、储运、销售、加工等（孔祥智，2010）。

（五）文献评述

综上所述，可得以下几点总结。

第一，通过阅读文献我们发现，关于构建农业社会化服务指标体系为主题的研究已经积累了丰富的成果，为本书提供了一定的基础。但是多数文献仅停留在探讨农业社会化服务的指标构建、发展现状、影响因素等方面，系统和深入的研究仍有较大的空间可补充和完善。

第二，当下学者多从农业生产性社会化服务角度出发探究对于农业生产的绩效，较少学者从金融、信息化、科技等方面的社会化服务角度进行绩效的评估。

第三，当下学者多从合作组织和龙头农企视角对农业社会化服务进行分析评估，很少从科研单位、金融机构以及政府的视角进行聚焦，由此导致人们对当下农业社会化服务体系的真正内涵缺乏科学而准确的认识与判断。

第四，我国的粮食生产已进入了由传统向现代、由数量向效率转变的粮食生产高质量发展的新阶段。农业社会化服务作为改变农业生产方式的新手段，可以有效地解决粮食生产过程中的一系列制约因素，为政府、农户、合作组织、农企等相关粮食高质量生产的主体提供新的视角。以上文献为本书对于粮食生产高质量发展的探索提供了很好的研究基础。

第二章
粮食生产高质量发展的理论阐释

粮食生产问题是事关国计民生的关键问题。首先，从粮食生产组织体系的角度来看，粮食生产从单一的农户生产到多元生产主体转型，新型农业经营主体的嵌入，生产组织规模的扩大及组织管理技术的提升，都要求建构新型的粮食生产组织理论，通过组织创新实现粮食生产的高质量发展，这需要探讨影响粮食生产组织效率提升的关键因素。其次，从粮食生产空间分布的角度来看，由于粮食生产所需要的土地、光、水等自然要素在地理空间分布上具有非均衡性，粮食生产在空间分布上需要用更先进的理论来指导空间粮食生产规划，粮食生产自然条件优越的地理空间，是经济和工业活动比较活跃的地区，也是人口比较密集的地区，挤压粮食生产空间导致空间生产失衡，因此需要更好的规制机制来实现平衡。最后，从粮食生产效率角度来看，我国粮食生产环节无论在主体层面，还是在要素投入和技术创新方面，都存在一定的制约因素。如何整合各种投入要素，提高要素利用效率，是亟待解决的关键问题，需要创新生产效率研究理论。

据前综述，针对粮食生产高质量发展的研究集中在如下几个方面：一是对粮食生产效率的研究，主要集中在对区域粮食生产效率和对不同主体粮食生产效率研究两个方面，包括对粮食生产效率影响因素的探讨。二是对粮食生产组织方面的研究，包括粮食生产的主体构成与结构、主体的经营规模和组织模式的转变等内容。三是粮食生产方式方面的研究，包括可持续方式、提升粮价为主向完善多层级补贴机制转变、从注重保供给向保可持续发展转变（魏后凯，2018）、合作生产方式（沈尤佳，2011）、社会化服务生产方式、从追求全面保障向保重点转变、从注重平面拓展向集约发展转变、从小规模分散经营向构建新型农业经营体系转变、从家庭作业为主向加强社会化服务转变（罗丹，2014）。四是对粮食生产高质量的评价，包括对粮食生产潜力和能力的评价

（石淑芹，2008；谢俊奇，2004）、粮食生产效益的评价、粮食绿色生产行为的评价（杨志海，2020）、单个要素绿色生产率的评价（陈红，2020）。五是对影响粮食高质量生产因素的研究，包括土地可用性、城市化程度、政府政策、生产规模、风险认知、空间多样性和农业系统的异质性（Prisca et al.，2016；Anna et al.，2016；Emmanuel et al.，2017）。

粮食生产高质量发展的理论内涵是后续研究的基础。本章基于粮食生产高质量发展的已有研究，结合我国粮食生产的现实状况，对我国粮食生产高质量发展的内涵进行理论阐释。主要从以下几个方面进行安排：一是从粮食生产组织、生产理念、生产方式、时空演变、生产效率角度建立一套符合我国国情的粮食生产理论，能够有效地提高要素生产率、绿色水平和经济效益的多维和谐生产体系。二是从如何建构粮食生产高质量测度和评价指标，建构合理的评价模型，提高评价的精确度角度，更为有效地评价粮食生产的质量及不同区域、不同主体和不同自然条件之间的差异。三是从理论上建构驱动粮食生产高质量发展的关键因素，从生产组织、生产方式、要素禀赋和空间差异等角度，建立驱动粮食生产高质量发展理论模型。

第一节　粮食生产高质量发展的内涵

"洪范八政，食为政首"。粮食生产事关国家粮食安全，是国家治国理政的头等大事，在耕地面积下降、水资源短缺和恶劣气候的约束下，在农村青壮劳动力持续向城市流动的条件下，我国需要探索一条新型的粮食生产转型升级路径，实现粮食生产的可持续发展。高质量发展体现的是质量和效率，需要在融合考虑框架下，充分考虑国家粮食安全战略和藏粮于地、藏粮于技战略的导向，建构一条适应我国国情的粮食生产高质量发展之路。

一、粮食生产高质量发展的要求

党的十九大明确提出经济高质量发展，在紧迫性和必要性方面存在较少的争论，但在高质量发展的评价方面，学者们还存在一定的分歧。一些学者主张使用全要素生产率来衡量经济的发展质量。如龚锐等（2020）认为，经济高质量发展的关键在于充分发挥科技创新与技术进步的核心驱动作用，提高资源与环境双重约束下的全要素生产率是经济高质量发展的必然选择，同时也是经济高质量发展的重要推动力（徐鹏杰，2019）。高质量发展具有多维性和复杂性（金碚，2018），这就需要建构综合评价指标体系来测度其发展水平。相比较而言，全要素生产率没有考虑自然资源开发和环境污染负外部性问题，因而作为经济高质量发展的替代指标存在一定的局限性，综合指标体系建构缺乏统一标准，其建构存在主观性与随机性，不利于横向比较结论。为克服上述缺陷，有学者主张使用绿色全要素生产率来衡量经济发展质量，如夏显力（2019）认为，农业高质量发展需要解决两大核心问题"绿色高效"和"可持续发展"，根本路径是秉承新发展理念，提升绿色全要素生产率。绿色效率与粮食高质量发展具有十分密切的逻辑关联（高维龙，2021）。

我国经济由高速增长阶段转向高质量发展阶段，粮食作为关系国计民生的重要战略商品，促进粮食高质量发展，是经济发展优化结构、提质增效的关键。从理论上讲，优化粮食生产过程中的要素配置，能够提高劳动、资本、土地等要素的使用效率，提升全要素生产率，从而实现高质量发展（李明文，2019）。与此同时，新时代的人们对粮食安全提出了更高要求。随着人民生活水平的不断提升，人民对美好生活的需要日益强烈和广泛，致使人们对粮食安全的要求已经从过去的"吃得饱"转变为"吃得好""吃得有营养""吃得健康"。在粮食供求总量平衡的基础上，需要着力解决好质量效益增长和结构性矛盾，从数量安全向质量安全转变。这关乎新时代粮食安全全面深化改革的成败。因此，本书主要从以下几个方面阐释粮食生产高质量的基本内涵：

第一，粮食生产高质量发展要求粮食生产规模的高质量。从规模化生产角度看，粮食生产高质量发展要求粮食生产规模处于或接近最优规模，粮食生产技术效率和规模效率能够达到最高。

第二，粮食生产高质量发展要求粮食生产过程的绿色化。从粮食生产过程角度看，粮食生产高质量发展要求测度粮食生产的绿色全要素生产率，将其作为衡量粮食生产高质量发展的关键指标，追求粮食生产发展与资源环境的协调平衡。

第三，粮食生产高质量发展要求高水平的粮食生产服务保障。从粮食生产保障水平角度看，粮食生产高质量发展要求粮食生产具有较高的农业社会化服务水平，例如农业机械服务、农业信息服务、农业金融和保险服务等。

二、新发展理念与粮食生产高质量发展

以新发展理念为主导，主要从以下几方面理解粮食生产高质量发展的内涵。

第一，创新与粮食生产高质量发展。粮食高质量生产过程包括如下三方面创新。首先，技术方面的创新。在粮食生产技术方面，技术进步是这一转变的核心，现代生产要素的技术含量高，有助于改造传统农业的生产组织方式。根据诱导发展模式，因劳动供给缺乏弹性，对农业生产带来的限制会诱导农业生产出现节约劳动的倾向，农业机械化是最直接的经济反映，如绿色生产技术的采用，有机肥、有机农药等使用都是技术创新的体现。其次，生产的组织创新。新型农业经营主体、龙头企业和新型粮食生产组织进入粮食生产领域，使得原来依托小规模农户从事的小规模生产转向规模化生产。最后，生产的制度创新。如土地制度"三权"分置的变迁、占补平衡制度、水资源配置制度等方面的创新在一定程度上影响粮食生产的质量和效率。

第二，协调与粮食生产高质量发展。首先，粮食生产高质量发展需要耕地与劳动力之间的协调。我国粮食生产中耕地和劳动力的协调，其关键演变在于劳动力供给的内卷化到劳动力转移后的供给不足，与粮食高质量发展的机械化生产要求相协调。其次，粮食生产高质量发展需要水资源与粮食生产的协调。粮食生产对水资源的需求量较大，而水资源禀赋较少的北方粮食主产区对粮食灌溉水的需求持续增加，加大水资源开发的空间有限。粮食生产高质量发展要求更高的粮食灌溉水利用率，这与缓解粮食灌溉水资源不足的要求相协调。最后，粮食生产高质量发展需要生态环境与粮食生产资源的协调。随着对生态环境的重视程度增加，粮食生产高质量发展要求粮食生产需要与生态环境保护相协调，实现粮食的绿色生产行为，避免粮食生产污染生态环境。

第三，绿色与粮食生产高质量发展。粮食生产高质量发展包含了粮食生产的绿色产业链。粮食生产高质量发展中集成推广绿色生产技术模式，实施绿色防控技术，减量化肥投入，推广绿色农机设备等措施，最终都会实现粮食生产的绿色化。生态环境的要求趋紧，农业面源污染等问题的治理促进了粮食生产的环境效率在部分地区逐步提高。在需求端，生态绿色粮食产品的要求，也拉动了粮食加工方对粮食质量的要求，推动了粮食生产的绿色化。

第四，开放与粮食生产高质量发展。在粮食安全视角下，我国粮食生产一直致力于处理好开放与粮食生产的关系。我国的国内粮食生产一贯按照较高的自给标准来要求自己，同时与国际粮食市场保持着密切关联，综合保障我国粮食安全。国内不同地区之间则保持着高度开放，一些经济发展水平较高的地区，为了保持更高水平的经济发展，主要通过开放式的区域调拨满足本地区的粮食消费需求。开放的竞争关系在一定程度上推动了我国粮食生产的高质量发展。

第五，共享与粮食生产高质量发展。首先，粮食生产过程中，在农机、施肥、农药喷洒、技术创新等方面，都会共享社会化服务，从而提高共享水平。其次，在粮食加工阶段，由于订单合同等联结，许多分散生产的小农户、农业大户和合作社，都会共享一个生产端，从而实现生产之间的连接。最后，在粮食调配方面，粮食产品在主产区、主销区和平衡区之间流动，实现了粮食的共享。

三、粮食生产高质量发展的理论渊源

（一）生产环境的变化和资源约束问题

我国是人口大国，随着经济的发展，我国耕地、水资源约束不断加剧，人多地少和水缺、林稀、草荒等问题十分突出。其中，我国农业每年仅因灌溉水不足就导致减产 2 500 万吨，而工业化、城镇化的推进需要挤占更多的耕地和水资源，使原本就捉襟见肘的农业资源面临更严峻的挑战。我国粮食生产基础不牢，生产劳动力的人力资本偏低、劳动生产率偏低也是典型问题。此外，为了保护和恢复生态环境，需要适度退耕还林还草。粮食等主要农产品的需求增长是刚性的，资源约束是硬性的，这一局面将会导致我国粮食等主要农产品供求长期处于紧平衡状态。我国历经了从粮食等主要农产品供求总量紧平衡到总量紧平衡和结构紧平衡并存的发展阶段。

（二）生产综合能力的需求

粮食生产供给是保障国家粮食安全极为重要的一环。国家粮食安全战略要求"以我为主"，也就是粮食的生产供给要牢牢掌握在自己手里。我国粮食种植目前呈现出小而散的局面，缺乏标准化、规范化的粮食生产流程，农产品的质量良莠不齐，对消费者也产生不利影响。未来，我国迫切需要全面推行粮食标准化生产模式，全程把控生产质量的各个环节，尤其是老百姓关注的农药残留等问题，促进产地环境、生产过程、产品质量、包装标识等全流程标准化，从而建立一整套粮食安全全程覆盖的监管格局。

（三）绿色发展的要求

粮食生产过程中一些地方和农户为追求粮食产量，化肥农药使用量较大、

微生物含量超标、农药残留超标等问题时有发生。绿色发展强调农业生产与生态环境的"友好发展"，关注化肥、农药、农用薄膜的使用强度，在粮食种植的过程中尽可能减少对生态环境的破坏，提高粮食生产的可持续性。

（四）消费者的需求

消费者需求是粮食生产高质量发展的重要驱动因素之一，主要表现在通过市场价格、特殊渠道等信号来显示高质量生产的粮食所具备的竞争优势。

（五）粮食生产的理论冲突与解决

如图2-1所示，粮食生产涉及多种目标，既要适应生产环境的变化，同时又要适应绿色发展、生产综合能力提升和消费者需求。因此，在具有矛盾目标的情况下，如何解决粮食生产问题，成为粮食生产高质量理论需要讨论的问题。

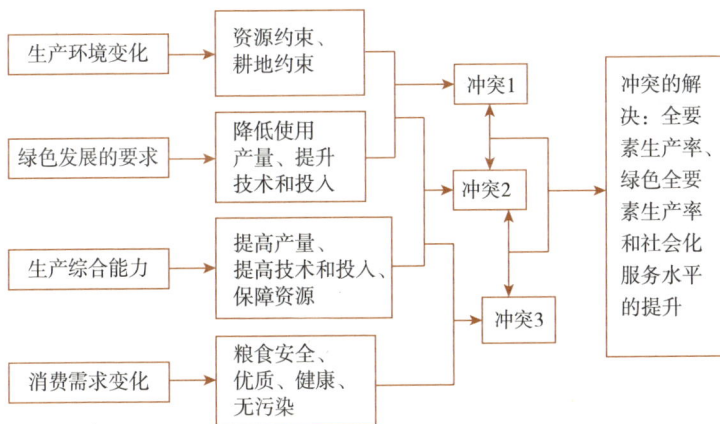

图2-1　粮食生产的理论冲突及解决方法

1. 粮食生产的冲突

（1）冲突1，生产环境的变化与绿色发展之间的冲突。我国粮食生产受到自然资源约束日趋严峻，其中包括水资源、耕地资源和人力资本水平的下降。生产环境发生变化，如果想提高产量，必然会加大化肥、农药及化学物品的投入，这在一定程度上影响了基于绿色发展的目标，应尽可能地降低化学品的使用，节约资源，降低对资源的损耗。

（2）冲突2，在解决冲突1的过程中，解决生产综合能力提升的问题，就是解决绿色且高产的问题。这就需要提高绿色全要素生产率。

（3）冲突 3，解决绿色全要素生产率提升和消费者需求问题，就需要以开放、协调和共享的视角去看待问题，即重视社会化服务和粮食高质量发展。

因此，我国粮食生产高质量发展是一个分步骤逐步解决问题的过程，是一个理论探索的过程。

2. 自然资源和人力资源约束下的粮食生产高质量发展

在人力资本方面，随着工业化和城镇化进程的加快，大量的适龄劳动力由乡村转移到城镇，制约了粮食生产及综合能力的提升。越来越多的农村青壮劳动力离开乡村，直接导致劳动力供给不足。虽然农业机械在一定程度上可以替代人力，但是不能彻底解决劳动力不足的问题。直接从事粮食生产的劳动力也存在文化程度较低、对新技术与新品种缺乏足够的认识、推广新品种与新技术难度大、粮食生产经营管理粗放等问题，从而难以提高粮食单产和综合生产能力。

在耕地质量方面，粮食生产的基础是耕地，耕地质量和规模的稳定对提高粮食产量和综合生产能力以及维护国家粮食安全而言非常重要。但城镇化、工业化的发展导致耕地面积缩减，大量使用化肥、地膜和农药，破坏了农村生态环境，影响了耕地的生产能力。过量施用化肥，大量未被利用的磷、氮流失到水体和土壤中，造成农业面源污染。同时，粮食生产过度依赖化肥，导致土壤板结、耕作层变浅等耕地质量下降问题，直接影响粮食生产的可持续发展。与此同时，随着经济的发展，在城镇化、工业化推进过程中，占用了较多的土壤质量和水利灌溉条件好的粮田，使粮食种植面积有所减少，即使用占补平衡的方法来补充耕地，也存在占优补劣的现象，忽略了粮食生产用水、耕作半径、坡度、光照等因素，被灌排设施不完善、地力条件不佳的土地置换，耕地质量也出现下降趋势，制约了耕地占补后的粮食产量和综合生产能力的提升。

3. 绿色发展约束下的粮食生产高质量发展

在生产质量方面，粮食产品质量的提升以及粮食产品的安全性是我们要面临的主要问题：一方面，生态粮、优质粮是粮食产品质量提升的关键，我国目前生产的粮食产品与农业发达国家的粮食产品在质量方面差距明显。另一方面，我国粮食生产过程中大量农药等的使用，使得粮食产品的食品安全性面临巨大的挑战。大量化肥、农药、农膜的使用使得农业自然资源和农业环境面临巨大的压力，如何解决在保障粮食产量的前提下恢复农业生态环境，保障粮食生产的可持续发展同样成为我国粮食产业高质量发展面临的重要问题。

4. 生产综合能力与粮食生产高质量发展

农民种粮的目标是获得经济收入，农民种粮意愿和积极性是提高粮食产量的根本。但粮食生产成本高、比较效益低的问题，影响了农民种粮意愿和积极性，一些农民将土地改种其他经济效益较高的作物或从事其他工作，导致粮食种植面积减少。我国粮食生产成本呈现上升趋势，纵观小麦、玉米、水稻 3 种主粮作物，1992—2016 年生产成本同比分别上升 578%、607%、525%。粮食生产成本的上升使得农民种粮收益逐年下降。因此，现阶段如何降低粮食生产成本，保障农民种粮收益，也成为粮食生产高质量发展要重点关注的内容。在生产结构方面，如何在保障粮食生产总量基本稳定的前提下，优化粮食种植结构，解决区域、产需不平衡等问题不仅是农业供给侧结构性改革的重点，同样也是我国粮食产业高质量发展需要着重解决的问题。

5. 消费者需求导向下的粮食生产高质量发展

消费者倾向于消费生态粮、优质粮等类型的粮食，这种类型粮食的生产需要好的生产环境和严格的生产程序，包括质量监测、土地整理和"轮耕轮休"制度，降低化肥、农药使用量等措施，从而获得优质、生态的粮食类型。该种生产方式虽然克服了过量使用农药、化肥，但是也制约了粮食生产中产量的提升，面临更大的市场风险。

四、粮食生产高质量发展面临的问题

根据粮食生产所面临的冲突与解决方法的阐述，粮食生产高质量发展需要解决这些问题：一是化肥等环境污染物的使用，粮食产量的提升面临自然资源、生产成本、生态环境和技术创新等多重约束，如何在资源和成本约束条件下，提高粮食生产产出的问题。二是粮食生产过程中的环境问题如何解决，即在粮食生产过程中，追求产出增加而加大环境污染物的投入时，如何保护环境的问题。三是粮食生产如何实现规模化、社会化和人力资本提高的问题，即如何实现生产的开放、协调和共享问题。

解决第一个问题的关键在于提高土地、水、人力和其他资源的利用效率，这需要在技术方面获得创新，提高资源的利用效率，实现资源配置和利用的最大化。解决第二个问题的关键是在第一个问题解决的基础上，提高绿色全要素生产率。解决粮食生产所带来的危害自然环境的非期望产出的问题，需要提高绿色效率水平，在同样产出的同时，降低危害生态环境的非期望产出水平。解决第三个问题的关键在于形成与我国小农生产和规模生产相适应的和谐、共享和开放的生产环境。这就需要形成高水平社会化服务环境，通过有组织的社会化服务来满足多元主体经营的需求。

综上所述，研究粮食生产高质量的问题，需要从以下三方面进行阐释。

（一）多元生产主体的组织问题

经营主体是组织生产的关键，同时也是粮食生产投入资源和要素的主要决策者，其生产决策行为直接影响地方粮食生产的全要素生产率和绿色全要素生产率，同时也影响粮食生产的经济效率。在复杂的生产环境中，多种问题交织在一起，多种目标需要共同达到，面临着多方面的压力。这需要协调产量、生产成本、生产结构、生产质量以及生态环境问题，需要走高质量发展的道路。通过组织水平的提升实现规模化生产，通过技术应用创新、生产结构优化升级和生产要素配置优化等手段提高这两种效率，通过效率的提升实现多元目标。

（二）相关的制度配套问题

在效率提升方面，无论是技术还是规模，都需要好的应用环境。建立这种环境的关键在于实现有效的资源配置，其中一个重要的制度环境就是土地制度环境。家庭联产承包责任制使土地细分到小农手中，"三权"分置的制度使土地流转起来，形成一定程度的规模经营，有利于发挥规模效应，一些基于规模实施的技术创新和应用因此产生，从而提高了粮食生产效率。实行土地托管制度，加上完备的社会化服务合约环境，能够将小规模农户的土地、劳动力素质偏低和缺乏劳动力的农户的土地、外出务工农户撂荒的土地通过托管集中到新型农业经营主体手中，实现规模化生产，从而改善资源利用模式和效率。

（三）生产环节和其他环节衔接问题

生产环节与农资环节的衔接问题非常重要。农资的供应环节，涉及良种、农资等的品质，直接影响生产粮食的质量，控制农资环节，并使之与生产过程相适应，提高农资的质量，是粮食生产的关键。生产环节与产后烘干、运输、储藏、质量监测和检验服务等环节的衔接，是粮食生产主体参与市场交易，获得高品质粮食收益的关键，如果衔接不好，将使粮食生产主体面临较大的损失，从而导致对粮食高质量生产的抵制。生产环节和金融、保险、技术创新、研发部门之间的衔接问题，决定了生产环节应对不确定性和风险、提高创新水平的能力，是粮食生产高质量发展的重要构成部分。

一、生产效率与粮食生产高质量发展

粮食生产高质量发展关乎国运民生，减少要素投入、提高生产率是粮食生产高质量发展的重要内容（徐志刚等，2022）。粮食产业高质量发展与粮食生产高质量发展是两个不同的概念，从产业和生产环节两个角度看待高质量发展是不同的，粮食生产高质量是粮食产业高质量的一个环节，粮食产业高质量发展是多环节高质量发展的结果，而从生产角度看，仅仅局限于生产环节所能体现的高质量。

许多学者都尝试探讨粮食高质量发展的内涵，界定其范围，找到其可测度的指标。李明文（2020）用粮食全要素生产率来测度粮食生产高质量发展的水平，并认为粮食生产过程决定了粮食产量和质量，促进粮食生产高质量发展，提质增效是关键。我国长期以来依靠资本、劳动力和资源要素投入的增长来推动粮食产量的增长，这种粗放型的增长受到资源约束存在一定的不可持续性。我国粮食生产的增长亟待转型升级，而转型升级的关键在于寻找新的推动力量。在经济高质量发展过程中，质量和效率是关键，是在投入一定的前提下，获得更多和更高质量的产出。而全要素生产率是指在既定生产要素投入条件下所达到的额外生产效率，体现的是创新和创意所带来的效率改进。因此，保障粮食生产高质量的关键在于提升生产效率，即全要素生产率。2017年中央农村工作会议明确指出，走质量兴农之路，实施质量兴农战略，不断提高农业创新力、竞争力和全要素生产率。

粮食生产受到耕地面积、水资源等资源条件约束，而农村劳动力流失较多，单靠增加要素来提高粮食生产质量，其难度持续增加，提高粮食全要素生产率的作用更加凸显。因此，要衡量一个地区粮食生产的高质量水平，全要素生产率是主要指标。丁声俊（2018）在提出粮食高质量发展特征时强调了创新性和绿色发展性，强调以"新发展理念"为主导，这些因素体现在生产高质量发展的过程中。王瑞峰等（2020）提出通过粮食价值链提升和粮食产业链延伸来提高粮食产业的高质量发展。

二、粮食全要素生产率的测度方法

技术有效率这一概念与生产边界有密切联系。在一定技术条件下，每个单位的产出量都有各自的边界值（即潜在的最大产量），但由于可能存在信息不对称、制度不合理、管理水平不高以及人力资源质量低下等方面的问题，其实际产出与边界值之间往往存在一定差距。这一差距就反映了效率上的损失。显然，边界值的正确估计是计算技术有效率的关键所在。目前，估计边界值的方法可以分为两大类：第一类方法，假定存在确定的边界值，这一边界值可简单地用数学规划的方法求出。第二类方法，假定边界值具有随机性，需要用经济计量模型估计。比较这两类方法，后者明显优于前者，受环境或气候条件变化以及测量误差等随机因素的影响，边界值不可能是完全确定的；用数学规划方法处理产出与投入的统计关系时边界值的估计是由子样本得到的。

数据包络分析（DEA）是由美国著名运筹学家 Charnes、Cooper 和 Rhodes 于 1978 年提出的，是在相对效率评价的概念基础上发展起来的一种非参数检验方法。在 DEA 中，受评估的单位或组织被称为"决策单元"（简称"DMU"），DEA 通过选取决策单元的多项投入和产出数据，利用线性规划，以最优投入与产出作为生产前沿，构建数据包络曲线。其中，有效点位于前沿面上，效率值设定为 1，无效点则位于前沿面外，并赋予一个大于 0 但小于 1 的相对的效率值指标。传统 DEA 模型主要可以分为 3 种：CCR 模型，该模型假定规模报酬不变，主要用来测定技术效率；BCC 模型，该模型假定规模报酬可变，主要用来测算纯技术效率，即技术效率与规模效率的比值；全局 DEA 模型（DEA-Malmquist 指数模型），主要用来测算决策单元的生产效率在不同时期的动态变化情况。在此基础上，根据不同测算需求与条件，相继又扩展延伸出各类模型。现有常见 DEA 模型以及扩展主要有如下 5 种。

（一）CCR 模型

CCR 模型由 Charnes、Cooper 和 Rhodes 于 1978 年提出，它可以计算规模报酬不变的资源配置效率。CCR 模型的简单推导如下，以 j_0 个决策单元的效率指数为目标，以所有决策单元的效率为约束，可以得到以下模型：

$$\max h_{j_0} = \frac{\sum_{r=1}^{s} u_r y_{rj_0}}{\sum_{i=1}^{m} v_i x_{ij_0}} \qquad (2-1)$$

$$\text{s. t.} \begin{cases} \dfrac{\sum_{r=1}^{s} u_r y_{rj}}{\sum_{i=1}^{m} v_i x_{ij}} \leqslant 1, \ j=1, \ 2, \ \cdots, \ n \\ u \geqslant 0, \ v \geqslant 0 \end{cases}$$

其中，x_{ij} 表示第 j 个决策单元对第 i 种投入要素的投放总量，而 y_{rj} 则表示第 j 个决策单元中第 r 种产品的产出总量，v_i 和 u_r 分别指第 i 种类型投入与第 r 种类型产出的权重系数。

令 $w = \dfrac{1}{v^T x_0} v$，$\mu = \dfrac{1}{v^T x_0} u$，经过 Charnes-Cooper 变换，可变为如下线性规划模型：

$$\max h_{j_0} = \mu^T y_0 \qquad (2-2)$$

$$\text{s. t.} \begin{cases} w^T x_j - \mu^T y_j \geqslant 0, \ j=1, \ 2, \ \cdots, \ n \\ w^T x_0 = 1 \\ w \geqslant 0, \ \mu \geqslant 0 \end{cases}$$

在上述对偶规划中，引入松弛变量 s^+ 和剩余变量 s^-，松弛变量表示达到最优配置需要减少的投入量，剩余变量表示达到最优配置需要增加的产出量。由此，不等式的约束会变为等式约束，模型可以简化为：

$$\min \theta \qquad (2-3)$$

$$\text{s. t.} \begin{cases} \sum_{j=1}^{n} \lambda_j y_j + s^+ = \theta x_0 \\ \sum_{j=1}^{n} \lambda_j y_j - s^- = \theta y_0 \\ \lambda_j \geqslant 0, \ j=1, \ 2, \ \cdots, \ n \end{cases}$$

（1）若满足 $\theta^* = 1$，$s^+ \geqslant 0$，$s^- \leqslant 0$ 且 $s^{*+} = 0$，$s^{*-} = 0$，则决策单元为 DEA 有效，决策单元的经济活动同时为技术有效和规模有效。

（2）若满足 $\theta^* = 1$，但至少某个投入或者产出大于 0，则决策单元为弱 DEA 有效，决策单元的经济活动不是同时为技术有效和规模有效。

（3）若满足 $\theta^* \leqslant 1$，决策单元不是 DEA 有效，经济活动既不是技术有效，也不是规模有效。

（二）BCC 模型

CCR 模型是在规模报酬不变的前提下得到的，但是技术创新和规模报酬不是固定的，现实中存在的不平等竞争也会导致某些决策单元不能以最佳规模运行，于是 Banker、Charnes 和 Cooper 在 1984 年对之前仅讨论固定规模的 DEA 分析进行了扩展，提出了 BCC 模型。BCC 模型考虑到在可变规模收益（VRS）情况下，即当有决策单元不是以最佳的规模运行时，技术效率（technology efficiency，简称 TE）的测度会受到规模效率（scale efficiency，简称 SE）的影响。以图 2-2 为例，位于生产函数曲线 $f(x)$ 上的点 A 与点 C 都是技术有效，位于 $f(x)$ 曲线内的点 B 位于规模收益递减区域，因此，不只是规模有效。BCC 模型正是要讨论位于这种生产状况的决策单元。

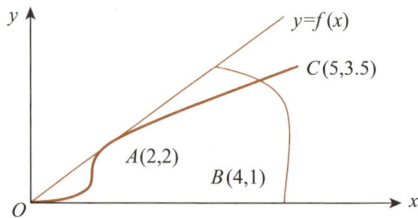

图 2-2 非规模效率下的决策单元

因此，在构建 BCC 模型时，假设规模报酬可变，对 CCR 模型的约束条件进行改进，增加凸性假设条件 $\sum \lambda_j = 1$，$j = 1, 2, \cdots, n$ 即可得：

$$s.t. \begin{cases} \sum_{j=1}^{n} \lambda_j y_j + s^+ = \theta x_0 \\ \sum_{j=1}^{n} \lambda_j y_j - s^- = \theta y_0 \\ \sum \lambda_j = 1, \ j = 1, 2, \cdots, n \\ s^+ \geqslant 0, \ s^- \leqslant 0 \end{cases} \tag{2-4}$$

模型可以对数据同时做 CCR 模型和 BCC 模型的 DEA 分析，评判决策单元的规模效率 SE。如果决策单元 CCR 和 BCC 的技术效率存在差异，则表明决策单元规模无效，并且规模无效率可以由 BCC 模型和 CCR 模型的技术效率之间的差异计算出来。

（三）全局 DEA 模型

考虑 K 个生产决策单元和 T 个生产时期，并假设生产决策单元采用生产投入 $x \in R_+^N$、生产产出 $y \in R_+^M$，并且同时定义两个生产技术：同期参考生产

技术、全局参考生产技术。同期参考生产技术可表示为：$T_c^t = \{(x^t,\ y^t)\mid x^t,$

$y^t\}$；$\lambda T_c^t = T_c^t$，$t=1,\ \cdots,\ T$，$\lambda > 0$。全局参考生产技术则可表示为：$T_c^G = \{T_c^1 \bigcup T_c^2,\ \cdots,\ T_c^T\}$。下标 c 表示每一个参考技术满足规模报酬不变性。

生产技术 T_c^s 下定义的同期 Malmquist 指数可表示为：

$$M_c^s(x^t,\ y^t,\ x^{t+1},\ y^{t+1}) = \frac{D_c^s(x^{t+1},\ y^{t+1})}{D_c^s(x^t,\ y^t)} \qquad (2-5)$$

其中产出距离函数可以表示为：

$D_c^s(x^t,\ y^t) = \min\{\varphi > 0 \mid (x,\ y/\varphi) \in T_c^s\}$，$s = t$，$t = 1$，

因为 $M_c^t(x^t,\ y^t,\ x^{t+1},\ y^{t+1}) \neq M_c^{t+1}(x^t,\ y^t,\ x^{t+1},\ y^{t+1})$，因此同期 Malmquist 指数通常采用这两个指数的几何平均值表示，即：

$M_c(x^t,\ y^t,\ x^{t+1},\ y^{t+1}) = [M_c^t(x^t,\ y^t,\ x^{t+1},\ y^{t+1}) \times M_c^{t+1}(x^t,\ y^t,$ $x^{t+1},\ y^{t+1})]^{1/2}$，因此，求解 Malmquist 指数涉及 4 个距离函数，为求简便只列出求解 t 时期的投入与生产的距离函数：

$D_c^t(x^t,\ y^t) = \min\{\varphi > 0 \mid (x,\ y/\varphi) \in T_c^t\} = \max^{-1}\{\beta > 0 \mid (x,\ \beta y) \in T_c^t\}$，

即 $D_c^t(x^t,\ y^t)^{-1} = \max\{\beta > 0 \mid (x,\ \beta y) \in T_c^t\}$

$$\text{s.t.} \begin{cases} \sum_{k=1}^{N} z_k^t x_{kn}^t \leqslant x_n^t,\ n = 1,\ \cdots,\ N \\ \sum_{k=1}^{N} z_k^t y_{km}^t \geqslant \beta y_m^t,\ m = 1,\ \cdots,\ M \\ z_k^t \geqslant 0,\ k = 1,\ \cdots,\ K \end{cases} \qquad (2-6)$$

生产技术 T_c^G 下定义的全局 Malmquist 指数可以表示为：

$$M_c^G(x^t,\ y^t,\ x^{t+1},\ y^{t+1}) = \frac{D_c^G(x^{t+1},\ y^{t+1})}{D_c^G(x^t,\ y^t)} = \frac{D_c^t(x^{t+1},\ y^{t+1})}{D_c^t(x^t,\ y^t)} \times$$

$$\left\{\frac{D_c^G(x^{t+1},\ y^{t+1})}{D_c^{t+1}(x^{t+1},\ y^{t+1})} \times \frac{D_c^t(x^t,\ y^t)}{D_c^G(x^t,\ y^t)}\right\}$$

$$= \frac{TE_c^{t+1}(x^{t+1},\ y^{t+1})}{TE_c^t(x^t,\ y^t)} \times \left\{\frac{D_c^G(x^{t+1},\ y^{t+1})/D_c^{t+1}(x^{t+1},\ y^{t+1})}{D_c^G(x^t,\ y^t)/D_c^t(x^t,\ y^t)}\right\}$$

$$= EC_c \times \left\{\frac{BPG_c^{G,\ t+1}(x^{t+1},\ y^{t+1})}{BPG_c^{G,\ t}(x^t,\ y^t)}\right\}$$

$$= EC_c \times BPC_c \qquad (2-7)$$

其中 EC_c 为效率变化指数，BPC_c 为技术变化指数，$D_c^G(x^t,\ y^t)$ 则可以表

示为：

$$D_c^G(x^t, y^t) - 1 = \max\{\beta > 0 \mid (x, \beta y) \in T_c^t\} \qquad (2-8)$$

$$\text{s. t.} \begin{cases} \sum_{t=1}^{T} \sum_{k=1}^{N} z_k^t x_{kn}^t \leqslant x_n^t, \ n=1, \cdots, N \\ \sum_{t=1}^{T} \sum_{k=1}^{N} z_k^t y_{kn}^t \geqslant \beta y_m^t, \ m=1, \cdots, M \\ z_k^t \geqslant 0, \ k=1, \cdots, K \end{cases}$$

由于全局 Malmquist 指数具有可传递性，不需要采用两个时期的几何平均值代替，仍保持可分解性，同时可以克服同期 Malmquist 指数可能存在不可行解的情形。因此，可以采用全局 DEA 模型研究全要素生产率并对其变动和影响因素进行分析。

（四）绿色全要素生产率模型

每个生产决策单元构造包含两种产出的生产可能集。假设每个生产决策单元使用 N 种投入 $x = (x_1, \cdots, x_N) \in R_N^+$，生产 M 种期望产出 $y = (y_1, \cdots, y_M) \notin R_M^+$，生产 I 种非期望产出 $b = (b_1, \cdots, b_I) \in R_I^+$，第 $t(t=1, \cdots, T)$ 时期、第 $k(k=1, \cdots, K)$ 个生产决策单元的投入产出为 (x^{kt}, y^{kt}, b^{kt})，构造的全局生产可能集形式如下：

$$P^t(x^t) = \begin{cases} (y^t, b^t): \sum_{k=1}^{K} Z_k^t y_{km}^t \geqslant y_{km}^t, \ \forall m; \\ \sum_{k=1}^{K} Z_{ki}^t b_{ki}^t = b_{ki}^t, \ \sum_{k=1}^{K} Z_k^t y_{kn}^t \leqslant x_{kn}^t, \ \forall n; \\ \sum_{k=1}^{K} Z_k^t = 1, \ Z_k^t \geqslant 0, \ k=1, \cdots, K \end{cases} \qquad (2-9)$$

其中，Z_k^t 表示每个截面观测的权重，权重和为 1 及权重约束非负表明假设的生产技术是 CRS。SBM 方向性距离为：

$$\vec{S}_V^G(x^{t, k'}, y^{t, k'}, b^{t, k'}, g^x, g^y, g^b) =$$

$$\max_{s^x, s^y, s^b} \frac{\dfrac{1}{N}\sum_{n=1}^{N}\dfrac{S_n^x}{g_n^x} + \dfrac{1}{M+1}\left(\sum_{m=1}^{M}\dfrac{s_m^y}{g_m^y} + \sum_{i=1}^{I}\dfrac{s_i^b}{g_i^b}\right)}{2} \qquad (2-10)$$

$$\text{s. t.}\begin{cases} \sum_{k=1}^{K} Z_k^t x_{kn}^t + s_n^x = x_{k'n}^{t'}, \quad \forall n; \quad \sum_{k=1}^{K} Z_k^t y_{km}^t - s_m^y = y_{k'm}^{t'}, \quad \forall m; \\ \sum_{k=1}^{K} Z_k^t b_{ki}^t + s_i^b = b_{k'i}^{t'}, \quad \forall i; \quad \sum_{k=1}^{K} Z_k^t, \ Z_k^t \geqslant 0, \quad \forall k; \\ s_n^x \geqslant 0, \quad \forall n; \quad s_m^y \geqslant 0, \quad \forall m; \quad s_i^b \geqslant 0, \quad \forall i \end{cases}$$

其中，$(x^{t,\,k'}, \ y^{t,\,k'}, \ b^{t,\,k'})$ 表示决策单元 k' 的投入产出量，$(g^x, \ g^y, \ g^b)$ 表示投入产出的方向向量，$(s_n^x, \ s_m^y, \ s_i^b)$ 为投入产出的松弛向量。有了 SBM 方向性距离函数后，即可测算出绿色全要素生产率（GTFP），可表示为：

$$GTFP = \frac{1 + S_v^G(x^t, \ y^t, \ b^t; \ g)}{1 + S_v^G(x^{t+1}, \ y^{t+1}, \ b^{t+1}; \ g)} \qquad (2-11)$$

（五）随机生产前沿函数模型

随机前沿生产函数模型如式（2-15）所示：

$$\ln q_i = x'_i \beta + \nu_i - \mu_i \qquad (2-12)$$

除了增加表示统计噪声的对称随机误差项 ν_i 之外，统计噪声既来源于所忽略的与 x_i 相关的变量，也来源于测量误差和函数形式选择所带来的近似误差。由于产出值以随机变量 $\exp(x'_i \beta + \nu_i)$ 为上限，所以定义的模型被称为随机前沿生产函数。随机误差 ν_i 可正可负，因此随机前沿产出围绕着模型的确定部分 $\exp(x'_i \beta)$ 变动。

为了方便起见，考虑仅利用一种投入 x_i 生产得到产出 q_i 的情况。在这种情况下，柯布—道格拉斯随机前沿模型可以表示为：

$$\ln q_i = \beta_0 + \beta_1 \ln x_i + \nu_i - \mu_i \qquad (2-13)$$
$$\text{或 } q_i = \exp(\beta_0 + \beta_1 \ln x_i + \nu_i - \mu_i)$$
$$\text{或 } q_i = \exp(\beta_0 + \beta_1 \ln x_i) \times \exp(\nu_i) \times \exp(-\mu_i)$$

给出两个决策单元 A 的投入产出，其中前沿模型的确定部分反映规模收益递减的存在性。决策单元 A 利用投入水平 x_A 生产得到产出 q_A。如果没有无效效应，那么决策单元 A 所谓的前沿产出将是：

$$q_A^* \equiv \exp(\beta_0 + \beta_1 \ln x_A + \nu_A) \qquad (2-14)$$

决策单元 A 的前沿产出位于生产前沿确定部分之上，因为其噪声影响是负的（即 $\nu_A < 0$），实际产出位于生产前沿确定部分之下，其噪声影响与无效效应之和为负（即 $\nu_A - \mu_A < 0$）。

可以把前沿模型这些特性推广到多投入情况上。特别地，（不可观测的）前沿产出在前沿确定部分上下方有均匀分布的趋势。然而，可观测的产出趋向位于前沿确定部分之下。实际上，当噪声影响为正且大于无效效应时 [即 $q_i^* > \exp(x'_i\beta)$ 当且仅当 $\varepsilon_i \equiv \nu_i - \mu_i > 0$]，可观测产出才能位于前沿确定部分之上。

许多随机前沿分析的目的是预测无效效应。最常用的产出导向的技术效率是可观测产出与相应随机前沿产出之比：

$$TE_i = \frac{q_i}{\exp(x'_i\beta + \nu_i)} = \frac{\exp(x\beta + \nu_i - \mu_i)}{\exp(x'_i\beta + \nu_i)} = \exp(-\mu_i)$$

$$(2-15)$$

这种技术效率在 0 和 1 间取值。它测算了第 i 个决策单元的产出与完全有效决策单元使用相同投入量所能得到的产出之间的相对差异。

三、粮食全要素生产率的研究数据

目前研究所使用的数据有两种类型：第一种是实地调查数据，并且调查的规模存在明显的差异。第二种是统计数据，主要包括粮食的直接生产费用和间接生产费用。直接生产费用包括种子秧苗费、农家肥费、化肥费、农膜费、农药费、畜力费、机械作业费、排灌费、燃料动力费、棚架材料费及其他费用。间接生产费用包括固定资产折旧费、小农具购置修理费、管理费及其他间接费用和销售费用。本书数据来源于《全国农产品成本收益汇编》《中国统计年鉴》《中国农业年鉴》《中国农村统计年鉴》等，跨部门年鉴数据的使用，使得分析更具科学性。

四、粮食全要素生产率的研究对象

粮食生产效率的研究对象主要可以分为经营主体（组织）、区域和粮食品种 3 个层面，不同层面的分析结论存在差异。

（一）基于经营主体（组织）层面的我国粮食生产效率研究

基于经营主体（组织）层面的我国粮食生产效率研究情况如表 2-1 所示。

表 2-1　基于经营主体（组织）层面的我国粮食生产效率研究

研究者	研究对象	研究方法	研究结论
钟真 （2021）	农业经营主体	随机前沿分析方法	社会化服务对农业经营主体的粮食生产参与、优化生产规模，改进生产方式

（续）

研究者	研究对象	研究方法	研究结论
张德元 (2018)	家庭农场 （合作社）	随机前沿分析	合作社提高家庭农场粮食生产的技术效率
张忠明 (2010)	吉林省 722 户农户	DEA 分析方法	在一定规模范围内，随着规模的扩大，粮食全要素生产率表现出 U 形曲线的变化规律
姚增福 (2012)	黑龙江省 460 户农户	超越对数随机前沿分析函数模型	全样本种粮大户生产技术效率均值为 62.23%，100～130 亩①规模组大户生产技术效率值最高为 71.92%，经营规模与技术效率之间具有较强的"反向"作用
张海鑫 (2012)	安徽省丘陵地区农户调查数据	超越对数随机前沿分析函数模型	农户农业生产技术效率仅为 77.97%，效率损失严重；丘陵地区粮食生产已出现劳动力投入过剩现象，而耕地的细碎化现状又使农机使用处于"进退维谷"状态
王倩 (2015)	767 户种粮户	DEA 模型	小麦主产区粮食生产综合效率低下，技术效率是主要突破点
胡逸文 (2016)	河南农户调查数据	超越对数生产函数	化肥的产出弹性大于零，劳动要素产出弹性为负并且接近于零
周靖祥 (2016)	农户跟踪调查数据	随机前沿分析（SFA）非参数估计方法	效率损失人为可控制的部分占比为 72.3%，随机无效率的贡献占比为 27.7%，社会化程度趋高的小农价格预期直接减少，水稻种植面积的比例达到 13%
田珍 (2021)	上海市松江区 943 个家庭农场	随机前沿分析（SFA）	上海市松江区家庭农场粮食生产的技术效率水平较高，达到 0.922 6
周海文 (2021)	全国 6 个省份 818 户农户	生产效率分析法	农户使用除草剂能够显著提高小麦的单位面积产量，处理组使用除草剂的平均干预效应值为 0.281，在反事实情景下，处理组使用除草剂的平均干预效应值为 0.383
崔钊达 (2021)	814 户玉米种植户	借助 SBM 方向性距离函数	样本地区农户玉米生产技术效率均值为 0.622 5，具有较大的提升潜力
黄炎忠 (2021)	822 户水稻种植户调查数据	DEA-BCC 模型	农户兼业时长超过 8.35 个月时，兼业行为对粮食生产效率的影响方向会发生改变

---

① 亩，非法定计量单位，1 亩＝1/15 公顷。——编者注

（续）

研究者	研究对象	研究方法	研究结论
魏佳朔（2021）	个人和家庭层面的调查	超越对数函数模型	无偿转入土地农户的粮食生产效率均值约为0.592 1，低于有偿转入土地农户0.604 8的平均水平
宦梅丽（2021）	中国劳动力动态调查	随机前沿分析	农机服务对粮食生产技术效率存在显著正向影响，其总体效应为0.005 0
彭超（2020）	全国农村固定观察点数据	随机前沿函数	粮食种植户的技术效率变异显著
武舜臣（2021）	（CLDS）混合截面数据	随机前沿分析（SFA）	机械化耕种对粮食生产效率表现出有限的正向影响，且该结果与差异化农机作业方式密切相关
王善高（2020）	微观农户数据	随机前沿分析	江苏水稻种植技术效率的均值为0.927，处在相对较高水平
晋洪涛（2015）	河南省固定观察户数据	线性回归模型	政府追求粮食增产和农民追求收入增长之间存在矛盾，小规模农地流转不能实现粮食增产和农户增收的统一
贾琳（2017）	农户调查数据	DEA模型	农户玉米生产的综合效率较低，经营规模效率还有提升的空间
杨皓天（2016）	2013年内蒙古农户调查数据	随机前沿分析	农户粮食生产存在技术效率损失

（二）基于区域层面的我国粮食生产效率研究

我国学者针对不同区域的粮食生产效率进行了分析，如表2-2所示，其研究的结论比较趋同，主要表现在3个方面：第一，我国粮食生产在区域层面上存在空间非均衡现象，不仅表现在不同省份之间，而且还表现在三大功能区之间。第二，我国粮食生产效率存在一定的改善空间，还存在一定的效率损失，不同地区效率损失水平不同。第三，不同区域随时间的演化规律和演化趋势不同。

表2-2 基于区域层面的我国粮食生产效率研究

研究者	研究对象	研究方法	研究结论
黄金波（2010）	31个省级单位	面板数据随机前沿模型	我国粮食生产的技术结构具有要素二次乘积效应、时间效应和地区效应，存在明显的技术进步效应，并影响粮食生产投入要素之间的边际替代率

（续）

研究者	研究对象	研究方法	研究结论
曹芳萍 （2012）	30 个省级 面板数据	随机生产边界 方法	我国农业生产中全要素化肥效率较低，东部地区高于中西部地区，中西部提高速度快于东部；从时间分布特征来看，全要素化肥效率随着时间推移而改善
曾福生 （2012）	31 个省级 单位数据	SBM-Tobit 模型 二步法	吉林、黑龙江、上海、江苏、江西、山东、河南、湖南、重庆、四川和西藏的粮食生产效率值为 1，其他地区低于 1
成德宁 （2015）	26 个省级数据	随机前沿分析	我国粮食生产的技术效率是逐年波动的，2005 年是一个分界点；粮食主产区粮食生产技术效率高于全国和非粮食主产区水平
鲁庆尧 （2020）	省级面板数据	改进的 SBM 模型	我国粮食生产生态效率省际平均值较低，三大区域的粮食生产生态效率从西部、中部到东部，呈现显著的递减趋势
崔宁波 （2020）	黑龙江 垦区的数据	SBM 模型	黑龙江垦区整体粮食生产水资源利用率的演变趋势中，技术效率均较低，纯技术效率与规模效率在整体上并未达到完全有效
赵丹丹 （2020）	31 个省份面板 数据	随机前沿分析 函数模型	1996—2015 年全国粮食平均生产效率为 0.690 1，从 1996 年的 0.735 上升到 0.781，上升了 6.3%，同时可以看出，我国粮食生产技术效率仍然有很大的上升空间
张丽 （2020）	31 个省级单位 数据	变系数随机前沿 分析方法	不同省份粮食生产的投入要素产出弹性和技术效率存在明显差异，2008 年粮食技术变化最为明显，粮食全要素生产率的增长在 2008 年高达 5%
罗光强 （2020）	31 个省级 单位数据	DEA-Malmquist 指数法	三大粮食区呈现较显著的区域差异，其中，粮食主产区指数均值为 1.012，主销区指数均值为 1.014，产销平衡区各省份指数均值为 1.001
伍国勇 （2019）	31 个省级 单位数据	数据包络法 （DEA）	我国粮食生产效率整体偏低，且东部沿海地区普遍呈现出效率递减趋势，主要由纯技术效率和规模效率偏低所致

（续）

研究者	研究对象	研究方法	研究结论
朱丽莉 （2015）	2001—2010 年 省级数据	DEA-Malmquist 模型	我国粮食生产要素产出率有较快增长，但不同要素产出率差异较大
杨锦英 （2013）	31 个省级单位	DEA-Malmquist 模型	我国生产要素投入冗余问题突出，虽然总量增加，但技术进步的指数大幅度下降
杨林 （2011）	全国水平	DEA 模型	我国粮食生产效率始终处于规模报酬递增阶段或者规模报酬不变阶段，可以通过增加要素的投入来获得更多的至少是同比于要素增加量的总收益，我国粮食生产要素总投入尚不充足
李俊鹏 （2018）	30 个省级单位	DEA-TE 模型	溢出效应是我国粮食生产技术效率提升的主导
杭斌 （2002）	16 个省份的数据	随机前沿 生产函数	我国粮食生产的技术效率整体水平不高，地区间差异很大，16 个省份中，只有 4 个省份的技术有效率在 90% 以上，有 7 个省份的技术有效率低于 80%
庞英 （2008）	11 个粮食 主产区	动态 Malmquist 指数	1998—2004 年的粮食流通体制市场化时期，我国粮食生产资源配置效率的平均水平是上升和改善的，我国及其各大流域主产区的制约因素是规模效率
魏丹 （2011）	13 个粮食主产区	DEA 模型	对 13 个粮食主产省份粮食生产要素配置效率水平由高到低进行排序依次是江苏＞吉林＞黑龙江＞湖南＞河南＞山东＞四川＞安徽＞辽宁＞江西＞湖北＞河北＞内蒙古
刘宁 （2011）	13 个粮食 主产区	超效率 Output-DEA 模型	规模效率是影响主产区粮食生产能力的主要原因；各类要素冗余投入存在调整空间
陈红 （2017）	13 个粮食主产区	两步 DEA 模型	环境规制强度直接影响粮食主产区的全要素生产效率，环境规制强度对粮食主产区不同省份的时空影响差异较大
张凡凡 （2019）	13 个粮食 主产区	三阶段 DEA-Windows	受灾面积和地区经济发展水平的提高会阻碍粮食生产效率，而人均耕地面积对粮食生产效率有促进作用

（续）

研究者	研究对象	研究方法	研究结论
姚增福 （2022）	粮食生产 功能区	无环境规制的 农业环境效率	各地区农业环境效率间存在显著的空间正相关性
睢忠林 （2021）	15个产小麦省份	SBM-DEA 模型	地区间环境效率和变动率的发展虽不平衡，但不平衡的局面正在逐渐改善
虞松波 （2019）	小麦主产地 区的数据	超越对数SFA 模型测算	我国小麦生产成本效率仍存在17.3%的损失
张启楠 （2018）	粮食主产区 的数据	三阶段DEA模型	剔除环境影响后，粮食主产区粮食生产效率发生了较大变化，其效率水平仍有较大提升空间，主要由规模效率偏低所致
魏丹 （2011）	粮食主产区的 数据	DEA模型	大部分省份均未达到技术有效和规模有效，投入和产出的结构不合理，呈现出地域上的差别特征
曹慧 （2017）	13个粮食 主产区的数据	SFA方法	三大流域粮食生产技术效率均表现为上升趋势，但上升幅度逐年递减
吴兆丹 （2021）	13个粮食 主产区的数据	广义用水经济 效率测度模型	我国粮食主产区13个省份2000—2018年该效率时空演变特征，全国呈波动上升趋势
宦梅丽 （2022）	3个功能区的数据	随机前沿分析	我国粮食生产技术效率呈现显著的产区差异
陈红 （2020）	黑龙江省的数据	SBM-Malmquist 模型	黑龙江粮食生产用水绿色全要素生产率变化主要依赖于技术进步变化，受纯技术效率变化的限制
杨庆 （2019）	长三角地 区的数据	DEA-Malmquist 模型	2013—2017年综合效率均未达到DEA有效，规模效率均高于纯技术效率，江苏、安徽两省的技术效率变化、纯技术效率变化、规模效率变化以及Malmquist指数变化均高于长三角地区
张利国 （2016）	鄱阳湖生态 经济区的数据	方向距离函数 （DDF）	在考虑环境污染对粮食生产技术影响的基础上，鄱阳湖生态经济区粮食生产环境技术效率总体呈现U形趋势，其中粮食生产技术效率2001年最高为0.979 1，2008年最低为0.733 9

（续）

研究者	研究对象	研究方法	研究结论
王千 （2010）	河北省138个县的数据	DEA-Malmquist模型	138个县粮食生产效率空间分布差异显著，"全要素效率"优势区主要分布在石家庄、衡水等中东部地区，非优势区主要分布在北部地区
乔世君 （2004）	县（市）级数据	随机前沿分析函数模型	粮食生产的技术效率在地理空间上是非均衡分布的，呈现"南高北低"的空间格局

（三）基于粮食品种层面的我国粮食生产效率研究

如表2-3所示，基于粮食品种的生产效率的研究相对较少，并没有提出有针对性的政策建议，并且在区域选择方面也存在较大的差异。因此，本书基于我国小麦、水稻和玉米三大主粮作物进行生产效率分析。

表2-3　基于品种的我国粮食生产效率研究

研究者	研究对象	研究方法	研究结论
亢霞 （2005）	7种主要粮食作物	随机前沿分析函数	扩大土地经营规模，提高粮食产量，肥料、种子和机械投入作用有限
晋洪涛 （2015）	小麦和玉米生产效率	随机前沿分析函数	生产效率和土地规模、劳动力水平、家庭禀赋有关
钟钰 （2015）	谷类	DEA-Malmquist模型	我国粮食生产效率有较快增长，但是不同的要素产出率差异较大
杨皓天 （2015）	粮食	DEA模型	内蒙古各地区在粮食生产方面存在技术效率和规模效率的空间差异

第三章
基于效率的我国小麦生产高质量发展研究

　　根据前述分析，粮食生产高质量发展具有不同的基本内涵理解与测算方法。本书首先从生产效率的角度出发，应用全要素生产率和绿色全要素生产率两种测算方法与结果，作为我国粮食生产高质量发展的代表，对我国主要粮食作物品种（小麦、水稻、玉米）进行分类分析；然后根据本书对粮食生产高质量发展的内涵进行阐述，构建应用于整体粮食作物的粮食生产高质量发展评价指标体系，并对指标进行测算；最后根据相关测算结果，对我国不同省份或地区的粮食生产高质量发展情况进行综合对比分析，提出我国粮食生产高质量发展的重要策略。

第一节　小麦全要素生产率的实证分析

　　在 2020 年中央 1 号文件提出"推进农业供给侧结构性改革，优化种植区域布局，支持粮食生产核心区"的背景下，研究小麦主产区小麦全要素生产率的意义对于推动全国粮食生产高质量发展最为重要。本章的研究思路是，依托小麦生产的主要产地 15 个省份，定量分析其全要素生产率、绿色全要素生产率。在此分析的基础上，建构小麦生产的高质量发展评价指标，并对不同地区小麦生产的高质量发展指标进行定量分析比较，从而指出我国小麦未来生产的高质量发展路径。

一、问题的提出

　　小麦是我国的两大口粮之一，在粮食安全中具有十分重要的作用，要落实"中国人要把饭碗端在自己手里"，就必须重视小麦的生产。我国小麦单产水平快速提高，从而使小麦的产量得以提高，而小麦单产取决于化肥、农药、机械等要素投入。从长期看，我国人均耕地资源和水资源不足，环境压力增大，单纯依靠物质要素的投入来提高产量逐渐呈现不可持续性。因此，提高小麦全要素生产率是提高小麦产量的有效选择。全要素生产率（TFP）是除各要素投入之外，能使产量增加的重要贡献因素，可以较好地度量要素投入效率的提高及技术进步的程度，反映生产效率的综合水平及其变动。

在研究小麦全要素生产率的文献中，延桢鸿等（2019）的研究表明，全国小麦全要素生产率年均增长 2.8％。而袁青青和韩一军（2018）的研究表明我国小麦生产全要素生产率是下降的，下降的均值是 0.7％。李辉尚等（2018）的研究结论与之相似，研究认为 2006—2015 年我国小麦生产技术效率呈下降趋势，其动态变化的均值是－0.56％。这些研究在结论上并没有形成一致的意见，其原因可能与样本选择和时期的选择有关，分析模型和方法上也有所不同。因此，需要从不同的角度，结合更为详细的数据来分析我国小麦生产的全要素生产率，并掌握其空间演变趋势及影响因素。2006 年以来，我国小麦供给对外依存度越来越高、自我供需保障能力减弱、国际市场竞争能力降低，提高小麦的全要素生产率具有重要的现实意义。本章通过科学方法对我国小麦全要素生产率进行测度，为提高生产效率制定合理的政策提供依据，促进我国小麦种植产业健康发展、农产品市场稳定运行乃至经济实力的提升都具有重要价值。

二、研究回顾

产业的增长有两种模式，投入型增长和技术进步推动的生产率增长。产业增长模式的选择关系产业发展的可持续性与健康性。小麦作为保障我国口粮安全的重要农产品，全要素生产率的提升具有重要的理论和现实意义。在粮食安全日益重要的背景下，加上资源要素的约束，小麦产量和质量的增加，是单纯依靠资源要素的增加，还是单纯依靠生产效率的提升？在小麦生产高质量发展过程中，哪些才是值得重视的问题？这就需要对小麦全要素生产率进行更深入的考察，考察内部变动的规律及其分解，从而实施更具有针对性的政策建议。本书遵循前人的研究成果，针对我国小麦生产全要素生产率及其分解进行分析，找出小麦生产全要素生产率动态变化的动力根源，为进一步促进我国小麦全要素生产率的提升提供参考。

延桢鸿等（2019）采用 DEA-Malmquist 模型，对 2001—2016 年全国 15

个小麦主产省份小麦全要素生产率进行了测算分析，并进一步探讨了其影响因素。研究表明，2001—2016 年，全国小麦全要素生产率年均增长 2.8%，其中东北地区增长最快，东部地区增长速度略高于中部地区，西部地区发展缓慢。通过对小麦全要素生产率影响因素进行固定效应回归发现，人力资本、农机总动力、粮食补贴政策等对小麦全要素生产率具有正向影响，人均收入、农林牧渔业劳动力和受灾率则具有负向影响，年均气温、有效灌溉面积影响并不显著。建议小麦种植未来发展应着重加强农业人才培育和提高农业机械化水平。袁青青等（2018）基于 DEA-Malmquist 指数方法，对 2004—2015 年我国 15 个小麦主要生产省份的小麦全要素生产率进行了测算，并对小麦生产效率的非有效性进行分析。研究表明，2004—2015 年，我国小麦全要素生产率的周期性变动主要受技术进步变动的影响，小麦生产规模效率的提高一定程度上促进技术效率得到改善；不同省份小麦全要素生产率的提高贡献来源不同，规模效率的实现是多数省份小麦全要素生产率提高的主要原因。同时，最低收购价政策实施省份的小麦全要素生产率普遍高于其他省份，劳动力、化肥等要素的过度投入一定程度上导致小麦技术效率的损失。李辉尚等（2018）研究认为，2006—2015 年我国小麦主产区小麦生产的综合技术效率均值为 0.928，纯技术效率均值为 0.943，规模效率均值为 0.984，均未达到有效水平，主产区小麦全要素生产率变化指数为 0.920～0.977，全要素生产率的增长受到了技术进步更大的制约。超过半数的研究省份小麦全要素生产率呈现负增长的趋势。在生产效率的空间相关性方面，我国小麦主产区的小麦全要素生产率整体上呈现出较为显著的空间集聚效应，相较于其他地区而言，黄淮海小麦优势区存在较为显著且稳定的空间正相关关系。

三、理论和模型

　　传统的 CCR 和 BCC 模型只能横向比较决策单元在同一时点的生产效率，DEA-Malmquist 指数模型则可以测度决策单元在不同时期效率的动态变化，因此它可以分析面板数据，具有广泛的应用性。

　　DEA-Malmquist 指数利用距离函数（E）进行运算，可以表示为以下数学表现形式

$$MPI_I^t = \frac{E_I^t(x^{t+1}, y^{t+1})}{E_I^t(x^t, y^t)} \qquad (3-1)$$

$$MPI_I^{t+1} = \frac{E_I^{t+1}(x^{t+1}, \ y^{t+1})}{E_I^{t+1}(x^t, \ y^t)} \qquad (3-2)$$

为了把两个时期的技术水平都纳入考虑，取它们的几何平均值：

$$MPI_I^G = (MPI_I^t MPI_I^{t+1})^{1/2} = \left[\frac{E_I^t(x^{t+1}, \ y^{t+1})}{E_I^t(x^t, \ y^t)} \times \frac{E_I^{t+1}(x^{t+1}, \ y^{t+1})}{E_I^{t+1}(x^t, \ y^t)}\right]^{1/2}$$

$$(3-3)$$

该生产率指数又可以分解为面向输入的效率变化（EFFCH）和技术效率（TECHCH），技术效率又可以分为规模效率（SECH）和纯技术效率（PECH）两部分。

$$MPI_I^G = (EFFCH_I)(TECHCH_I^G)$$

$$= \left(\frac{E_I^{t+1}(x^{t+1}, \ y^{t+1})}{E_I^t(x^t, \ y^t)}\right)\left[\frac{E_I^t(x^{t+1}, \ y^{t+1})}{E_I^t(x^t, \ y^t)} \times \frac{E_I^{t+1}(x^{t+1}, \ y^{t+1})}{E_I^{t+1}(x^t, \ y^t)}\right]^{1/2}$$

$$(3-4)$$

$$SECH = \left[\frac{E_{vrs}^{t+1}(x^{t+1}, \ y^{t+1})/E_{crs}^{t+1}(x^{t+1}, \ y^{t+1})}{E_{vrs}^{t+1}(x^t, \ y^t)/E_{crs}^{t+1}(x^t, \ y^t)} \times \right.$$

$$\left. \frac{E_{vrs}^t(x^{t+1}, \ y^{t+1})/E_{crs}^t(x^{t+1}, \ y^{t+1})}{E_{vrs}^t(x^t, \ y^t)/E_{crs}^t(x^t, \ y^t)}\right]^{1/2} \qquad (3-5)$$

$$PECH = \frac{E_{vrs}^{t+1}(x^{t+1}, \ y^{t+1})}{E_{crs}^t(x^t, \ y^t)} \qquad (3-6)$$

Malmquist 指数方法可以利用多种投入与产出变量进行效率分析，且不需要相关的价格信息，也不需要成本最小化和利润最大化等条件，更为重要的是它将生产率的变化原因分为技术变化与技术效率变化，并进一步把技术效率变化细分为纯技术效率变化与规模效率变化。利用该方法，粮食生产的全要素生产率变化分为技术变化和技术效率变化，而技术效率变化分为纯技术效率和规模效率。

四、样本、变量和数据

DEA 模型的应用对样本和变量选取要求很严格，若选取得不恰当，将对结果产生很大影响。因此，在数据选择方面，本书采用相对慎重的方法，从多源的渠道获得数据。

（一）样本的选取

由于小麦的生产需要一定的气候等地理条件，只有在一些气候适宜生产的地区和省份才能大量种植，我国统计资料显示，有小麦生产统计资料的省份共15 个，主要集中在东北部、中部、东部和西部，本书采用李辉尚 2018 年的分类，如表 3-1 所示。

表 3-1　研究区域分布情况

地区	省份
黄淮海优势区	河北、河南、山东、陕西、山西
长江中下游优势区	江苏、安徽、湖北
西南优势区	四川、云南
西北优势区	甘肃、新疆、宁夏、内蒙古
东北优势区	黑龙江

注：小麦生产地区划分参照《小麦优势区域布局规划（2008—2015 年）》。

本书选取的时间为 2001—2020 年，因为 2004 年我国进行粮食流通体制改革，全面开放粮食收购市场，实现粮食购销市场化和市场多元化，对粮食生产造成了巨大影响，这个时间节点必须包含到研究中，研究同样必须包括我国明确提出经济高质量发展的时间节点。

（二）投入产出变量的选择

投入产出指标要根据可靠性原则和数据可获得性原则来选择。首先需要确定投入和产出指标。考虑到我国各地的气候和地理因素的差异，小麦的种植规模和单位面积的产量存在较大的差异，同时小麦总产量受到种植面积和单位产量的影响，为避免不同地区同一指标数据存在巨大差异，降低对测算结果的不利影响，保证测算结果更加准确真实，本书在测算小麦全要素生产率的过程中统一使用亩产作为指标单位，缩小指标的口径，达到提高各地区同一指标的一致性、降低投入要素变量间的多重共线的目的。

小麦的生产活动需要投入多种生产要素，包括最主要的土地投入、劳动投入，也包括种子、化肥、农用机械等在内的物质要素投入，考虑到各地各年份对数据进行统计时的指标设置存在差异，为保证所获得的数据在研究年份和不同地区间存在连续性和完整性，能够比较分析，本书选取的投入指标为土地成本、劳动力投入量、机械费用、种子选用量及化肥使用量等。产出指标为小麦的亩产量。由于没有小麦产出质量的相关指标，一般以小麦种植的单位产量

（亩产量）作为核心产出指标，围绕该指标，其他投入指标也以亩为单位进行设置。

以我国 15 个小麦生产省份的统计数据为时间窗口，在小麦生产过程中，共包括以下几方面的变量。

1. 投入变量

在要素投入方面，包括劳动投入、土地投入和资本投入 3 种，如表 3-2 所示。

劳动投入。即每亩用工数量。该地区每亩用工数量的相关数据来源于《农产品成本收益资料汇编》。

土地投入。土地投入＝每亩土地成本。土地成本的相关数据来源于《农产品成本收益资料汇编》。为了消除价格波动的影响，本书以 2002 年为基期，使用生产资料价格指数进行平减。

资本投入。化肥投入＝每亩化肥施用量。由于小麦种植中化肥的使用对于产量与质量都具有重要意义，因此单独设置每亩化肥折纯用量（X_3）为投入指标。种子选用量，即每亩的种子选用数量。此外，还选取了机械作业费以及农药费用。

2. 产出变量

每亩小麦总产值。小麦主产品产值的相关数据来源于《农产品成本收益资料汇编》。为了消除价格影响，所有数据采用消费者价格指数进行平减。在资料处理过程中，由于 2006 年部分数据缺失，缺少值采用 2005 年和 2007 年平均值替代（表 3-2）。

表 3-2 选取变量、指标和数据来源

投入变量		产出变量	
变量名称	具体指标（元）	变量名称	具体指标（元）
劳动投入	劳动投入总值		
土地投入	土地成本总值	小麦总产值	小麦总产值
资本投入	直接费用总值		

在小麦生产效率的相关研究中，很少针对投入产出变量进行具体论证。从一定意义上讲，DEA 方法得出结果的好坏根本在于样本和变量选取的合理性。本书使用 DEAP2.1 分析软件进行分析。

五、小麦全要素生产率结果分析

本书使用 DEAP2.1 软件来测度 DEA-Malmquist 指数，采用投入导向（input-orientated）的方式核算所得到的结果。

（一）小麦全要素生产率总体变化特征

本书首先将目光集中在 15 个省份 2002—2020 年的全要素生产率的均值变化和来源上。鉴于本书与袁青青（2018）、延桢鸿（2019）和李辉尚（2018）的研究较为类似，故将本书研究结果与三者结果列在一处进行比较。三者的全要素生产率的均值结果如表 3-3 所示。

表 3-3　我国小麦全要素生产率均值结果比较

研究者	研究年份	技术效率变化	技术进步变化	全要素生产率变化
本书研究的均值	2002—2020	0.6	−0.3	0.4
袁青青（2018）	2004—2015	−0.5	−0.2	−0.5
延桢鸿（2019）	2001—2016	1.4	1.4	2.8
李辉尚（2018）	2006—2015	−6.3	0.8	−5.6

资料来源：作者研究整理。

　　总体看来，我国 15 个生产小麦的省份在 2002—2020 年全要素生产率（TFPCH）的动态变化平均值为 1.004，这表示 2020 年较 2002 年全要素生产率改善了 0.40％，处于袁青青（2018）的下降 0.5％、李辉尚（2018）下降 5.6％和延桢鸿（2019）改善 2.8％的结论中间，虽然与延桢鸿（2019）的结论的方向相同，但是改善幅度小于延桢鸿（2019）的研究结论。这与袁青青（2018）和李辉尚（2019）的结论相悖，其中的主要原因在于选择的时间区间上存在差异，这也表明，我国小麦全要素生产率的提高或者降低，在时间上分布并不均衡，在一定程度上与所研究的时间段选择有关。一定程度上说明，2015 年以后，随着国家对粮食生产的重视，小麦生产的全要素生产率有小幅度的改善，在 2015—2016 年、2016—2017 年、2017—2018 年、2018—2019 年、2019—2020 年，小麦的全要素生产率变化分别为：0.9870、1.007、0.941、1.112、1.005。有三年都处于与上一年相比增长的过程中，这也是本书与李辉尚（2018）的研究相比存在较大差距的重要原因。

分解全要素生产率均值，结果显示，小麦全要素生产率 0.4% 的改善是技术效率 0.6% 的改善和 0.2% 的技术退步共同作用的结果。2002—2020 年，小麦全要素生产率 0.6% 的改善来源于技术进步的动态变化，它在 2002—2020 年动态变化的平均值为 1.006，改善了 0.6%；而技术效率的动态平均值下降了 0.2%，其中，纯技术效率变化的动态平均值下降了 0.3%，规模效率动态平均值约上升了 0.1%。这表明，我国小麦生产的全要素生产率的提高主要来源于技术的进步而不是技术效率的提高，该结论与李辉尚（2018）的结论相反，其认为小麦生产全要素生产率的最大制约是技术进步的因素。袁青青（2018）的研究显示，技术进步是小麦全要素生产率周期性波动的主要因素。这些研究结论都表明，技术进步是影响小麦生产效率的关键制约因素，技术效率的影响效应并没有突出表现出来。

小麦生产 2002—2020 年的全要素生产率是基于技术进步的改善，这也印证了我国改革开放和真正实行粮食市场化改革过程中，大力进行技术创新和应用的效果。但技术效率的变化却呈现下降的特征，且其有两个分解，纯技术效率和规模效率却呈现不同的动态变化特征，纯技术效率呈现下降的趋势，平均下降幅度为 3%，而规模效率呈现微弱的上升趋势，这在一定程度上说明，我国小麦生产尚处于粗放的技术使用阶段，在已有的技术水平下，并未能够有效挖掘技术的潜力，处于一种规模扩张基础上的进步，虽然规模扩张式增长是效率增长的必然阶段，但也是一种比较低级的阶段。小麦全要素生产率的提高，不仅要靠技术进步，也需要对现有技术的潜力进行充分挖掘，提高其技术使用效率，从而促进小麦生产可持续发展。

（二）不同效率的省份空间分布特征

根据小麦的产量和种植面积，本书选取 15 个主产区省份进行研究分析，按照 2002—2020 年呈现的不同变化趋势，主要研究有多少省份的小麦全要素生产率得到改善（或未改善）？在多大程度上受技术进步的促进作用？技术效率变化来源于纯技术效率的影响还是来源于规模效率的影响？这些问题对于了解不同效率在我国小麦生产省份的分布特征，进而明确各个省份的努力目标至关重要。各个省份的全要素生产率结果的均值和基本统计特征如表 3-4 所示。

表 3-4　15 个省份小麦全要素生产率均值基本统计特征

指标	最小值	最大值	均值	标准差	大于 1 省份个数	指标
EFFCH	0.985	1.012	0.998	0.007 6	3	20.0
TECHCH	0.964	1.067	1.006	0.024 0	12	80.0
PECH	0.984	1.001	0.997	0.005 6	1	6.7
SECH	0.998	1.011	1.001	0.003 7	4	26.7
TFPCH	0.964	1.067	1.004	0.026 5	9	60.0

2002—2020 年，15 个省份中小麦全要素生产率均值改善的有 9 个省份，占指标总数的 60%。在此期间，大部分省份小麦全要素生产率都得到了改善，而且并非只是投入型增长。TFPCH 改善最大的省份占 6.7%，下降最大的省份占 3.6%，离散程度较小，说明我国 15 个小麦生产省份的全要素生产率改善相对比较集中，个体间差异不大。在技术进步方面，取得技术进步的省份有 12 个，占省份总数的 80%，这说明大部分省份的小麦生产技术都得到了改善，这与小麦全要素生产率的变化一致。虽然有 80% 的省份都取得了技术进步，但是，凭借技术效率进步得到改善的省份个数为诸多效率指标中最少的，仅有 3 个，占省份总数的 20%，这也进一步验证了前面的分析，小麦全要素生产率的改善主要来源于技术进步。

本书分两种类型统计 15 个省份小麦全要素生产率及其分解效率的分布特征，如表 3-5 所示。

表 3-5　小麦全要素生产率改善的来源

项目	TFPCH 改善总数	所占比例（%）	项目	EFFCH 改善总数	所占比例（%）
EFFCH>1	3	33.33	PECH>1	1	33.33
TECHCH>1	9	100.00	SECH>1	3	100.00
两者>1	3	33.33	两者>1	1	33.33

直观看来，小麦全要素生产率改善的 9 个省份全部实现了技术进步，只有 3 个省份实现技术效率变化指标的改善，两者都实现改善的省份只有 3 个，仅占 15 个省份总数的 20%。在技术效率得到改善的 3 个省份中，纯技术改善的省份仅有 1 个，占 33.3%，2 个省份实现规模效率的改进，占技术效率改善省

份总数的 66.7%，两者都改善的省份仅有 1 个。因此，在全要素生产率得到改善的 9 个省份中，实现技术进步变化而没实现技术效率变化的省份有 6 个，而在技术效率得到改善的 3 个省份中，实现纯技术效率改进而没有实现规模效率改进的省份有 2 个，实现纯技术效率和规模效率改进的省份有 1 个。

如表 3-6 所示，在小麦全要素生产率未改善的 6 个省份中，有 4 个省份被技术效率指标所拖累，3 个省份被技术退步所拖累，受两者共同拖累的省份仅有 1 个；在技术效率未改善的 4 个省份中，都受到纯技术效率的拖累，占比为 100%；在技术进步未得到改善的 3 个省份中，大部分受到规模效率的影响，占比为 66.7%，而只有 1 个省份受到纯技术效率的影响，占比为 33.3%。这说明 2002—2020 年，小麦生产技术效率下降受到纯技术效率和规模效率的双重拖累。

表 3-6 TFP 未改善的省份中按来源分布

项目	TFPCH 改善总数	所占比例（%）	项目	EFFCH 改善总数	所占比例（%）
EFFCH<1	4	66.7	PECH<1	0	0
TECHCH<1	3	50	SECH<1	1	25
两者<1	1	16.7	两者<1	0	0

综上所述，2002—2020 年我国小麦主产区的全要素生产率改善的均值为 0.4%，主要来源于技术进步，而技术效率却起到了拖累作用。对我国小麦全要素生产率改善和未改善的省份进行综合分析后，本书从整体上掌握了我国小麦全要素生产率不同分解指标的分布特征，为我国小麦主产区的发展方向指明了道路（表 3-7）。

表 3-7 EFFCH 未改善的省份中按来源分布

项目	TFPCH 改善总数	所占比例（%）	项目	EFFCH 改善总数	所占比例（%）
EFFCH<1	4	66.7	PECH<1	4	100
TECHCH<1	3	50	SECH<1	3	75
两者<1	1	16.7	两者<1	3	75

（三）年度平均变化规律

我国小麦全要素生产率 2002—2020 年的变化特征可以用所有省份的年度平均值的变化来描述（表 3-8）。总体来看，2002—2020 年，Malmquist 指数呈现 3 个上升的波峰和 3 个下降的波谷。第一个波峰在 2002—2004 年，第二个波峰在 2011—2012 年，第三个波峰在 2018—2020 年，从改善的程度上看，第一个波峰期小麦全要素生产率最高。第一个波谷处于 2008—2011 年，第二个波谷处于 2012—2014 年，第三个波谷处于 2017—2018 年。按年度变化的平均值分别画出如图 3-1 的趋势图，可直观地展示 2002—2020 年小麦全要素生产率变化的路径及其主要来源。

表 3-8　2001—2020 年我国 15 个省份小麦全要素生产率均值结果

年度	EFFCH	TECHCH	PECH	SECH	TFPCH
2001—2002	1.011	0.988	0.992	1.019	0.999
2002—2003	0.987	0.996	0.993	0.994	0.983
2003—2004	0.977	1.240	0.989	0.988	1.211
2004—2005	1.005	0.956	1.011	0.995	0.961
2005—2006	0.997	1.018	0.971	1.026	1.015
2006—2007	0.959	1.003	0.993	0.966	0.962
2007—2008	1.013	1.004	0.967	1.047	1.018
2008—2009	1.019	0.914	1.039	0.981	0.931
2009—2010	0.968	0.962	0.981	0.986	0.931
2010—2011	1.010	1.055	0.996	1.014	1.066
2011—2012	1.040	0.969	1.025	1.014	1.007
2012—2013	0.941	0.998	0.984	0.957	0.940
2013—2014	1.034	1.005	0.995	1.039	1.039
2014—2015	1.010	0.974	1.004	1.006	0.983
2015—2016	0.998	0.989	1.002	0.996	0.987
2016—2017	1.011	0.997	1.001	1.009	1.007
2017—2018	0.988	0.952	1.015	0.973	0.941
2018—2019	0.954	1.176	0.933	1.022	1.122
2019—2020	1.050	0.958	1.057	0.993	1.005
均值	0.998	1.006	0.997	1.001	1.004

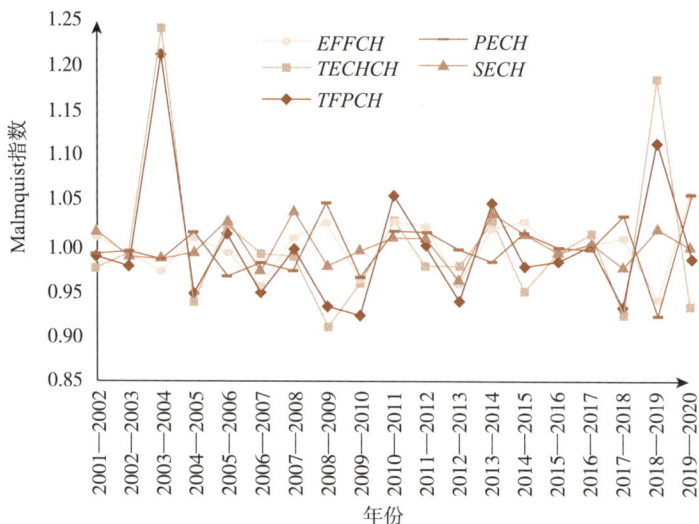

图 3-1　我国小麦生产全要素生产率分解动态变化均值

根据核算结果进行分析，各年度小麦全要素生产率变化及其来源如下。

（1）2001—2002 年，小麦全要素生产率的 Malmquist 指数为 0.999，下降了 1%。技术进步变化和技术效率变化呈相反方向，技术效率改善 1.1%，技术进步下降拖累全要素生产率下降 1.2%，相对而言，技术进步的拖累效用为主要影响。

（2）2002—2003 年，小麦全要素生产率的 Malmquist 指数为 0.987，下降了 1.7%。技术进步变化和技术效率变化都对小麦全要素生产率的下降有作用。但是，技术效率的变化起主导作用，其拖累全要素生产率下降了 1.4%。

（3）2003—2004 年小麦全要素生产率的 Malmquist 指数为 1.211，上升了 21.1%，上升幅度处于最高水平。该上升主要来自技术进步的变化，技术进步的变化贡献了 24%，而技术效率却拖累了 3%。

（4）2004—2005 年小麦全要素生产率的 Malmquist 指数为 0.961，下降了 3.9%。其中技术效率提高贡献了 0.5%，但是技术进步变化却拖累全要素生产率下降了 4.4%，全要素生产率下降主要受到技术进步变化的拖累。

（5）2005—2006 年小麦全要素生产率的 Malmquist 指数为 1.015，上升了 1.5%。技术进步变化贡献了 1.8%，而技术效率变化拖累了 0.3%，技术进步变化是主要影响因素。

从上述分析中可以看到，小麦全要素生产率 Malmquist 指数呈现周期性的波动，这与袁青青（2018）的研究结论相同，其中可能的原因是我国小麦全要素生产率的波动主要由技术进步变动所导致，技术进步是影响小麦全要素生产率变动的关键原因，而小麦新技术的推广和使用具有一定的时滞性。因此，小麦生产的技术进步变化具有一定的周期性，为 1～2 年。

（四）小麦全要素生产率变动的空间分析

1. 分析方法

根据上述分析可知，各个阶段各地区之间的小麦生产技术效率存在较大的差距，这种差距是否会随着时间的推移而发生变化呢？本书用核密度估计对各地区小麦生产的技术效率差距的动态演变进行具体分析。

核密度估计是一种非参数估计方法，该方法的原理是通过连续的密度曲线来描述随机变量的分布形态，从数据本身出发来研究其分布特征，可以避免预设函数形式而导致测算值与实际值之间的差异。设随机变量 X 的密度函数为 $f(x)$，则点 x_0 的概率密度可以由公式 3-7 来估计。

$$f(x_0) = \frac{1}{Nh} \sum_{i=1}^{N} K\left(\frac{X_i - x_0}{h}\right) \qquad (3-7)$$

式（3-7）中，N 是样本数据观测值的个数，h 是带宽，也可以成为平滑参数，用于设定分布函数 $f_h(x)$ 的整体平滑特性，在核密度估计中是至关重要的参数。带宽选择过大或者过小都会产生比较大的误差，h 值越大，平滑度就越大。带宽的选择在很大程度上决定了密度曲线的形态，实际应用中，样本越多，带宽就要求越小，但是不能太小，应满足公式 3-8。

$$\lim_{n \to \infty} h(N) = 0 ,\ \lim_{n \to \infty} Nh = N \to \infty \qquad (3-8)$$

K 为核函数，是一种满足可微，非负，$\int K(x)dx = 1$ 等条件的加权函数或平滑函数，根据分组的密集程度可以分为高斯核、Epanechnikov 核、三角核和四次核四种类型，本书选择高斯核函数以及 Silverman 最佳带宽，对我国 15 个生产小麦的地区不同时间、不同空间的技术效率的动态演进进行估计。

2. 小麦全要素生产率的空间演化特征

（1）各个省份小麦全要素生产率的比较。在分析中发现，黑龙江省小麦全要素生产率 2002—2020 年的 Malmquist 指数变化最大，改善了 6.7%，并且这些改善全部来源于技术进步，这意味着黑龙江小麦生产一开始就采用比较先进的生产技术。进步第二快的是山西省,其在 2002—2020 年小麦全要素生产率改善了 2.6%,其中技术效率动态变化贡献了 1.2%,处于全国第一水平,技术进步动态变化贡献了 1.4%,其生产效率提升的关键在于技术进步和技术效率提升的共同作用。四川省和云南省处于相对落后的梯队,2002—2020 年四川省的 Malmquist 指数下降了 3.6%,全部是技术的退步导致的,2002—2020 年云南省的 Malmquist 指数下降了 3.6%,同样是技术退步带来的影响。因此,在小麦生产效率提升较快的地区内,小麦生产效率提升的驱动因素具有差异性,而在小麦生产效率退步较快的地区内,小麦生产效率下降的驱动因素相同(表 3-9)。

表 3-9　地区小麦全要素生产率的 Malmquist 指数的排名

省份	TFPCH	名次	EFFCH	名次	TECHCH	名次
河北	1.015 0	5	1.001 0	3	1.014 0	3
山西	1.026 0	2	1.012 0	1	1.014 0	3
内蒙古	0.995 0	9	0.990 0	5	1.005 0	8
黑龙江	1.067 0	1	1.000 0	4	1.067 0	1
江苏	1.023 0	3	1.000 0	4	1.023 0	2
安徽	1.010 0	6	1.000 0	4	1.010 0	4
山东	1.009 0	7	1.000 0	4	1.009 0	5
河南	1.008 0	8	1.000 0	4	1.008 0	6
湖北	1.008 0	8	1.000 0	4	1.008 0	6
四川	0.964 0	13	1.000 0	4	0.964 0	11
云南	0.964 0	13	1.000 0	4	0.964 0	11
陕西	1.018 0	4	1.009 0	2	1.009 0	5
甘肃	0.985 0	11	0.985 0	8	1.001 0	9
宁夏	0.975 0	12	0.989 0	6	0.985 0	10
新疆	0.993 0	10	0.986 0	7	1.007 0	7

(2)不同小麦优势产区的比较。《小麦优势区域布局规划(2008—2015年)》将小麦生产分为 5 个优势区,分别为黄淮海优势区、长江中下游优势区、西南优势区、西北优势区和东北优势区,本书在区域比较中,也按照 5 个

地区进行比较，计算结果如表 3-10 所示。

表 3-10　2001—2020 年小麦分区域的全要素生产率变化

区域（15）	EFFCH	TECHCH	PECH	SECH	TFPCH
黄淮海优势区（5）	1.004 4	1.010 8	1.000 2	1.004 2	1.015 2
长江中下游优势区（3）	1.000 0	1.013 7	1.000 0	1.000 0	1.013 7
西南优势区（2）	1.000 0	0.964 0	1.000 0	1.000 0	0.964 0
西北优势区（4）	0.987 5	0.999 5	0.988 5	0.999 0	0.987 0
东北优势区（1）	1.000 0	1.067 0	1.000 0	1.000 0	1.067 0

注：括号内数字表示所包含省份个数。

黄淮海小麦生产优势区共包括 5 个省份，在 2002—2020 年，全要素生产率的动态变化平均值为 1.015 2，这意味着全要素生产率提高了 1.52%，显著高于全国整体的 0.4% 的改善水平，进一步验证了黄淮海优势区作为我国小麦主产区的优势地位。其生产效率的提高大于全国平均水平，来源主要为技术进步变化的贡献，上升了 1.08%，而技术效率变化上升了 0.44%，虽然对小麦全要素生产率的提升具有促进作用，但其影响小于技术进步的影响。5 个省份的全要素生产率都实现了上升，其中河北、山西和陕西全要素生产率的提升由技术进步和技术效率提升共同作用，河南和山东的小麦全要素生产率的提升单独由技术进步变化所致。

长江中下游优势区包括 3 个省份，全要素生产率变动的均值为 1.013 7，改善了 1.37%，高于全国 15 个省份的平均值，说明长江中下游优势区生产率有较大的改善，其主要贡献全部是技术进步变化，上升了 1.37%，而技术效率没有明显的改善。

西南优势区包括 2 个省份，其全要素生产率动态变化的平均值为 0.964 0，下降了 3.6%，说明西南优势区小麦生产效率下降较快，都是技术进步变化的下降造成的影响。

西北优势区包括 4 个省份，其全要素生产率的动态变化值为 0.987 0，下降了 1.3%，其东部由技术效率的变化所拖累，导致全要素生产率下降 1.25%。4 个省份的全要素生产率的动态变化都呈现下降趋势。

东北优势区包括 1 个省份——黑龙江，其全要素生产率动态变化值为 1.067，其全要素生产率的提升全部由技术进步所致。

综合分析各区域的结果可知，黄淮海优势区小麦全要素生产率改善是最高的，而西北和西南优势区是全要素生产率改善最低的，这与小麦生产受到自然条件和技术创新的影响较大有关。黄淮海优势区是小麦的重要主产区，在科技投入和要素投入上显著高于西北和西南地区，加上西北和西南地区自然灾害和气候变化较多，导致小麦生产的全要素生产率呈现区域差异。各个区域全要素生产率改善或恶化的主要原因呈现差异性，在改善较好的黄淮海优势区内，注重技术创新和技术效率的提升，而在落后的西北和西南地区却呈现不同的原因，西北地区受技术效率下降拖累，而西南地区则主要受技术退步拖累。

（3）不同地区小麦全要素生产率的时空演化。第一，全国小麦全要素生产率的时空演化。如图3-2所示，技术效率的动态变化相对集中，说明各地区技术效率倾向于收敛，差距相对较小，而全要素生产率的动态变化和技术效率的动态变化各个省份的差距较大，并且有差异逐步增大的趋势，尤其是全要素生产率的动态变化的核密度曲线呈现右尾拉长的现象，说明小麦主产区之间的全要素生产率的差距逐步拉大。

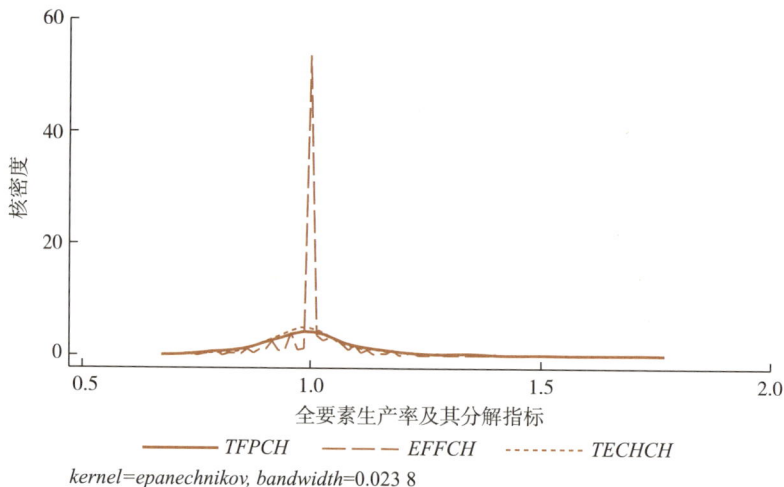

kernel=epanechnikov, bandwidth=0.023 8

图3-2　15个主产区小麦全要素生产率及其分解指标的核密度

第二，黄淮海小麦优势区。如图3-3所示，技术效率变化的密度相对集中，并且其波动较大，其波峰在三个指标中最高，说明数据最集中。相对比较集中的是技术进步的变化值，其波峰低于技术效率变化而高于全要生产率的变化。全要素生产率波峰最低，说明其数据分布较为分散，地区之间的差距较大。从核密度曲线的形态看，技术进步和全要素生产率动态变化的核密度趋向右拖尾存在拉长现象，说明在黄淮海地区内，全要素生产率和技术进步存在地区之间差距逐渐拉大的现象，这个现象与全国的总体趋势一致。从核密度曲线形态看，黄淮海地区各省份之间全要素生产率的差异大于技术进步的差异。

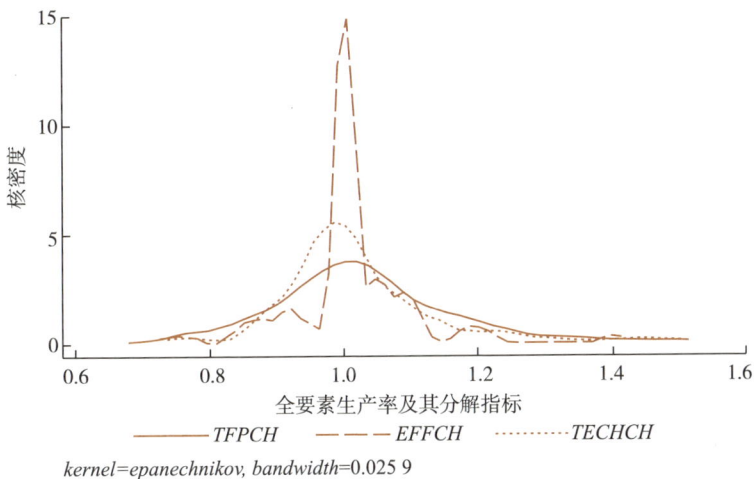

kernel=epanechnikov, bandwidth=0.025 9

图 3 - 3　黄淮海小麦全要素生产率及其分解指标的核密度

　　第三，长江中下游小麦优势区。如图 3 - 4 所示，技术效率的变化比较集中，差距不大，而全要素生产率的变化和技术进步的变化则表现为地区之间差异较大，并且全要素生产率的波动较大，而技术进步变化相对比较平缓。

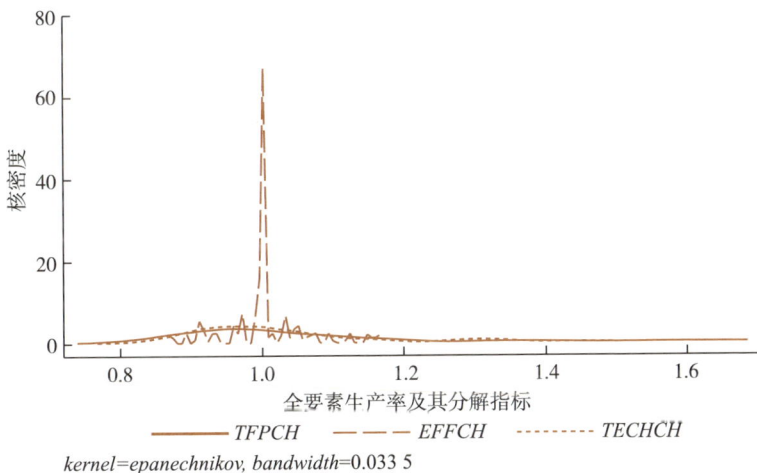

kernel=epanechnikov, bandwidth=0.033 5

图 3 - 4　长江中下游小麦全要素生产率及其分解指标的核密度

长江中下游地区技术效率变化较为集中，且呈现波动趋势，而小麦全要素生产率和技术进步变化趋势一致，两者的核密度曲线倾向于重合。

第四，西南小麦优势区。如图3-5所示，从西南优势区小麦生产效率的曲线图中可以看出，技术效率的变化相对集中，技术进步变化与全要素生产率变化趋势一致。

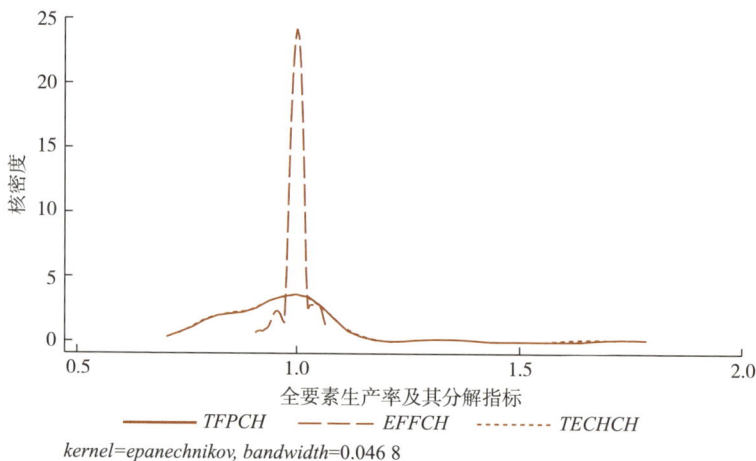

kernel=epanechnikov, bandwidth=0.046 8

图3-5　西南小麦全要素生产率及其分解指标的核密度

第五，西北小麦优势区。如图3-6所示，西北地区小麦生产的全要素生产率波峰偏右，说明变化比较集中。全要素生产率变化和技术进步变化右尾长于

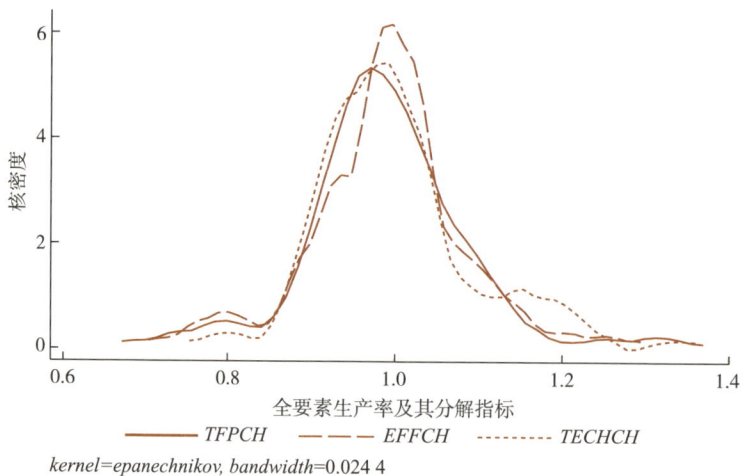

kernel=epanechnikov, bandwidth=0.024 4

图3-6　西北小麦全要素生产率及其分解指标的核密度

技术效率变化，说明全要素生产率与技术进步的变化大于技术效率。

第六，东北小麦优势区。如图 3-7 所示，东北地区的全要素生产率变化、技术效率变化和技术进步变化的核密度曲线重合。

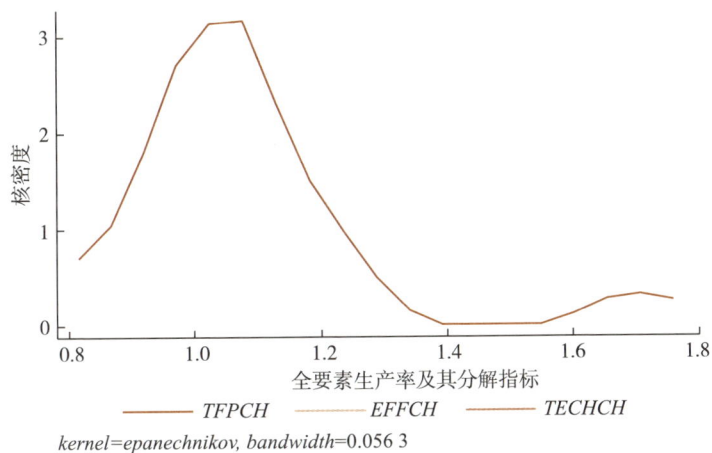

kernel=epanechnikov, bandwidth=0.056 3

图 3-7　东北小麦全要素生产率及其分解指标的核密度

5 个小麦优势产区的比较。如图 3-8 所示，在全要素生产率变化的核密度

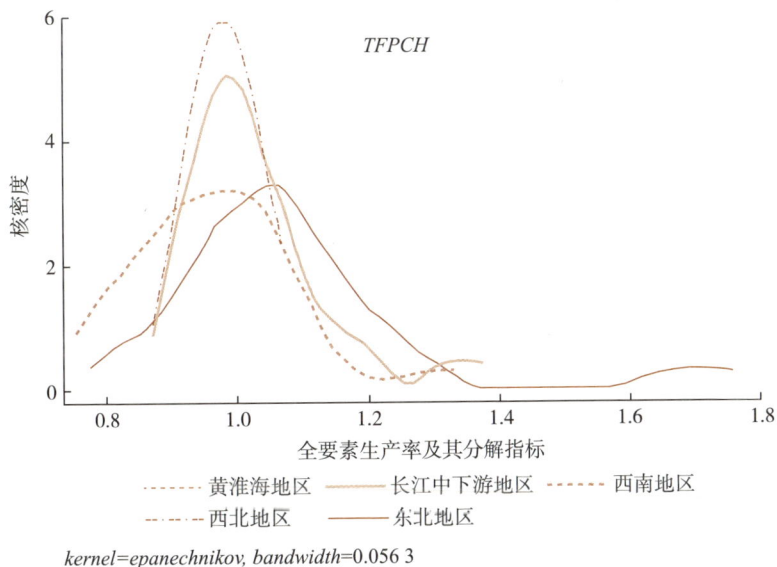

kernel=epanechnikov, bandwidth=0.056 3

图 3-8　五大小麦优势区全要素生产率及其分解指标的核密度

图中，黄淮海地区、长江中下游地区和西北地区的核密度曲线波峰较高且较为狭窄，说明其动态变化的幅度较为集中，而西南地区和东北地区波峰较低且较宽，说明其动态变化的幅度较为分散。全要素生产率动态变化的核密度曲线偏右，说明地区之间的差距较大。

在技术效率变化方面，如图3-9所示，西北地区、西南地区和东北地区在技术效率变化方面呈现相同的趋势。从图3-9中可以看出，黄淮海地区技术效率的变化波峰偏右，波宽较大，说明地区之间差距较大，其改善水平较长江中下游地区和西北地区较高，西北地区改善水平较低，长江中下游地区处于中间水平。

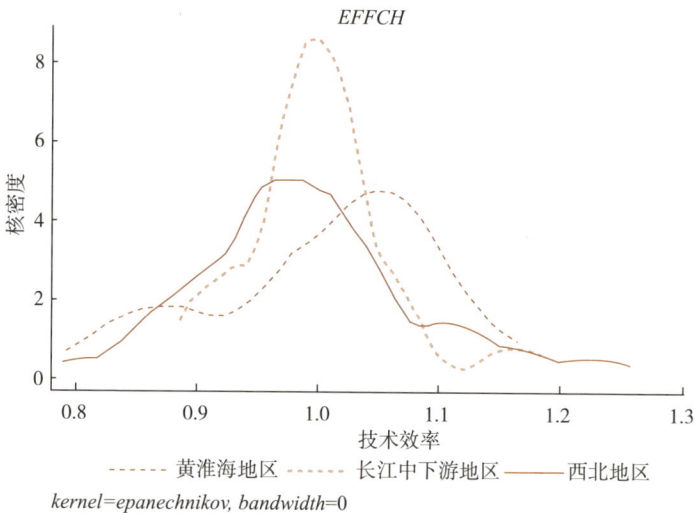

图3-9 技术效率变化的核密度曲线

如图3-10所示，在技术进步变化方面，东北地区技术进步变化较快，西北地区技术进步变化较慢。从波峰的高度来看，黄淮海地区、长江中下游地区和西南地区技术进步变化相对较为集中，不同地区间差距较小，其中黄淮海小麦生产技术进步有两个波峰，表明地区之间的差距较大，呈现两极分化的趋势。

本书研究实证分析认为，我国小麦生产还处于增长阶段，虽然小麦全要素生产率有所改善，但是这种改善是技术进步的改善带来的，技术的利用效率还需要进一步提升。某种意义表明，这种技术改善在于生产工具和生产规模所匹

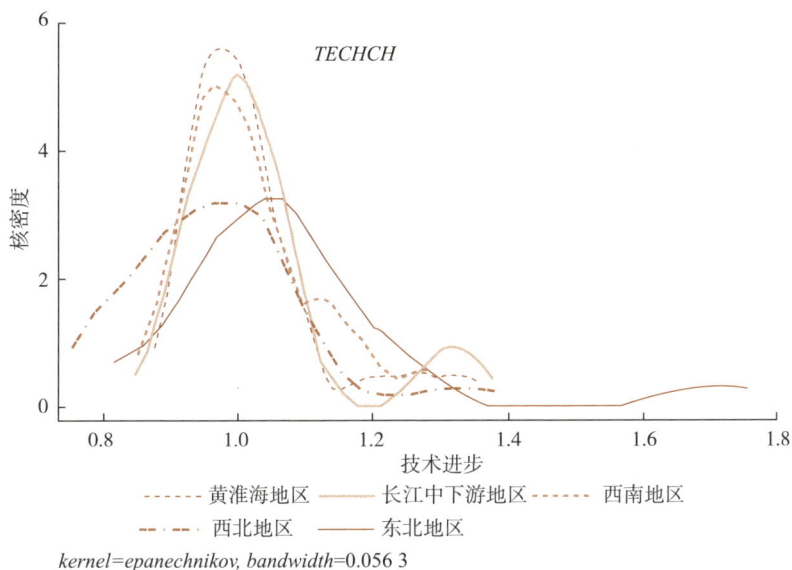

图 3-10　各小麦优势区技术进步的核密度曲线

配的技术的改善，并没有实质意义上的技术效率的改善。这说明我国小麦生产在未来的发展中，要依据地区的资源禀赋，在效率提升导向下，深入挖掘技术效率改善的措施，推动技术效率的进一步提升，只有这样才能进一步促进我国小麦生产的高质量发展。

第二节　小麦绿色全要素生产率的实证分析

随着小麦生产规模的扩大和相关要素的投入，尤其是化肥、灌溉、机械和农药方面的投入，在一定程度上增加了小麦产量，同时也增加了碳排放和相应环境污染的产出。因此，在计算小麦全要素生产率时应考虑这种非期望产出对小麦生产效率的影响，需要考察分析我国小麦生产的绿色全要素生产率。

一、问题的提出

在小麦生产过程中，虽然取得了产量的快速增长，却没有获得与之相当的全要素生产率的增长，产量的增长是资源投入的结果，而不是效率提升的结果。因此，本书将小麦生产分为两种模式：投入型增长和生产率型增长。这对我国粮食生产的高质量发展具有十分重要的意义，关系粮食安全和可持续发展。就已有研究来看，学者们利用 DEA 方法或随机前沿生产函数从耕地细碎化、农村劳动力资源变迁、城镇化、贫困等多个角度研究了粮食生产效率，但从环境角度探究粮食生产的环境效率和环境全要素生产率仍然具有一定的丰富与深化空间。

二、研究回顾

长期以来，粗放的农业生产方式使我国农业现阶段面临着绿色生产率低下、资源约束趋紧以及环境污染严重等突出问题。《全国环境统计公报》显示，在 2015 年全国废水及其污染物排放量中，农业化学需氧量、氨氮排放量各为 1 068.6 万吨和 72.6 万吨，分别占总排放量的 48.1% 和 31.6%。在点源污染已初步控制的情况下，农业面源污染已成为污染排放的主要来源并成为环境保护的关键所在。为此，党的十九大报告提出要加强农业面源污染防治，推进农业绿色发展。2003—2016 年我国小麦产量实现了"十四连增"并多年稳居世界第一。然而，小麦产量持续增长的同时，化肥等化学产品的过量使用带来了较为沉重的环境负担，而新时代农业高质量的发展必将是兼顾资源环境的全要素系统推进式的发展。因此，系统性评估小麦绿色全要素生产率基本现状，探讨如何实现资源环境与小麦产量的协调发展是解决粮食安全和可持续发展的关键。

国内外学者基于不同的视角和方法对农业绿色全要素生产率进行了分析，但大部分研究采用以 ML 指数法为代表的 DEA 技术，并倾向于将资源环境因素作为弱处置性非期望产出引入模型当中。对于非期望产出的选择，学者们根据不同研究对象选择化肥、农药等单一污染源、化肥流失、农膜残留和农田固体废弃物等多污染源进行核算。目前，有关粮食尤其是小麦绿色全要素生产率影响因素的文献相对较少，没有形成系统的理论框架。现有研究主要探讨了农业科技、自然环境因素、农业生产结构和地区经济水平等对农业绿色全要素生产率的影响。陈敏辉（2021）的研究基于 2013—2019 年河南省各地级市小麦生产数据，利用 EBM-Malmquist Luenberger 混合模型测算了河南省各地级市小麦生产的绿色全要素生产率，并分析了其发展演变趋势。吴晓雨（2021）根据生命周期评价及相关研究，建立了小麦生产生命周期评价框架，研究发现，小麦生产生命周期各个阶段的环境影响大小依次为农资生产（51.91％）、小麦种植（38.51％）和原料开采（9.58％）；环境影响潜力贡献最大的3种环境影响类型是富营养化（34.66％）、人体毒性（32.71％）和酸化（10.41％），污染物排放主要是化肥、农药的生产和过量施用造成的。采用生命周期评价方法获得生态指标，进而结合小麦单产测算农户小麦生产的生态效率。计算结果显示，农户总体生态效率值较低，平均值仅为0.698，距离效率前沿还有30.2％的差距，小麦生产的生态效率提升空间巨大。

部分学者的研究认为，粮食主产区小麦生产的环境效率低于南方地区且小麦生产的生态成本越来越高。例如朱宁（2018）基于2004—2015年我国小麦主产省份的小麦生产投入产出数据，分析了我国小麦生产的化肥削减及碳减排潜力，并利用SBM模型和ML指数分别测算了小麦生产的环境效率和环境全要素生产率。结果显示，科学施肥条件下，主产省份小麦生产的化肥削减及碳减排潜力分别为51.66％、37.41％；化肥削减及碳减排条件下，小麦生产环境效率未降低，2004—2015年小麦生产环境效率为0.970，北方地区的小麦生产环境效率低于南方地区，小麦生产的MLEFFCH指数、MLTECH指数、ML指数超过了1，大于化肥未削减、全碳排放条件下的MLEFFCH指数、MLTECH指数、ML指数，化肥削减及碳减排利于实际生产向最大产出迫近，以达到生产的帕累托最优状态。王允（2021）研究发现，我国小麦生产环境效率的平均值为0.649，可以看出目前我国小麦生产环境效率水平仍然较低，并且自2000年开始均呈现出递减的趋势，这说明小麦生产背后的生态成本越来越高。黄伟华（2021）研究认为生产率增长和环境规制并存的"波特双赢"局面很少出现。不考虑环境规制时，小麦主产区全要素生产率年均增长3.01％，其中技术效率年均增长0.12％，前沿技术进步年均增长3.38％；考虑环境规制之后，小麦绿色全要素生产率、技术效率和技术进步率年均增速均有所放缓，分别减少0.63％、0.08％和0.61％。

一些学者研究认为，减污潜力最大的是在黄淮海区域和中西部地区。例如海风（2017）以小麦生产为研究对象，运用无径向无角度的SBM-DEA模型对2004—2013年15个粮食主产区在粮田污染限制条件下的生态效率进行了测算。结果表明，小麦生态效率从2004年开始不断下降，到2012年出现拐点，逐步上升，东北地区生态效率最优，其次是中西部地区，最后是黄淮海地区和南方地区。投入产出无效率分析表明，不降低小麦单产的前提下，可以减少劳动力投入 61.69％、农药投入 41.16％和化肥投入 28.35％，可以降低粮田污染残留 53.83％。从区域差异来看中西部地区最高的是化肥投入无效率，南方地区最高的是农药投入无效率。污染物残留在南方地区最高，其次是黄淮海地区。

三、理论和模型

本书采用了 SBM-Malmquist 模型。生产过程中常伴随"非期望"产出，如碳排放、污水和土壤板结等，传统的 DEA 模型不能将这些产出考虑到效率评价中。随着 DEA 方法的不断进展，Tone（2020）提出了一个 DEA 方法下的新模型，即 SBM-Malmquist 模型，该模型在测算生产效率时考虑到了非期望产出的要素，放宽了要素同比例增长或减少的假设，使效率评价结果更加真实。SBM-Malmquist 模型是考虑径向和非径向混合距离函数的效率评价模型。

模型共分为 3 个计算阶段。在第一阶段和第三阶段采用 BCC 模型从技术效率、纯技术效率和规模效率三方面对不同区域粮食生产效率进行测度，第一阶段采用投入导向的 BCC 对偶模型可表示为：

$$\min\left[\theta - \varepsilon\left(\sum_{i=1}^{m} S_i^- + \sum_{r=1}^{s} S_r^+\right)\right] \qquad (3-9)$$

$$\text{s.t.}\begin{cases} \sum_{j=1}^{n} \lambda_j X_j + S_i^- = \theta X_0 \\ \sum_{j=1}^{n} \lambda_j Y_j - S_r^+ = Y_0 \\ \sum_{j=1}^{n} \lambda_j = 1 \\ \theta,\ \lambda_j,\ S_i^+,\ S_i^- \geqslant 0 \end{cases}$$

其中，$j = 1, 2, \cdots, n$ 为决策单元，θ 为决策单元效率值，ε 是一个常数，表示阿基米德无穷小量，S_I^- 和 S_r^+ 为松弛变量，X_j、Y_j 分别为第 j 个决策单元的投入和产出变量，$\sum_{j=1}^{n} X_j = X_0$，$\sum_{j=1}^{n} Y_j = Y_0$。当 $\theta^* = 1$ 且 $S_I^{-*} = S_i^{+*} = 0$ 时，该决策单元为强 DEA 有效，当 $\theta^* = 1$ 且 $S_I^{-*} = S_i^{+*} > 0$ 时，该决策单元为弱 DEA 有效；当 $\theta^* < 1$ 时，该决策单元为 DEA 有效，表示投入缩减 θ 倍

时，产出仍保持不变。

第二阶段，采用 BCC 模型得到松弛变量可以反映初始效率（由管理无效率、环境因素和统计噪声构成），即所测得效率值并非完全由管理无效率决定。通过 SFA 回归将松弛变量分解为上述三个部分，然后剔除环境因素和统计噪声的影响，构造类似投入为导向的 SFA 回归模型：

$$S_{nm} = f^n(Z_m; \beta_n) + v_{nm} + \mu_{nm} \qquad (3-10)$$

其中，$n=1, 2, \cdots, I$；$m=1, 2, \cdots, N$；S_{nm} 为 m 个决策单元第 n 个投入变量的松弛变量。$Z_m=(Z_{1m}, Z_{2m}, \cdots, Z_{pm})$ 为预先设定的 p 个环境变量，β_n 为对应环境变量的系数，$f^n(Z_m; \beta_n)$ 为环境变量对松弛变量的映射，$v_{nm}+\mu_{nm}$ 为回归模型的混合误差项，其中 v_{nm} 为随机扰动项，μ_{nm} 则表示管理无效率时两个独立且不相关的值。

基于最有效的决策单元对其他决策单元的投入变量进行调整：

$$X_{nm}^* = X_{nm} + \max[f(Z_m; \hat{\beta}_n) - f(Z_m; \hat{\beta}_n)] + \max[(v_{nm}) - v_{nm}]$$
$$(3-11)$$

上式中，X_{nm}^* 和 X_{nm} 分别为调整后和调整前的投入变量。$\max[f(Z_m; \hat{\beta}_n) - f(Z_m; \hat{\beta}_n)]$ 是对环境因素的调整，即所有决策单元置于最坏的环境中，$\max[(v_{nm}) - v_{nm}]$ 是对随机扰动项的调整，即将所有决策单元置于相同的自然状态中。

第三阶段，调整后的 DEA 模型评估阶段将第二阶段调整后的投入变量与初始产出变量代入第一阶段 BCC 模型进行二次运算，得到的最终决策单元效率值是剔除了环境因素和统计噪声等因素影响之后的效率值。

Malmquist 指数可以分析每个 DMU（决策单元）向生产边界移动的情况和与生产边界的相对位置，可分解为 MLTECH 指数（技术进步指数）和 MLEFFCH 指数（效率改进指数），前者反映生产可能性边界向外扩张的动态变化，后者反映技术落后者追赶先进者的速度。基于 SBM 模型，可定义 t 期到 $t+1$ 期的 Malmquist 指数，t 为时期。

Chung 等（1997）根据产出导向的方向距离函数在 Malmquist 指数的基础上推导出带有非期望产出的指数，并命名为 Malmquist-Luenberger 指数。本书使用非期望产出 SBM 的效率值套用 M 指数的方法来计算 ML 指数：

$$ML_c^{t+1} = MLEC_c \times MLTC_c \qquad (3-12)$$

$$ML_c^{t+1}(x^t,\ y^t,\ z^t,\ x^{t+1},\ y^{t+1},\ z^{t+1}) = \left[\frac{E_c^t(x^{t+1},\ y^{t+1},\ z^{t+1})}{E_c^t(x^t,\ y^t,\ z^t)} \times \right.$$

$$\left.\frac{E_c^{t+1}(x^{t+1},\ y^{t+1},\ z^{t+1})}{E_c^{t+1}(x^t,\ y^{\,t},\ z^t)}\right]^{1/2}$$

$$(3-13)$$

$$MLEC_C = \frac{E_c^{t+1}(x^{t+1},\ y^{t+1},\ z^{t+1})}{E_c^t(x^t,\ y^t,\ z^t)} \tag{3-14}$$

$$MLTC_c = \left[\frac{E_c^t(x^{t+1},\ y^{t+1},\ z^{t+1})}{E_c^{t+1}(x^{t+1},\ y^{t+1},\ z^{t+1})} \times \frac{E_c^t(x^t,\ y^t,\ z^t)}{E_c^{t+1}(x^t,\ y^t,\ z^t)}\right]^{1/2} \tag{3-15}$$

四、样本、变量和数据

(一) 样本的选择

本书依然使用小麦生产的 15 个省份作为分析的样本。

(二) 变量的选取

本书选择如表 3-11、表 3-12 所示的投入产出指标，其资料来源也在表中体现。

表 3-11　小麦全要素生产率的测算指标来源

一级指标	指标说明	资料来源
农业生产资料价格指数	调整成本	《中国农村统计年鉴》
投入指标		
土地投入	每亩土地成本	《全国农产品成本收益资料汇编》
农用机械投入	每亩机械作业费	《全国农产品成本收益资料汇编》
劳动投入	每亩用工数量	《全国农产品成本收益资料汇编》
化肥投入	每亩化肥施用量	《全国农产品成本收益资料汇编》
种子投入	每亩小麦种子使用量	《全国农产品成本收益资料汇编》
产出指标		
期望产出	每亩小麦产量	《全国农产品成本收益资料汇编》
非期望产出	每亩碳排放量	根据相关资料估算得出
	每亩面源污染量	根据相关资料估算得出

1. 每亩碳排放的估算

表 3－12　小麦生产碳排放计算指标的来源

二级指标	三级指标	资料来源
化肥	碳排放系数	美国橡树岭国家实验室
	化肥使用量	《全国农产品成本收益资料汇编》
农药	碳排放系数	美国橡树岭国家实验室
	农药使用量	国家统计局
农膜	碳排放系数	南京农业大学农业资源与生态环境研究所
	农膜使用量	《全国农产品成本收益资料汇编》
柴油	碳排放系数	专门委员会第五次评估报告
	柴油使用量	国家统计局
	小麦播种面积	《中国统计年鉴》
	农作物播种面积	《中国统计年鉴》
灌溉电力	碳排放系数	《省级温室气体清单编制指南（试行）》
	排灌费、水费	《全国农产品成本收益资料汇编》
	灌溉电费计算方法	史常亮等，中国农业能源消费碳排放驱动因素及脱钩效应 [J]．中国科技论坛，2017（1）：136－143．
	灌溉电价	国家电网各省份电力公司网站

2. 每亩面源污染量的估算

为分析方便及模型简洁考虑，将机械作业费、畜力费和排灌费等生产支出归为其他要素投入。选择小麦每亩产量作为期望产出变量，小麦每亩面源污染等标排放量作为非期望产出变量。农业面源污染具有异于工业污染的隐蔽性、分散性以及随机性等非点源污染的特性，使得农业面源污染难以量化和估测，而农业面源污染的准确测度是更为客观地评价小麦绿色全要素生产率的关键。参考已有研究的成果，借鉴赖斯芸（2004）等和梁流涛（2019）的单元调查评估方法来测度小麦面源污染等标排放量。由于小麦生产过程中化肥和固体废弃物所造成的污染较为严重，因此需要确定与小麦生产相关的农田化肥流失和小麦有机固体废弃物两类产污单元（表 3－13），核算的主要污染物有小麦生产过程中产生的总氮（TN）和总磷（TP）。

（1）农田化肥污染。我国正处在由传统农业向现代农业过渡时期，农业发展对化学品的依赖还很大，农业产量至少有 1/4 是靠化肥等化学物品取得的。

2005 年我国化肥施用量达到了 4 766.2 万吨，占全世界消费量的 1/4，化肥施用强度远远超过发达国家设置的 225 千克/公顷的安全上限。化肥施用量过高，再加上施用结构不合理，加剧了日益严重的地表水富营养化趋势，还导致地下水硝酸盐超标。

（2）农田固体废物污染。我国每年的农作物秸秆生产量约为 7 亿吨，而秸秆的综合利用率还不足 15%。农作物秸秆四处堆放现象非常普遍，更有甚者将其堆放于沿河沿湖岸，在雨水的冲刷下，大量的渗滤液排入水体，形成更直接、危害更大的面源污染。

表 3 - 13　小麦生产效率的测算指标来源

二级指标	三级指标	资料来源
秸秆 TN、TP、COD	小麦产量	国家统计局
	秸秆粮食比	韩鲁佳，闫巧娟，刘向阳，等. 中国农作物秸秆资源及其利用现状 [J]. 农业工程学报，2002（3）：87—91.
	秸秆利用结构	高祥照，马文奇，马常宝，等. 中国作物秸秆资源利用现状分析 [J]. 华中农业大学学报，2002（3）：242—247.
	秸秆废物养分还田率	赖斯芸. 非点源调查评估方法及其应用研究 [D]. 北京：清华大学，2003.
	固体废弃物养分含量与产污系数	赖斯芸. 非点源调查评估方法及其应用研究 [D]. 北京：清华大学，2003.
	秸秆养分流失率	赖斯芸. 非点源调查评估方法及其应用研究 [D]. 北京：清华大学，2003.
化肥 TN、TP	氮肥使用量	《全国农产品成本收益资料汇编》
	磷肥使用量	《全国农产品成本收益资料汇编》
	复合肥使用量	《全国农产品成本收益资料汇编》
	产污系数	赖斯芸. 非点源调查评估方法及其应用研究 [D]. 北京：清华大学，2003.
	化肥流失率	赖斯芸. 非点源调查评估方法及其应用研究 [D]. 北京：清华大学，2003.

小麦绿色全要素生产率的测算变量如表 3 - 14 所示：

表 3 - 14 小麦生产效率的测算变量说明

指标	变量	变量说明
投入指标	土地投入	每亩土地成本（元）
	农用机械投入	每亩机械作业费（元）
	劳动投入	每亩用工数量（日）
	化肥投入	每亩化肥施用量（千克）
	种子投入	小麦种子使用量（千克）
期望产出	小麦产量	每亩小麦产量（千克）
非期望产出	碳排放量	每亩碳排放量（千克）
	面源污染量	每亩面源污染量（千克）

注：每亩用工数量（日），来源于国家发展和改革委员会调查中心资料，表示每亩劳动投入按天折算后的用工投入天数，下同。

3. 投入指标细节说明

（1）土地投入。2001—2003 年《全国农产品成本收益资料汇编》无土地成本指标，对各省份进行分析时均借用 2004 年数据。2018 年黑龙江省无土地成本指标，用前后年份的加和平均值替代处理；2019 年、2020 年云南省无土地成本指标，沿用 2018 年数据。

（2）其他投入。机械作业费、每亩用工量、每亩化肥施用量、种子用量，2018 年黑龙江省均无相关指标，用前后年份的加和平均值替代处理；2019 年、2020 年云南省无相关指标，沿用 2018 年数据。为消除价格波动因素带来的影响，以 2001 年为基期的农业生产资料价格指数和机械化农具价格指数对各省份土地成本和机械作业费进行平减处理。

4. 产出指标详细说明

（1）期望产出。期望产出为我国 15 个小麦主产省份 2001—2020 年每亩小麦的产量，其中 2018 年黑龙江省无每亩小麦产量数据，用前后年份的加和平均值替代处理。

（2）非期望产出。每亩碳排放量是小麦生产过程中的非期望产出之一。借鉴以往研究，小麦生产过程中碳排放源主要包含化肥、农药、农膜、柴油和灌溉电力 5 种。生产过程中的碳排放总量即为 5 种碳排放源碳排放量的和，每类碳排放源的碳排放量为各类碳源的数量乘以其碳排放系数，各类碳源的碳排放系数如表 3 - 15 所示。

表 3-15　农业碳排放系数

碳源	碳排放系数（千克/千克）	参考来源
化肥	0.895 6	美国橡树岭国家实验室
农药	4.934 1	美国橡树岭国家实验室
农膜	5.180 0	南京农业大学农业资源与生态环境研究所
柴油	0.592 7	专门委员会第五次评估报告
灌溉电力	如表 3-16 所示	《省级温室气体清单编制指南（试行）》

小麦农药使用量＝（小麦播种面积/农作物播种面积）×农用农药使用量。

小麦柴油使用量＝（小麦播种面积/农作物播种面积）×农用柴油使用量。

灌溉电费。通常来说，农业排灌费用主要包括水费和电力费用，因此在度量灌溉电力碳排放时，采用《全国农产品成本收益资料汇编》中的排灌费与水费之差来表示灌溉过程中利用电力所产生的费用。耗电量取"灌溉电费或各地电价"，其中灌溉电价数据来源于国家电网各省份电力公司网站。

灌溉电力系数的计算如：

内蒙古灌溉电力系数＝（内蒙古东灌溉电力系数＋内蒙古西灌溉电力系数）/2＝（1.246＋1.096）/2＝1.171。

2005 年，我国区域电网单位供电平均二氧化碳排放量如表 3-16 所示。

表 3-16　2005 年我国区域电网单位供电平均二氧化碳排放量

电网名称	覆盖省份	二氧化碳排放量（千克/千瓦时）
华北区域	北京、天津、河北、山西、山东、内蒙古西	1.246
东北区域	辽宁、吉林、黑龙江、内蒙古东	1.096
华东区域	上海、江苏、浙江、安徽、福建	0.928
华中区域	河南、湖北、湖南、江西、四川、重庆	0.801
西北区域	陕西、甘肃、青海、宁夏、新疆	0.977
南方区域	广东、广西、云南、贵州	0.714
海南	海南	0.917

资料来源：《省级温室气体清单编制指南（试行）》（国家发展和改革委员会发布）。

每亩面源污染量是小麦生产过程中的另一主要非期望产出。小麦每亩面源污染量主要由农作物秸秆和化肥量通过计算得出。主要农作物秸秆粮食比、秸

秆利用结构、不同利用方式下秸秆养分还田率、产污系数和不同利用方式下秸
秆养分流失率如表 3-17、表 3-18、表 3-19 所示。

表 3-17　主要农作物秸秆粮食比

种类	水稻	小麦	玉米	豆类	薯类	花生	油菜
秸秆	0.97	1.03	1.37	1.71	0.61	1.52	3.0

资料来源：赖斯芸. 非点源调查评估方法及其应用研究 [D]. 北京：清华大学，2003.

表 3-18　我国部分地区秸秆利用结构

地区	肥料	饲料	燃料	原料	焚烧	堆放
安徽	30.3	31.8	17.5	2.9	14.6	2.9
福建	35.5	32.7	4.2	2.0	11.2	4.3
甘肃	26.8	42.8	20.4	0.9	1.7	7.4
广东	41.4	22.5	21.0	3.8	7.6	3.8
贵州	15.0	20.0	20.0		30.0	10.0
海南	38.0	18.0	10.0	4.0	25.0	5.0
河北	47.3	14.3	11.3	5.2	8.1	13.9
河南	34.6	23.3	22.4	8.4	5.2	6.1
黑龙江	35.1	31.8	22.1	3.8	2.9	4.2
湖北	38.0	11.8	46.4	2.8	0	0.9
湖南	71.0	7.7	6.8	0.3	2.2	2.0
吉林	31.1	23.3	34.6	5.4	1.4	4.1
江苏	31.9	13.2	33.9	5.8	7.2	8.0
江西	65.1	17.7	11.8	1.4	2.0	2.0
辽宁	31.1	23.3	34.6	5.4	1.4	4.1
宁夏	7.0	39.5	27.6	14.8	7.5	3.5
山东	23.6	31.0	19.6	5.8	5.8	13.7
山西	55.7	28.1	5.9	2.7	3.5	4.2
陕西	32.0	22.0	25.4	3.5	6.4	10.7
上海	47.8	3.6	29.8	8.0	7.5	3.3
四川	14.3	22.8	53.6	2.7	3.1	3.6
浙江	23.9	35.5	16.7	5.8	1.2	6.1
合计	36.6	22.6	23.7	4.4	6.6	6.1

资料来源：高祥照，等. 中国作物秸秆资源利用现状分析 [J]. 华中农业大学学报，2002（3）：
242-247.

表 3-19　不同利用方式下秸秆养分还田率

养分	肥料	饲料	燃料	原料	焚烧	弃置乱堆
N	100	50	0	0	0	0
P_2O_5	100	72	90	0	100	0

资料来源：赖斯芸. 非点源调查评估方法及其应用研究 [D]. 北京：清华大学，2003.

农田固废类单元固体废弃物养分含量与产污系数如表 3-20 所示。

表 3-20　农田固废类单元固体废弃物养分含量与产污系数

单元	固体废弃物养分含量（%）			产污系数（10^3 吨/吨）		
	COD_{Cr}	TN	P_2O_5	COD_{Cr}	TN	TP
水稻	0.58	0.60	0.10	5.63	5.82	0.42
小麦	0.62	0.50	0.20	6.39	5.15	0.90
玉米	0.82	0.78	0.40	11.23	10.69	2.39
蔬菜	1.00	0.18	0.20	5.10	0.92	0.45
油料	0.91	2.01	0.31	20.57	45.43	3.06
豆类	1.03	1.30	0.30	17.61	22.23	2.24
薯类	0.37	0.30	0.25	2.26	1.83	0.67

资料来源：赖斯芸. 非点源调查评估方法及其应用研究 [D]. 北京：清华大学，2003.

不同利用方式下秸秆养分流失率如表 3-21 所示。

表 3-21　不同利用方式下秸秆养分流失率

养分	肥料	饲料	燃料	原料	焚烧	弃置乱堆
COD_{Cr}	20	0	0	0	0	50
N	15	0	0	0	0	50
P_2O_5	5	0	0	0	10	50

资料来源：赖斯芸. 非点源调查评估方法及其应用研究 [D]. 北京：清华大学，2003.

小麦生产过程中的化肥使用主要是氮肥、磷肥、复合肥。①2001—2003 年《全国农产品成本收益资料汇编》无此指标，故借用各省份 2004 年的数据代替。②2018 年黑龙江省均无相关指标，采取前后年份的加和平均值替代处理；2019 年、2020 年云南省无相关指标，沿用 2018 年数据。化肥产污系数如表 3-22 所示。

表 3 - 22 化肥产污系数

化肥	氮肥	磷肥	复合肥
TN	1	0	0.33
TP	0	0.44	0.15

资料来源：赖斯芸.非点源调查评估方法及其应用研究［D］.北京：清华大学，2003.

除香港、澳门和台湾外，我国 31 个省（自治区、直辖市）化肥流失率如表 3 - 23 所示。

表 3 - 23 我国 31 个省（自治区、直辖市）化肥流失率

序号	地区	流失率（%）	
		氮肥	磷肥
Ⅰ	江苏、北京	30	7
Ⅱ	天津、广东、浙江、上海	30	4
Ⅲ	湖北、福建、山东	20	7
Ⅳ	河北、陕西、辽宁、云南、宁夏、湖南、吉林、内蒙古、贵州	20	4
Ⅴ	河南、黑龙江	10	7
Ⅵ	安徽、海南、新疆、山西、广西、甘肃、四川、江西、重庆、青海、西藏	10	4

资料来源：赖斯芸.非点源调查评估方法及其应用研究［D］.北京：清华大学，2003.

五、小麦绿色全要素生产率结果分析

（一）小麦绿色全要素生产率总体变化特征

根据 15 个小麦主产区 2001—2020 年的绿色全要素生产率的均值变化和来源测算结果，与黄伟华（2021）的研究结论较为相似，两者小麦生产绿色全要素生产率的均值结果如表 3 - 24 所示。

表 3 - 24 2001—2020 年 15 省份绿色全要素生产率均值结果

研究者	MLEFCH	MLTFCH	ML
本书	1.020 2	1.017 0	1.010 4
黄伟华（2021）	1.001 2	1.033 8	1.030 1

总体看来，我国小麦主产区 2001—2020 年绿色全要素生产率年均增长

1.17％，其中技术效率增长 2.39％，前沿技术进步年均增长 2.54％。这个结果低于黄伟华（2021）3.01％的改善结果。在技术进步方面，低于黄伟华（2021）动态变化平均值为 3.38％的研究结论，但在技术效率增长方面，本书的结论高于黄伟华（2021）0.12％的研究结论。结合两者研究结论的差异，其原因一方面是在研究时间的选择方面两者有差异，黄伟华（2021）研究的时间范围为 1998—2016 年，而本书研究的时间范围为 2001—2020 年，研究的时期和研究时期所处的阶段不同；另一方面，在变量选择方面也存在差异，黄伟华（2021）的研究中并没有明确给出非期望产出的变量名称及数据来源，非期望产出与本书可能有所差异。

从整体上看，2001—2020 年我国小麦绿色全要素生产率变化总体向好发展，即小麦绿色全要素生产率是处于总体改善、技术变化改善和技术效率改善的整体改善的状态。这在一定程度上说明随着对农业生产环境的改善和对粮食生产质量的要求的提高，我国农业生产更加注重清洁生产和绿色生产，相对以往以破坏生态环境，加大要素投入和增加污染排放所带来的农业生产的增产，已经有了很大改善。绿色全要素生产率的提高，不仅体现在单纯的技术进步的变化，而且需要对技术推广水平进行充分挖掘，这样才能促进小麦生产的健康和可持续发展。

（二）不同效率的分布特征

本书选取 15 个小麦主产省份 2001—2020 年的绿色全要素生产率，主要分析这些省份小麦绿色全要素生产率（ML）得到改善还是未得到改善，其技术进步变化如何，其技术效率变化如何。这些问题的回答对于了解不同效率在小麦生产省份的分布特征，进而明确各个省份努力的目标至关重要。小麦生产绿色全要素生产率及其分解指标均值的基本统计特征如表 3 - 25 所示。

表 3 - 25　2001—2020 年 15 个省份小麦绿色全要素生产率均值结果

指标	最小值	最大值	均值	标准差	大于 1 个省份的个数（个）	有效省份比例（％）
MLEFCH	0.980 4	1.098 3	1.020 2	0.032 9	11	73.33
MLTECH	0.962 3	1.056 6	1.017 0	0.023 4	13	86.67
ML	0.945 8	1.076 5	1.010 4	0.039 5	10	66.67

如表 3 - 25 所示，2001—2020 年小麦绿色全要素生产率改善的省份有 9

个，占研究样本总数的 60%，说明此期间我国小麦生产的增长伴随着生产环境和绿色生产技术的改善，并不只是投入型的增长。其中 ML 指数改善最大的省份为 6.20%，改善最小的省份为 -2.93%，离散程度并不大，较为集中。技术进步的省份有 12 个，占研究样本总数的 80%，其中 MLTECH 的均值为 1.025 4，这表明与绿色全要素生产率相关的绿色技术进步平均改善了 2.54%。其最小值为 -1.96%，最大值为 9.69%，地区之间的差异大于绿色全要素生产率地区之间的差异。技术效率得到改善的省份有 11 个，占样本总数的 73.3%，技术效率改善的均值 1.023 9，这意味着 2001—2020 年，技术效率改善了 2.39%，其中改善的最小值为 -0.072%，改善的最大值为 7.13%，地区之间的差距不大。

在 9 个绿色全要素生产率得到改善的省份中，有 8 个省份（88.89%）实现了技术效率指标上的改善，全部省份实现了技术进步，两者都改善的省份有 8 个，占绿色全要素生产率改善省份总数的 88.89%。

如表 3-26、表 3-27 所示，在绿色全要素生产率未得到改善的 6 个省份中，有 3 个省份的技术进步均值小于 1，3 个省份的技术效率变化均值小于 1，技术进步和技术效率变化的均值都小于 1 的省份有 2 个，占总数的 1/3。

表 3-26　绿色全要素生产率区域差异

ML 改善总数	10	所占比例（%）
MLEFCH>1	8	80
MLTECH>1	10	100
两者>1	8	80

表 3-27　GTFP 未改善的省份中按来源分布

ML 改善总数	5	所占比例（%）
MLEFCH>1	2	40
MLTECH>1	2	40
两者<1	1	20

（三）年度平均变化规律

小麦绿色全要素生产率 2001—2020 年的变化特征主要用 15 个省份的年度平均值的变化来描述。表 3-28 详细给出了 2001—2020 年小麦绿色全要素生产率及其分解指标的均值变化结果。

表 3 - 28　2001—2020 年 15 个省份小麦绿色全要素生产率均值结果

年度	MLEFCH	MLTECH	ML
2001—2002	1.013 8	0.970 7	0.984 7
2002—2003	1.026 5	0.988 4	1.013 8
2003—2004	0.901 3	1.518 1	1.313 8
2004—2005	1.060 3	0.934 6	0.941 7
2005—2006	0.974 3	1.088 8	1.047 7
2006—2007	0.921 4	0.990 2	0.884 0
2007—2008	1.082 3	1.003 1	1.087 2
2008—2009	1.127 6	0.797 0	0.880 3
2009—2010	0.899 7	1.003 7	0.894 6
2010—2011	1.141 3	0.959 8	1.084 3
2011—2012	0.966 2	1.033 5	0.991 8
2012—2013	0.964 6	0.943 2	0.915 4
2013—2014	0.985 1	1.097 9	1.076 4
2014—2015	1.232 2	0.847 4	0.995 3
2015—2016	0.971 0	0.980 7	0.951 7
2016—2017	0.978 9	1.042 3	1.020 8
2017—2018	1.061 2	0.864 8	0.907 4
2018—2019	0.866 7	1.392 4	1.178 1
2019—2020	1.209 8	0.865 7	1.028 0
平均值	1.020 2	1.017 0	1.010 4

总体看来（图 3 - 11），2001—2020 年，ML 指数呈现 3 个波峰和 3 个波谷，3 个波峰分别是 2003—2004 年、2018—2019 年、2011—2012 年；3 个波谷分别处于 2017—2018 年、2009—2010 年和 2005—2006 年。

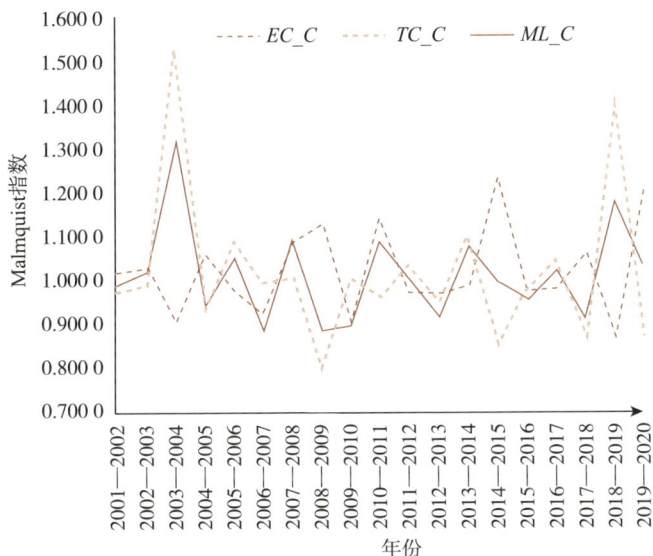

图 3-11　2001—2020 年绿色全要素生产率 Malmquist 指数（GTFP）的变化情况

在 3 个波峰中，从改善程度上看，第一个高峰期间小麦生产省份的绿色全要素生产率最高，在 3 个波谷中，2009—2010 年 ML 指数下降的幅度最大。

（1）2001—2002 年的小麦绿色全要素生产率 ML 指数为 0.977 2，下降了 2.28%，技术变化和技术效率变化都有下降的趋势，但技术效率变化下降的幅度较大。

（2）2002—2005 年的小麦的绿色全要素生产率 ML 指数连续三年上升，分别为 2.62%、18.12% 和 1.01%，在头两年是技术进步得到明显改善，在第三年是技术效率得到明显的改善。

（3）2005—2010 年，只有 2006—2007 年的绿色全要素生产率的变化为改善的，其余 4 年都是下降的。在此阶段，处于较长的低迷期。在该期间，技术效率的变化有 4 年处于恶化状态，技术进步的变化有 2 年处于恶化状态。

（4）2010—2015 年，小麦绿色全要素生产率处于改善期，虽然有 2012—2013 年和 2014—2015 年没有改善，但其均值分别为 0.992 2 和 0.999 5，虽然没有改善，但是也没有恶化，该期间有 3 年时间得到明显改善，2 年没有发生明显恶化，处于较为稳定的阶段。在该期间，技术效率的变化有 4 年得到改善，技术进步的变化有 2 年得到改善。

（5）在2015—2020年，小麦绿色全要素生产率处于正负交替波动期间，其中主要的原因是技术效率的变化与技术进步的变化呈现波峰对波谷的对冲式变化所导致，2020年的小麦的绿色全要素生产率得到改善，主要是技术效率的明显增长导致。

绿色全要素生产率与全要素生产率指数的差距，在一定程度上衡量了人们对环境的重视、对全要素生产率的影响，反映了期望产出与非期望产出相对增长率的大小，当投入一定时，若ML指数大于Malmquist指数时，说明期望产出的增速相对较高，则该生产相对说来是与环境和谐的，反之，则是不和谐的。小麦生产过程中，期望产出的增长率低于非期望产出的现象较为普遍，由此说明，小麦产业的发展存在以破坏生态环境为代价的粗放型增长，小麦经济的增长与环境、资源之间的关系不和谐。

（四）不同区域的比较分析

根据小麦生产带在我国的空间分布特征，方便实施具有针对性的区域政策，依据《小麦优势区域布局规划（2008—2015年）》的分区，将小麦生产分为黄淮海优势区、长江中下游优势区、西南优势区、西北优势区和东北优势区5个区域，其具体包括的省份如表3-29所示。按照这种分类方法，对5个区域小麦绿色全要素生产率区域差异进行分析，计算结果如表3-30所示。

表3-29 研究区域分布情况

地区	省份
黄淮海优势区	河北、河南、山东、山西、陕西
长江中下游优势区	江苏、安徽、湖北
西南优势区	四川、云南
西北优势区	甘肃、新疆、宁夏、内蒙古
东北优势区	黑龙江

资料来源：小麦生产地区划分参照《小麦优势区域布局规划（2008—2015年）》。

黄淮海优势区是我国主要小麦产区，包括河北，河南等5个省份，其2001—2020年绿色全要素生产率动态变化平均值为1.0328，这意味着这5个省份小麦生产的绿色全要素生产率整体改善3.28%，高于全国1.17%的平均水平，在其分解指标中，技术进步的平均增长率为3.26%，技术效率的平均增长率为2.95%（表3-30）。

表 3 - 30　2001—2020 年我国小麦分区域的绿色全要素生产率变化

区域（15）	MLEFCH	MLTECH	ML
黄淮海优势区（5）	1.045 6	1.025 4	1.041 2
长江中下游优势区（3）	1.018 7	1.023 7	1.022 5
西南优势区（2）	1.010 3	0.984 6	0.974 7
西北优势区（4）	0.998 1	1.010 5	0.969 5
东北优势区（1）	1.006 2	1.045 3	1.054 3

长江中下游优势区包括 3 个省份，2001—2020 年其绿色全要素生产率的均值为 1.009 5，这意味着从 2001—2020 年，小麦绿色全要素生产率动态变化的均值为 1.009 5，其改善的水平为 0.95%。其中，技术进步动态变化的均值为 1.017 0，技术效率动态变化的均值为 1.016 9。

西南优势区包括两个省份，其绿色全要素生产率在 2001—2020 年的均值为 0.982 3，处于下降的状态。其中技术进步动态变化的均值为 0.987 1，技术效率动态变化的均值为 0.996 5。

西北优势区包括 4 个省份，2001—2020 年绿色全要素生产率的均值为 0.991 6，这意味着绿色全要素生产率的 ML 指数下降 0.84%。

东北优势区包括黑龙江省，2001—2020 年，小麦绿色全要素生产率动态变化的均值为 1.051 4，意味着在该时间区间，平均改善 5.14%。其中技术进步改善 0.76%，技术效率改善 6.85%（表 3 - 31）。

表 3 - 31　我国部分省份小麦绿色全要素生产率及其分解

省份	MLEFCH	MLTECH	ML
河北	1.062 2	1.042 1	1.034 1
山西	1.098 3	1.030 9	1.076 5
内蒙古	1.010 2	1.018 8	0.955 8
黑龙江	1.006 2	1.045 3	1.054 3
江苏	1.039 3	1.056 6	1.021 0
安徽	0.999 7	1.013 2	1.018 8
山东	1.000 5	1.020 3	1.019 0
河南	0.998 8	1.013 7	1.013 3
湖北	1.017 0	1.001 2	1.027 8

（续）

省份	*MLEFCH*	*MLTECH*	*ML*
四川	1.003 4	1.006 8	1.003 6
云南	1.017 3	0.962 3	0.945 8
陕西	1.068 4	1.019 9	1.063 3
甘肃	0.980 4	0.985 8	0.958 0
宁夏	0.987 4	1.010 7	0.985 8
新疆	1.014 4	1.026 7	0.978 4
均值	1.020 2	1.017 0	1.010 4

第四章
基于效率的我国水稻生产高质量发展研究

本章的研究思路是，定量分析水稻生产的全要素生产率以及绿色全要素生产率。在此分析的基础上，对不同时间和地区水稻生产的高质量发展进行比较分析，从而指出未来我国水稻生产的高质量发展路径。

第一节 水稻全要素生产率的实证分析

我国是世界最大的稻米生产国，水稻是我国最主要的粮食作物。我国加入WTO后，在市场经济的调节下，稻米生产与贸易受国际市场和价格的影响越来越大，因此如何提高我国水稻的国际竞争力，促进我国农产品的生产和贸易，是摆在我们面前的一件重要事情。生产效率的提高有助于提高我国水稻的国际竞争力，所以，研究水稻的生产效率很有意义和价值。

一、问题的提出

水稻是我国三大主粮作物之一，在农业生产中具有重要地位。我国水稻产区主要分布在东北平原、长江流域、东南沿海区域，而东北平原的生产效率最高，长江流域次之，东南沿海最低。改革开放以来，我国水稻生产能力不断提高，产量逐年增加，整体势头良好。但随着工业化与城镇化的推进，耕地、灌溉用水等农业资源的刚性约束和生态环境恶化问题日益突出，加之"刘易斯拐点"的出现和人口红利的逐渐消失，我国水稻产业出现了增产潜力减弱、成本逐年攀升、进口快速增长、比较收益降低等诸多问题。2017 年中央 1 号文件提出"稳定水稻、小麦生产，确保口粮绝对安全，重点发展优质稻米和强筋弱筋小麦"，并强调"着力推进农业提质增效"。作为一个拥有 14 亿人口的大国，保障粮食安全尤其是口粮安全，对于促进我国国民经济健康稳定发展、维护社会长治久安、实现国家自立自强具有重大的全局性与战略性意义，而提高生产效率是促进水稻产业可持续发展的有效途径。

生产率是指产出和投入的比值，表明产出量的变动与全部投入量变动的关系。生产率可分解为单要素生产率和全要素生产率。全要素生产率又可分解为技术效率和规模效率。技术效率是指在稳定使用过程中技术的生产潜力得以发挥的程度。技术效率的水平折射出生产领域中技术更新速度的快慢和技术推广的有效程度。规模效率的变化是指投入增长对全要素生产率变化的影响。全要素生产率的增长则是科技进步和效率（即技术效率和规模效率）提高的综合体现。因此，在长期增长分析中，研究水稻的全要素生产率的变动趋势意义重大。

二、研究回顾

（一）水稻生产全要素生产率的测度

关于我国水稻生产传统全要素生产率的研究成果较为丰富。学术界在测度水稻的生产效率时主要使用两种方法，即参数法与非参数法。参数法通过构建计量经济模型来计算农产品的全要素生产率，常用的方法为随机前沿分析法（SFA）。周宏（2007）和范群芳等（2008）认为，我国粮食生产技术效率有所降低，生产过程中的技术低效率现象仍然存在。宿桂红等（2011）认为，我国水稻主产区技术效率较高且呈现上升趋势。张新民（2011）和杨万江等（2016）基于微观农户调查数据分析认为水稻生产存在技术效率损失。

数据包络分析法（DEA）是学术界使用非参数法计算全要素生产率的常规范式，其中最常用的模型为 Malmquist 指数。Malmquist 生产率指数可进一步分解为技术进步、纯技术效率和规模效率等部分，得到了越来越多的研究者的认可，成为测算全要素生产率时使用最为广泛的方法。基于 DEA-Malmquist 指数法，一些学者认为水稻产业生产效率有所提升。如陈卫平等（2006）指出，1953—2003 年水稻的全要素生产率实现了正向增长，年均增长 0.33%。江松颖等（2016）认为，受技术变迁与经营规模的影响，水稻全要素生产率小幅上涨 0.1%，在三种谷物中最高。部分文献则指出水稻产业生产效率总体上有所衰退。如王明利等（2006）对我国各类水稻的全要素生产率分析得出，1990—2003 年早、中、晚籼稻及粳稻全要素生产率在波动中均有所下降。闵锐（2012）发现 2004—2010 年湖北省粮食及早、中、晚籼稻全要素生产率均在波动中呈现衰退趋势。徐丽君等（2012）测算出南方双季稻主产区水稻生产的全要素生产率指数在波动中呈现出总体下降的趋势。Liu（2015）提出，2001—2012 年我国粳稻的全要素生产率年均下降 2.3%，其中技术进步率年均下降 2.2%。虽然研究结论存在差异，但以上学者均认为我国水稻生产效率的变动是由技术进步因素主导的。

除此之外，也有部分学者使用基于 DEA 的 HMB 指数与 SBM 指数测度我国水稻产业的全要素生产率（张越杰等，2007；陈超等，2008）。在测算各省份全要素生产率的基础上，部分学者借助 α 收敛与 β 收敛理论对粮食产业全要素生产率的收敛性进行检验。田伟等（2012）计算得出 1998—2010 年全国农业技术效率水平呈现出明显的不均衡性，各地区之间的差距不断扩大。张海波等（2012）则提出，在考虑随机因素影响后，1980—2009 年我国农业全要素生产率并不存在条件 β 收敛。马林静等（2015）得出 2001—2012 年全国及粮食主产区、平衡区的粮食生产效率存在 α 收敛、绝对 β 收敛与条件 β 收敛，而主销区则不存在绝对 β 收敛。

从以上分析可以看出，在过去的 20 年间，我国水稻的生产效率增长缓慢，技术效率的变动过程与农村经济体制改革和整个农业经济环境的变化相吻合。20 世纪 80 年代初期，伴随着农村家庭联产承包责任制的推行，我国水稻生产的技术效率出现了持续的上升，随后则大幅回落。1988 年以后随着市场化程度的加深，水稻生产的技术效率也在逐步提高。但是，20 世纪 90 年代初期和末期的两次粮食丰收所造成的"卖粮难"，又极大地打击了农民的生产积极性，使得我国水稻的生产效率出现下降的势头，从中可以看出体制的变化和市场价格的变动对水稻的生产效率有着较大的影响。从地区的效率变化趋势可以看出，我国水稻生产效率呈由华北到华中再到华南依次递减的趋势，其中一个重要的因素就是单季稻和双季稻的影响。双季稻尽管总产量增加，但生产成本却成倍增加，从而降低了效率。另一个因素就是规模效率，华南、华中的人均占有水稻面积比华北要低，影响了生产的规模效率。因此，要提高水稻的全要素生产率，一个重要因素就是要改良品种和技术，提高技术效率。同时，水稻的集约化生产也是一个趋势，能有效提高规模效率。

（二）水稻全要素生产率的影响因素分析

1. 政府政策及信托机制影响的土地流转

中央 1 号文件多次提出，政府要加强土地承包经营权流转管理服务。提高全要素生产率、增强农业竞争力是农业供给侧结构性改革的重要目标，也是政府制定农地流转政策最关注的问题。因此，分析地方政府干预农地流转对全要素生产率的影响有助于考察地方政府介入农地流转的行为绩效，具有重要的现实意义。王雪琪等（2018）依据江苏省 6 个市的调研数据，运用数据包络分析法（DEA）分析农户生产效率以及利用 Tobit 回归模型对比地方政府是否干预以及不同干预角色对农户生产效率的影响差异，得出了地方政府干预农地流转对农户生产效率有显著的负向作用的结论。建议地方政府应因地制宜地确立农地流转政策，并将政府的农地流转角色和行为限定在健全农地流转市场、强化监管服务功能、培育新型经营主体、防范风险等方面，依靠市场主体发挥作用。

王克强等（2021）基于黑龙江省佳木斯市桦川县调查问卷数据，运用随机前沿分析模型测算了农业生产效率，运用 Tobit 模型探究了土地信托等要素对农业生产效率的影响，认为利用土地流转信托优化配置资源从而提高农业全要素生产率具有重要意义，参与土地流转信托能够有效地提高农户的农业全要素生产率，土地流转信托增强了资本密集倾向，提高了农业生产技术效率。耕地面积、资本投入及机械化率、生产资料投入、农户的受教育水平对农业生产效率有正向影响，而年龄对技术效率有负向影响。总体来看，一方面，当地政府政策干预土地流转对农业全要素生产率有负面影响，政府应该秉持市场主体发挥作用的理念，合理确定自身角色；另一方面，土地流转信托有利于资本集中，提高农业全要素生产率，但政府及有关部门组织应严格审核信托机构资质，确保农民权益不受损害。

2. 技术水平

随着经济的快速发展，农业现代化水平进一步提高，农业机械不断升级、种植技术不断优化，为水稻全要素生产率的提升发挥了至关重要的作用。薛思蒙等（2017）通过研究比较了我国和日本的水稻产业全要素生产率，得出我国水稻生产的技术效率水平高于日本，技术进步程度远低于日本，技术进步因素是导致我国水稻产业全要素生产率较低的重要原因，因此加快发展与推广生物化学技术与机械技术以提高劳动生产率与土地生产率显得尤为重要。周琼等（2019）通过研究我国台湾 2002—2016 年 15 个市（县、区）的水稻全要素生产率变化情况发现，台湾水稻全要素生产率整体处于较高水平，全要素生产率指数呈退步状态，其变动主要受技术进步影响，政策调整效果初显，效率的损失可以通过技术进步弥补。徐丽君等（2012）通过对南方双季稻区和黑龙江省桦川县1995—2010年水稻生产成本收益面板数据进行分析，发现技术进步率下降是全要素生产率下降的主要因素。陈超等（2020）认为，20世纪90年代后期以来的水稻全要素生产率低水平徘徊，这在一定程度上折射出我国水稻生产技术进步趋缓，技术推广不力、技术利用率不足，缺乏宏观—微观双向驱动的技术创新动力机制。因此，技术水平对水稻产业生产效率有直接作用，提高技术水平是提高水稻全要素生产率的重要途径。技术水平提高很大程度上可以弥补生产规模的缺陷以及劳动力不足。

3. 耕地规模和质量

研究我国农业实际情况可以发现，东北及华中平原地区耕地集中化程度较高，而水稻种植区域主要位于东北、长江流域以及东南沿海地区，其中大部分地区农地细碎化情况普遍存在，而不同地区的土壤以及农户生产肥料的投入，都会影响土地肥力，不同程度的土地肥力会对全要素生产率产生直接影响（周宏等，2023；宋戈等，2022）。部分学者认为，土地经营规模与水稻生产技术效率之间呈倒U形关系，农地细碎化对水稻生产同时存在积极和消极双重效应，过小或过大的土地经营规模都不利于提高水稻全要素生产率（张红梅等，2018）。应根据不同区域的实际情况来制定相应的制度以合理降低农地细碎化程度。进行资源的合理配置，可以提高农业生产效率。一般来讲，耕地质量对水稻生产存在显著的正面效应，中低产田改造和高标准基本农田建设的政策符合农业发展的需要，同时提高农户耕地质量保护认知和加强耕地地力培肥综合技术推广对保护和提升耕地质量具有重要意义（曹云，2019）。但农户如果大量投入化肥农药以保证产量，造成化肥农药使用超标，长此以往会破坏土壤理化性状和培肥水平（陈苏等，2024；赵玉等，2024；姚成胜等，2022）。

4. 劳动力结构及水平

随着我国经济的多元化发展，越来越多的农业从业者开始转型，发展多元模式，而城乡差距的加深也造成农村劳动力的流失，这些无疑会对水稻全要素生产率产生影响。现阶段我国农村劳动力老龄化对水稻全要素生产率缺失还没有构成负面影响，但效率缺失的比例有逐年提高的迹象，虽然农机使用和以农户需求为导向的农技培训能减少水稻全要素生产率的缺失，农村劳动力老龄化程度不断加深将不利于现代农业的发展（洪炜杰等，2023；孙超等，2023）。劳动力本地转移和异地转移均对样本农户水稻生产技术效率产生了显著的正向作用，而在农村劳动力大量转移的背景下，进一步提高农业生产技术效率，以加速实现农业现代化的关键是遵循"因地制宜、分类指导"的原则，大力提高各地农业机械化水平，加快实现农业生产全程机械化十分重要（刘卫柏等，2022；何奇峰，2021）。

5. 自然因素

虽然现阶段我们可以通过某些技术手段在一定程度上弥补干旱、洪涝等恶劣天气对农业生产的影响，但大自然仍然是需要敬畏的，在大规模的自然现象面前，农业生产仍会受到严重影响。姜岩等（2015）利用 1988—2010 年江苏省 8 个地区的水稻投入产出及气候数据，分析了气候变化视角下水稻生产技术效率的时空分布，探讨了气候因子对效率变动的影响。发现不同地区、不同月份的降水，平均温度以及光温比都对水稻生产技术效率有影响。因此，在应对气候变化调整作物生产的过程中，要对所面临的情况有充分的认知并采取相应的调整措施。水稻种植应因地制宜，并通过加强技术创新、研发新品种、探索适应当地气候的种植模式来提升水稻生产效率（王泽惠等，2022；张强等，2022；邹芷潇等，2022）。

从实现效率最优的角度看来，我国粮食经营已经步入稳定发展时期。通过扩大规模来提高水稻全要素生产率的空间非常小，今后应该加大力度研发新品种、改进新技术，加大农业的科研投入和科研成果转化率（马红坤等，2024；张安然等，2024），使科研与基层接轨；积极培训农民使他们掌握新技术；推进农业科技进步，加大水稻生产的科技创新，使水稻生产投入产出要素匹配最佳；降低生产成本、提高产量、提高成本利润率，使稻农收入增加，粮食安全得到保障（翁贞林等，2023；王欣等，2023；袁若兰等，2022）。

三、理论和模型

数据包络分析法（DEA）是学术界使用非参数法计算全要素生产率的常规范式，其中最常用的模型为 DEA-Malmquist 指数模型。Malmquist 生产率指数将全要素生产率分解为技术效率与技术进步两部分。学术界分别从投入视角及产出视角对技术效率进行了界定，即在相同产出水平下生产某一产品的最小可能性投入与其实际投入的比例，或相同投入水平下生产某一产品的实际产出与其最大可能性产出之间的比例，直接表现为资源配置及利用的有效程度。技术效率又进一步被分解为纯技术效率与规模效率。技术进步是指生产某一产品的生产工艺、中间投入品、制造技能的改进。

传统的效率评价模型 Charnes-Cooper-Rhodes（CCR）模型和 Banker-Charnes-Cooper（BCC）模型只能横向比较决策单元在同一时点的生产效率，而 DEA-Malmquist 指数模型则可以测度决策单元在不同时期效率的动态变化，因此它可以分析面板数据，具有广泛的应用性。

DEA-Malmquist 指数利用距离函数（E）进行运算，数学表现形式为：

$$MPI_I^t = \frac{E_I^t(x^{t+1}, \ y^{t+1})}{E_I^t(x^t, \ y^t)} \qquad (4-1)$$

$$MPI_I^{t+1} = \frac{E_I^{t+1}(x^{t+1}, \ y^{t+1})}{E_I^{t+1}(x^t, \ y^t)} \qquad (4-2)$$

为了把不同时期的技术水平都纳入考虑范围，取它们的几何平均：

$$MPI_I^G = (MPI_I^t MPI_I^{t+1})^{1/2} = \left[\frac{E_I^t(x^{t+1}, \ y^{t+1})}{E_I^t(x^t, \ y^t)} \times \frac{E_I^{t+1}(x^{t+1}, \ y^{t+1})}{E_I^{t+1}(x^t, \ y^t)}\right]^{1/2}$$

$$(4-3)$$

该生产率指数又可以分解为面向输入的效率变化（EFFCH）和技术效率变化（TECHCH），技术效率又可以分为规模效率变化（SECH）和纯技术效率变化（PECH）两部分。

$$MPI_I^G = (EFFCH_I)(TECHCH_I^G)$$

$$= \left(\frac{E_I^{t+1}(x^{t+1}, \ y^{t+1})}{E_I^t(x^t, \ y^t)}\right)\left[\frac{E_I^t(x^{t+1}, \ y^{t+1})}{E_I^t(x^t, \ y^t)} \times \frac{E_I^{t+1}(x^{t+1}, \ y^{t+1})}{E_I^{t+1}(x^t, \ y^t)}\right]^{1/2}$$

$$(4-4)$$

$$SECH = \left[\frac{E_{vrs}^{t+1}(x^{t+1}, \ y^{t+1})/E_{crs}^{t+1}(x^{t+1}, \ y^{t+1})}{E_{vrs}^{t+1}(x^t, \ y^t)/E_{crs}^{t+1}(x^t, \ y^t)} \times \right.$$

$$\left. \frac{E_{vrs}^t(x^{t+1}, \ y^{t+1})/E_{crs}^t(x^{t+1}, \ y^{t+1})}{E_{vrs}^t(x^t, \ y^t)/E_{crs}^t(x^t, \ y^t)}\right]^{1/2} \qquad (4-5)$$

$$PECH = \frac{E_{vrs}^{t+1}(x^{t+1}, \ y^{t+1})}{E_{crs}^t(x^t, \ y^t)} \qquad (4-6)$$

Malmquist 指数方法可以利用多种投入与产出变量进行效率分析，且不需要相关的价格信息，也不需要成本最小化和利润最大化等的条件，更为重要的是它将生产率的变化原因分为技术变化与技术效率变化，并进一步把技术效率变化细分为纯技术效率变化与规模效率变化。通过应用该方法水稻生产的全要素生产率变化便可以被分为技术变化和技术效率变化，而技术效率变化包括纯技术效率和规模效率。这可以得到水稻生产过程中纯技术效率与规模效率对技术效率变化的贡献程度，从而正确地指导改进的方向。

四、样本、变量和数据

（一）样本选择

本书按照我国水稻生产的分布，选取 23 个省份作为样本，测算我国水稻生产的全要素生产率。

（二）变量的选取

投入产出变量如表 4-1 所示。

表 4-1　水稻全要素生产率的测算变量说明

指标	变量	变量说明
投入	土地投入	每亩土地成本（元）
	农用机械投入	每亩机械作业费（元）
	劳动投入	每亩用工数量（日）
	化肥投入	每亩化肥施用量（千克）
	种子投入	水稻种子使用量（千克）
期望产出	单位面积主产品产量	每亩水稻产量（千克）

（三）数据来源

本书研究的数据来源与小麦研究部分相同，不再赘述。

五、水稻全要素生产率结果分析

本书使用 Deap2.1 软件进行测算，对投入导向核算所得到的结果进行分析。

在 23 个样本省份中，12 个省份为全要素生产率大于 1，代表有所改善；10 个省份为全要素生产率小于 1，代表有所下降；1 个省份全要素生产率恰好等于 1，代表没有变化。

（一）小麦全要素生产率总体变化特征

根据 23 个省份在 2001—2020 年全要素生产率变化（TFPCH）和来源的测算结果，本书与薛思蒙（2017）的研究较为相似，故将本书研究的结果与薛思蒙

（2017）的研究结果进行比较，两者的全要素生产率的均值结果如表 4 - 2 所示①。

表 4 - 2　2001—2020 年 20 个省份全要素生产率变化均值结果

研究者	EFFCH	TECHCH	PECH	SECH	TFPCH
本书	1.001	0.982	1.001	1.000	0.985
薛思蒙（2017）	1.002	0.969	1.006	0.997	0.969

　　总体来看，我国 23 个水稻生产省份 2001—2020 年全要素生产率的动态变化均值为 0.985，这意味着 2020 年比 2001 年 23 个省份水稻全要素生产率降低了 1.7%，这个结果低于薛思蒙等（2017）3.1% 的研究结论。结合两者研究结果的差异，本书认为，研究结论的差异在于选择的研究时间范围和研究变量的选择不同。首先，薛思蒙等（2017）的研究选用的时间范围是 2004—2014 年，而本书是 2001—2021 年，时间上存在差异。不同时间范围内全要素生产率的分布特征是不一样的，因此研究结论存在差异。其次，选择的投入和产出变量不同。薛思蒙等（2017）选用的产出变量为单位面积主产品产量，投入变量选用的为劳动力投入、机械投入、生物化学投入；本书选取的产出和投入变量如表 4 - 1 所示，两者之间存在差异。最后，两者选择的样本省份不同，本书选择了 23 个水稻生产的省份作为样本，薛思蒙（2017）等选择的是 22 个水稻生产的省份，样本省份有差异。通过分解本书研究的水稻全要素生产率均值，研究发现水稻全要素生产率的恶化主要源于技术退步。技术进步动态变化均值下降 1.8 个百分点，技术效率动态变化均值上升 0.1 个百分点，而技术效率的上升变动主要源于纯技术效率的变动。

（二）不同效率的省份空间分布特征

　　本书发现 23 个水稻生产省份 2001—2020 年的全要素生产率表现存在差异。有多少省份的全要素生产率得到改善还是未改善？受技术进步或退步影响的省份有多少？受技术效率变化影响的省份又有多少？技术效率变化来源于纯技术效率的变化还是规模效率的变化？这些问题的解决对于了解不同省份水稻全要素生产率的分布特征，明确各个省份或地区的政策实施至关重要。

　　如表 4 - 3 所示，水稻全要素生产率得到改善的省份有 12 个，占研究省份

---

　　① 本书用 TFPCH 表示全要素生产率变化，用 TECHCH 表示技术进步变化，用 EFFCH 表示技术效率变化，用 PECH 表示纯技术效率变化，用 SECH 表示规模效率变化。

总数的 52.17%。这表明在 2001—2020 年，我国有一半以上省份水稻生产的提高是伴随全要素生产率的提高而改善的，并非只是投入型增长。其中水稻全要素生产率改善程度最大省份达到 2.4%，下降最大的则为 -21.5%，说明我国水稻全要素生产率的变化程度空间分布并不是均匀的，省份之间差异较大。研究结果表明，技术进步变化指标得到改善的省份有 9 个，占样本总数的 39.13%，低于全要素生产率得到改善省份的总个数，而凭借技术效率变化得到改善的省份与凭借技术进步变化得到改善的省份数目相同。

表 4 - 3　全国 23 个省份全要素生产率变化均值基本统计特征

指标	最小值	最大值	均值	标准差	大于 1 个省份的个数（个）	有效省份比例（%）
EFFCH	0.989	1.026	1.001	0.007	9	39.13
TECHCH	0.785	1.026	0.982	0.048	9	39.13
PECH	0.995	1.018	1.001	0.004	6	26.09
SECH	0.989	1.017	1.000	0.005	6	26.09
TFPCH	0.785	1.024	0.985	0.049	12	52.17

按照分两种类型来统计 12 个水稻经济全要素生产率（TFP）的改善情况及其效率分解的分布特征，即水稻全要素生产率实现改善和未实现改善的省份情况见表 4 - 4。

表 4 - 4　TFP 改善的省份中按来源分布

项目	TFPCH 改善总数(个)	所占比例（%）	项目	技术效率改善总数（个）	所占比例(%)
EFFCH>1	8	66.67	PECH>1	5	62.50
TECHCH>1	9	75.00	SECH>1	5	62.50
两者>1	4	33.33	两者>1	2	25.00

直观看来，在水稻全要素生产率得到改善的 12 个省份中，有 9 个省份实现了技术进步变化指标上的改善，占改善省份总数的 75.00%；有 8 个省份实现了技术效率变化指标上的改善，占改善省份总数的 66.67%；两者都达到改进省份只有 4 个，占改善省份总数的 33.33%。在技术效率得到改善的 8 个水稻生产省份中，纯技术效率得到改善的省份有 5 个，占技术效率改善省份总数的 62.50%，规模效率得到改善的省份也有 5 个。两者都得到改善的只有 2 个省份，占技术效率改善总数的 25.00%。在全要素生产率得到改善的 12 个省份

中，实现技术进步变化上的改进而没有实现技术效率改善的省份有 3 个。在技术效率得到改善的 8 个省份中，实现纯技术效率的改进而没有实现规模效率改进的省份有 3 个。

如表 4-5 所示，在全要素生产率未改善的 10 个省份中，有 4 个省份被技术效率所拖累，全部省份被技术进步变化指标所拖累。在受两者共同拖累的 4 个省份中，受纯技术效率拖累的省份有 2 个，占 50%，全部省份受到规模效率的拖累。这也说明，在 2001—2020 年，技术效率的下降是纯技术效率和规模效率共同拖累所导致。

表 4-5　TFP 未改善的省份中按来源分布

项目	TFPCH 未改善总数（个）	所占比例（%）	项目	技术效率未改善总数（个）	所占比例（%）
EFFCH<1	4	40	PECH<1	2	50
TECHCH<1	10	100	SECH<1	4	100
两者<1	4	40	两者<1	2	50

综上所述，2001—2020 年，我国水稻产业的整体全要素生产率为 −1.7%，主要是技术退步所致，技术效率变化指数没有明显上升或下降。通过对我国水稻全要素生产率改善和未改善的省份数目分析，本书从整体上掌握了我国不同省份水稻生产效率的分布特征，为我国未来水稻经济的发展指出了努力的方向。

（三）年度平均变化规律

2001—2020 年我国水稻全要素生产率的变化特征可以用 23 个省份年度平均值的变化来描述。表 4-6 和图 4-1，详细给出了 2001—2020 年我国 23 个水稻生产省份全要素生产率变化及其分解的均值结果。

表 4-6　2001—2020 年我国 23 个水稻生产省份全要素生产率变化均值结果

年度	TFPCH	TECHCH	EFFCH	PECH	SECH
2001—2002	0.996	0.985	1.011	1.012	0.999
2002—2003	1.010	0.978	1.032	1.022	1.010
2003—2004	1.066	1.104	0.965	0.961	1.005
2004—2005	0.895	0.874	1.024	1.015	1.009
2005—2006	0.950	0.926	1.026	1.020	1.006
2006—2007	0.995	0.999	0.996	1.013	0.983

（续）

年度	TFPCH	TECHCH	EFFCH	PECH	SECH
2007—2008	0.869	0.907	0.958	0.974	0.984
2008—2009	1.005	0.996	1.009	1.001	1.008
2009—2010	0.942	0.965	0.976	0.993	0.983
2010—2011	0.999	0.970	1.029	1.016	1.013
2011—2012	1.013	0.999	1.014	1.006	1.008
2012—2013	0.965	1.001	0.964	0.981	0.982
2013—2014	1.043	1.006	1.037	1.020	1.017
2014—2015	1.032	1.060	0.973	0.968	1.005
2015—2016	0.976	0.965	1.011	1.018	0.994
2016—2017	0.966	0.971	0.995	0.988	1.007
2017—2018	1.011	0.997	1.014	1.014	0.999
2018—2019	1.017	1.032	0.986	1.000	0.985
2019—2020	0.957	0.944	1.013	1.003	1.010
平均值	0.985	0.982	1.001	1.001	1.000

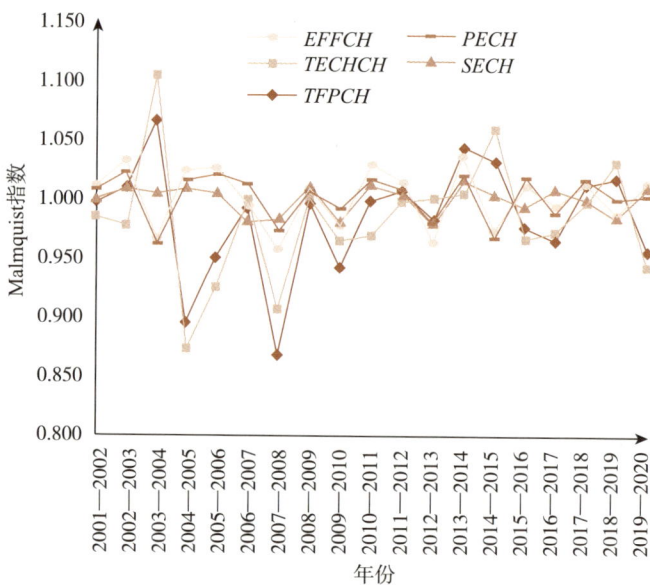

图 4-1　年度 Malmquist 指数（TFPCH）的变化情况

　　总的看来，2001—2020 年、2001—2004 年，Malmquist 指数呈现稳步增长的趋势。2004—2011 年形成一个较长期间的大致的衰退过程，在衰退过程中形成两个波谷，分别处于 2004—2005 年和 2007—2008 年。2011—2015年，我国水稻生产的全要素生产率有一个短暂的改善期间，在这几年间，2012—2013 年存在一个衰退时期。在经历短暂的改善期间后，2015—2017年经历了连续的衰退，并且形成了一个波谷。2017—2019 年得到连续的改善，然后是 2020 年的较大幅度的衰退。按年度变化的动态平均值结果画出如图 4-1 的曲线图，可直观展示出 2001—2020 年我国水稻全要素生产率变化的路径及其主要来源。

　　从测算结果具体来看各年度的全要素生产率的变化及其来源。

　　（1）2001—2004 年水稻全要素生产率持续提高。在此期间，技术进步的变化呈上升趋势，技术效率的变化呈现上升和下降的波动过程。

　　（2）2004—2011 年水稻全要素生产率除了在 2008—2009 年短暂提高外，在其他年份处于波动状态。图中可见，水稻全要素生产率的降低在一定程度上是由于技术退步造成的，不同年份存在差异。

　　（3）2011—2015 年，水稻全要素生产率持续提高。在这期间，技术进步的变化持续提高，技术效率的变化有 2 年提高，有 2 年下降，可以说，技术进步在此期间持续贡献全要素生产率的提高。

　　（4）2015—2017 年，水稻全要素生产率持续降低。在这期间，技术进步的变化持续降低，技术效率却变化不大，说明该阶段全要素生产率的降低大部分是由技术退步所造成。

　　（5）2017—2019 年，水稻全要素生产率两个年度分别提高了 1.1％和1.7％，其中 2017—2018 年的提高是技术进步的变化降低 0.3％和技术效率的变化提高 1.4％造成的，2018—2019 年的提高是技术进步的变化贡献的 3.2 个百分点和技术效率的变化降低了 1.5％造成的。

　　（6）2019—2020 年，水稻全要素生产率的均值为 0.957，降低了 4.3％，这个降低是由技术进步的变化降低 5.6％以及技术效率的变化提高 1.3％共同所致。

（四）不同区域水稻生产效率的比较

　　按照钟甫宁等（2007）关于水稻生产的分区，将水稻生产分成如表 4-7 所示的 6 个区域。通过对这 6 个区域进行分析，探究全要素生产率变化的区域差异。计算结果如表4-8所示。

表4-7 我国水稻主产省份的区域划分

区域	省份
东北区	辽宁、吉林、黑龙江
长江中下游区	江苏、安徽、湖北
南方区	浙江、福建、江西、湖南、广东、广西、海南
西南区	重庆、四川、贵州、云南
北方区	河北、山东、河南
西北区	内蒙古、陕西、宁夏

东北区包括3个省份，2001—2020年全要素生产率动态变化的平均值为1.004，这意味着全要素生产率提高了0.4%，高于23个省份的平均值0.985，进一步验证了东北区全要素生产率的提高高于全国平均水平，其来源主要是技术进步变化的贡献，它上升了0.4%，技术效率的变化没有贡献。

长江中下游区包括3个省份，全要素生产率动态变化的平均值为0.983，这意味着水稻全要素生产率下降了1.7%，略低于23个水稻生产省份水稻全要素生产率动态变化的均值0.985。

南方区包括7个省份，2001—2020年，其水稻生产的全要素生产率动态变化的平均值为1.009，高于全国的平均水平，这意味着南方区的全要素生产率在2001—2020年提高了0.9%。这主要来源于技术进步的变化提高了0.8%和技术效率的变化提高了0.1%。该地区实现了技术进步的变化和技术效率的变化同时提高。

西南区包括4个省份，2001—2020年，其水稻生产的全要素生产率动态变化的平均值为0.924，低于全国的平均水平0.985，这说明西南区的全要素生产率在2001—2020年降低了7.6%。这主要是技术退步造成的，其拖累了7.4个百分点。

表 4－8　2001—2020 年我国水稻分区域的全要素生产率变化

区域（23）	TFPCH	TECHCH	EFFCH	PECH	SECH
东北区（3）	1.004	1.004	1.000	0.999	1.000
长江中下游区（3）	0.983	0.985	0.997	1.000	0.997
南方区（7）	1.009	1.008	1.001	1.003	0.999
西南区（4）	0.924	0.926	0.999	0.999	1.000
北方区（3）	1.001	0.992	1.009	1.003	1.006
西北区（3）	0.976	0.971	1.004	1.002	1.002

北方区包括 3 个省份，2001—2020 年其全要素生产率动态变化的平均值为 1.001。这说明在 2001—2020 年，北方区水稻全要素生产率提高了 0.1％。这主要是由技术效率的变化形成的，其贡献了 0.9 个百分点，相反，技术进步的变化拖累了 0.8 个百分点。

西北区包括 3 个省份，2001—2020 年的全要素生产率动态变化的平均值为 0.976，这说明此期间水稻全要素生产率降低了 2.4％，低于全国平均水平。按照均值分解，其下降主要是技术退步所致，其拖累了 2.9 个百分点。

2001—2020 年我国水稻各项生产效率指标如表 4－9 所示。

表 4－9　2001—2020 年我国水稻各项生产效率指标

年份	综合技术效率	纯技术效率	规模效率	全要素生产率变化	技术进步变化	综合技术效率变化	纯技术效率变化	规模效率变化
2001	0.913	0.946	0.965	—	—	—	—	—
2002	0.920	0.956	0.962	0.996	0.985	1.011	1.012	0.999
2003	0.948	0.974	0.973	1.010	0.978	1.032	1.022	1.010
2004	0.920	0.941	0.978	1.066	1.104	0.965	0.961	1.005
2005	0.939	0.953	0.985	0.895	0.874	1.024	1.015	1.009
2006	0.961	0.970	0.991	0.950	0.926	1.026	1.020	1.006
2007	0.957	0.981	0.976	0.995	0.999	0.996	1.013	0.983
2008	0.919	0.957	0.960	0.869	0.907	0.958	0.974	0.984
2009	0.927	0.959	0.967	1.005	0.996	1.009	1.001	1.008
2010	0.959	0.951	1.008	0.942	0.965	0.976	0.993	0.983
2011	0.931	0.966	0.964	0.999	0.970	1.029	1.016	1.013

（续）

年份	综合技术效率	纯技术效率	规模效率	全要素生产率变化	技术进步变化	综合技术效率变化	纯技术效率变化	规模效率变化
2012	0.942	0.972	0.969	1.013	0.999	1.014	1.006	1.008
2013	0.909	0.955	0.952	0.965	1.001	0.964	0.981	0.982
2014	0.941	0.972	0.968	1.043	1.006	1.037	1.020	1.017
2015	0.923	0.947	0.975	1.032	1.060	0.973	0.968	1.005
2016	0.928	0.960	0.967	0.976	0.965	1.011	1.018	0.994
2017	0.924	0.949	0.974	0.966	0.971	0.995	0.988	1.007
2018	0.935	0.962	0.972	1.011	0.997	1.014	1.014	0.999
2019	0.923	0.962	0.959	1.017	1.032	0.986	1.000	0.985
2020	0.936	0.965	0.970	0.957	0.944	1.013	1.003	1.010
平均值	0.933	0.960	0.972	0.985	0.983	1.002	1.001	1.000

第二节　水稻绿色全要素生产率的实证分析

"十三五"规划明确提出，要广泛形成绿色生产生活方式，碳排放达峰后稳中有降，生态环境根本好转，美丽中国建设目标基本实现。推进农业现代化是转变农业生产方式、实现绿色发展的主要路径。传统的发展方式依靠要素投入和资源消耗，对自然环境造成严重破坏，不利于农业的可持续发展。研究农业的全要素生产率可以为转变生产方式提供思路。

一、问题的提出

随着城镇化进程的加快，农村劳动力大量向城市转移，造成农村人力资本不足，而且目前农村老龄化的问题日趋严重，各种农业生产资料、土地资金、农业劳动力的价格不断攀升，只能依靠提高全要素生产率来转变生产方式。此外，由于不合理施用化肥，造成严重的环境污染、生态失衡等农业环境问题，对农业可持续发展的影响越来越大。在构建社会主义生态文明，提倡人与自然和谐、可持续发展的主题下，基于绿色视角研究水稻全要素生产率具有重要的理论和实践意义。走生态健康的发展道路，推进乡村绿色发展，打造人与自然和谐共生的发展新格局，符合当代强调绿色高效的理念。因此，有必要研究水稻绿色全要素生产率并探讨其影响因素。

二、研究回顾

水稻绿色全要素生产率的研究关键在于，如何在度量水稻产量增加的基础上，衡量非期望产出对生产效率的影响，不同学者采用了不同的模型进行测度与分析。为探索不同稻作制度下水稻生产碳排放效率的演化趋势与异同，刘勇（2018）利用碳排放核算和 DEA-SBM 模型的方法研究表明，对 2002—2014 年我国水稻主产省份的碳排放效率进行研究。结果表明，相比于考虑"非期望产出"的 DEA-SBM 模型，传统的 DEA-CCR 模型存在对农业碳排放效率高估的问题。在研究期间，尽管我国大部分种植水稻的省份和直辖市未达到帕累托最优，但其碳排放效率呈现不断提高的趋势。进一步地，将水稻划分为早、中、晚三季水稻分别计算碳排放的效率值显示，稻作制度影响水稻生产的碳排放效率，种植单季稻（中稻）的碳排放效率明显要高于种植双季稻（早稻和晚稻）。

一些学者采用修正的非径向 SBM 模型，划区域分时段地考察了我国水稻生产效率的动态变化并分析其变化的特点和趋势。在此基础上剖析影响生产效率、技术效率、技术进步的因素进而探讨增强我国水稻生产效率及技术进步的路径。孙小均（2020）基于 2004—2017 年我国水稻主产省份的统计数据，利用非期望产出 SBM 模型及 ML 指数，分别测算不同稻类主产地化肥碳减排前后的环境技术效率与环境全要素生产率。结果表明，研究期内水稻单位面积平均化肥削减量及其氮磷钾肥平均削减潜力总体较大，但中稻整体未过量施肥。化肥碳减排后四类水稻的 ML、MLEFFCH 与 MLTECH 指数整体高于 1.000，部分地区的 MLEFFCH 与 MLTECH 指数明显上升。这既说明化肥碳减排有助于农资投入结构优化，实现水稻的效率改进及其生产边界的扩张，又说明实施水稻化肥碳减排是有效的。

化肥农药和农膜投入等被研究认为是影响水稻生产绿色全要素生产率的重要因素。例如郭斯华（2018）以早籼稻为研究对象，结合江西农户 2015—2017 年早籼稻生产数据，运用 SBM 模型对投入、产出变量进行数据包络分析并测算各农户的生产效率。随后，采用面板 Tobit 模型对早籼稻生产效率的影响因素进行了分析。研究表明，近三年江西水稻绿色全要素生产率逐年下降；水稻生产在种子、化肥、农药和农膜投入方面存在效率损失的问题，劳动投入和劳动力工资对效率同样有显著的负面影响，而且不同地区之间的绿色效率损失存在明显差异。黄玛兰（2021）基于长江中游湖北省农户调研数据，利用生命周期评价方法、超效率 SBM 模型、熵值法、Tobit 和 OLS 回归等多种模型和方法，在理论分析基础上从多个角度就资本禀赋对水稻生产生态效率的影响进行研究。研究认为，农户综合资本禀赋提升有利于提升水稻生产生态效率。综合资本禀赋对水稻生产生态效率的提升效应主要得益于物质资本、社会资本和金融资本的正向影响。从物质资本、社会资本、金融资本等方面加强农户资本禀赋积累，以促进水稻生产方式绿色转型。

此外，部分学者研究了其他因素对水稻绿色全要素生产率的影响。张培文（2020）运用 DEA-SBM 模型测算和比较了不同社会化服务水平下农户水稻种植的环境技术效率。研究发现，农业社会化服务可以显著提高农户水稻生产的环境技术效率。但分环节来看存在一定的差异，农户使用整地服务、施肥服务以及打药服务均会显著提高农业环境技术效率，而育秧插秧服务和收割服务的提升作用并不显著。服务组织也可以缓解单个农户技术采纳面临的高风险、高成本以及技术管理能力不足等问题，带动农户使用绿色生产技术，对传统的化肥、农药的生产要素形成替代作用，从而减少农业污染。薛超（2017）利用 SBM 超效率模型，对污染排放约束下我国 2004—2014 年 23 个水稻生产省份的水稻生产用水效率进行测度分析，并通过 Tobit 模型实证分析影响水稻生产用水效率的影响因素，结果发现污染排放约束下很多省份的水稻用水效率没有达到生产的前沿面，各地区的水稻生产用水效率存在很大差异，总体上看各地区水稻用水效率呈现不断提升的趋势，从水稻生产区域来看，长江中下游地区的水稻生产用水效率最高，而华北地区的水稻生产用水效率一直最低，东北地区和西南地区的水稻生产用水效率年度波动较大。这些研究基于我国水稻产业绿色全要素生产率的提升。

三、理论和模型

本书采用基于 SBM 模型的 Malmquist 指数方法，分析我国水稻绿色全要素生产率的动态变化特征。Chung 和 FARE（1997）根据产出导向的方向距离函数在 Malmquist 指数的基础上推导出带有非期望产出的 M 指数，并命名为

Malmquist-Luenberger 指数，本书参考成钢（2004）的计算方法，直接使用非期望产出 SBM 的效率值套用 M 指数的方法来计算 ML 指数。

$$ML_c^{t+1} = MLEC_c \times MLTC_c \tag{4-7}$$

$$ML_c^{t+1}(x^t,\ y^t,\ z^t,\ x^{t+1},\ y^{t+1},\ z^{t+1}) =$$

$$\left[\frac{E_c^t(x^{t+1},\ y^{t+1},\ z^{t+1})}{E_c^t(x^t,\ y^t,\ z^t)} \times \frac{E_c^{t+1}(x^{t+1},\ y^{t+1},\ z^{t+1})}{E_c^{t+1}(x^t,\ y^t,\ z^t)}\right]^{1/2} \tag{4-8}$$

$$MLEC_c = \frac{E_c^{t+1}(x^{t+1},\ y^{t+1},\ z^{t+1})}{E_c^t(x^t,\ y^t,\ z^t)} \tag{4-9}$$

$$MLTC_c = \left[\frac{E_c^t(x^{t+1},\ y^{t+1},\ z^{t+1})}{E_c^{t+1}(x^{t+1},\ y^{t+1},\ z^{t+1})} \times \frac{E_c^t(x^t,\ y^t,\ z^t)}{E_c^{t+1}(x^t,\ y^t,\ z^t)}\right]^{1/2}$$

$$\tag{4-10}$$

四、样本、变量和数据

本书研究模型对样本和变量的选取有严格的要求，样本选取恰当与否，将对研究结果是否准确产生很大影响。

（一）样本的选取

不同的研究者选择的样本不同。陈超（2008）选择的样本包括了主产水稻的 16 个省份，并把分析区域相应划分为东北、长江中下游、华南和西南四大稻作区，即四大水稻主产区域。韦雪（2020）基于我国 18 个水稻生产省份的数据进行绿色全要素生产率的测算。刘勇（2018）选择样本时考虑了不同省份、不同稻作制度下水稻的碳排放效率，选取了 2002 年和 2006 年的 28 个决策单元，选择了 2010 年和 2014 年的 29 个决策单元。由于研究目标不同，本书选取了 23 个省份，选择的依据：一是有生产水稻的省份，二是投入产出数据可获得。

（二）投入产出变量的选择

投入产出变量的选择对 SBM-Malmquist 模型测算结果的精确性十分重要。本书把生产水稻的省份作为一个决策单元，研究其绿色全要素生产率，所依据的水稻生产函数决定了投入产出的变量选择。本书综合前人的研究成果，并依据数据的可获得性，对模型使用的投入产出指标进行选择（表 4-10）。

表 4 - 10 水稻生产效率的测算变量说明

指标	变量	变量说明
投入指标	土地投入	每亩土地成本（元）
	农用机械投入	每亩机械作业费（元）
	劳动投入	每亩用工数量（日）
	化肥投入	每亩化肥施用量（千克）
	种子投入	水稻种子使用量（千克）
期望产出	水稻产量	每亩水稻产量（千克）
非期望产出	碳排放量	每亩碳排放量（千克）
	面源污染量	每亩面源污染量（千克）

从总体上讲，本书所选择的研究样本和变量满足基于 SBM-Malmquist 模型方法的要求，可以精确地对我国水稻绿色全要素生产率进行计算。

（三）数据来源

本部分研究的数据来源与小麦研究部分相同，不再赘述。

五、水稻绿色全要素生产率结果分析

本书使用 Matlab R2021b 软件进行分析，在参数选择上，使用非期望产出的 SBM 模型，在运算过程中，基于规模报酬不变进行运算。

（一）水稻绿色全要素生产率总体变化特征

对生产水稻的 23 个省份 2001—2020 年绿色全要素生产率的均值变化研究与韦雪（2020）研究较为类似，故将本书与韦雪（2020）的研究结果进行比较，两者的绿色全要素生产率均值结果如表 4 - 11 所示。

总的看来，我国 23 个水稻生产省份 2001—2020 年绿色全要素生产率动态变化的均值为 1.052 2。这表明 2020 年较 2001 年绿色全要素生产率提高了 5.22%，这个结果大大高于韦雪（2020）降低 1.0%的结果。本书认为两者的差距在于研究选择的样本不同。韦雪（2020）选择了 18 个省份，而本书选择了 23 个省份。韦雪（2020）选择的期望产出为水稻总产量，非期望产出为化肥施用的总环境成本，与本书的选择不同。此外，本书选择的时间范围是 2001—2020 年，而韦雪（2020）选择的时间范围是 2004—2016 年，研究时间范围也存在差异。

表 4 - 11   2001—2020 年全国 23 个省份绿色全要素生产率均值结果

研究者	MLEFCH 均值	MLTECH 均值	ML 均值
本书	1.041 5	1.021 5	1.052 2
韦雪（2020）	1.008	0.982	0.990

根据绿色全要素生产率的均值分解结果可知，绿色全要素生产率提升 5.22% 是技术进步变化和技术效率变化共同作用的结果，其中技术效率变化提升 4.15%，技术进步变化提升 2.15%。该结论与韦雪（2020）的研究存在差异。其研究结果表明，绿色全要素生产率的下降主要是由技术退步造成的，技术效率的变化有一定程度的提升。我国水稻绿色全要素生产率受到技术进步变化和技术效率变化的共同影响。这也表明，我国在推动水稻生产绿色技术进步的前提下，注重对投入技术的推广水平进行充分挖掘，技术进步和技术应用效率同时得到提高。

（二）不同省份绿色全要素生产率的分布特征

如表 4 - 12 所示，本书所选择的 23 个省份中，2001—2020 年绿色全要素生产率在哪些省份有所提升，哪些省份未提升？受技术进步变化影响的有多少个省份？受技术效率变化影响的省份又有多少？这些问题的解决对于了解不同省份的效率分布特征，进而明确各个省份的努力目标至关重要。

表 4 - 12   全国 23 个省份绿色全要素生产率均值基本统计特征

指标	最小值	最大值	均值	标准差	大于 1 个省份的个数（个）	有效省份比例（%）
MLEFCH	0.981 1	1.175 8	1.041 5	0.055 2	17	73.91
MLTECH	0.927 4	1.074 9	1.021 5	0.036 0	16	69.57
ML	0.945 1	1.202 2	1.052 2	0.068 0	18	78.26

如表 4 - 12 所示，绿色全要素改善的省份有 18 个，占总数的 78.26%，说明 2001—2020 年，我国许多水稻生产省份的水稻经济是伴随绿色全要素生产率的增长而增长的，并非只是投入型的增长。其中，增长最大的省份其绿色全要素生产率提升 20.22%，增长最小的为 −5.49%，离散程度较大，说明我国各个省份的绿色全要素生产率增长程度并不均匀，个体差异较大。取得水稻技术进步变化指标提升的省份有 16 个，占省份总数的 69.57%，而凭借技术效率变化取得绿色全要素生产率增长的省份有 17 个，占省份总数的 73.91%。这也

进一步印证了前面分析的，绿色全要素生产率的增长来源于技术进步变化和技术效率变化双重推动的结论。

分两种类型来统计绿色全要素生产率得到改善的 18 个省份的绿色全要素生产率及其分解效率的分布特征，即技术进步得到改善和技术效率得到改善的省份的分布情况，如表 4 - 13 所示。

表 4 - 13　ML 改善的省份中按来源分布

项目	ML 改善总数（个）	所占比例（%）
$MLEFCH>1$	15	83.33
$MLTECH>1$	15	83.33
两者>1	12	66.67

直观看来，在绿色全要素生产率得到改善的 18 个省份中，有 15 个省份实现了技术进步变化指标的改善，占改善总数的 83.33%；有 15 个省份实现了技术效率变化指标的改善，同样占绿色全要素生产率改善总数的 83.33%；技术进步和技术效率同时改善的有 12 个省份，占绿色全要素生产率改善总数的 66.67%。

如表 4 - 14 所示，在绿色全要素生产率未改善的 5 个省份中，有 4 个省份技术进步未得到改善，占未改善总数的 80%，有 3 个省份技术效率未得到改善，占到未改善总数的 60%；有 2 个省份受到技术效率和规模效率的共同拖累，占未改善总数的 40%。这说明，我国 2001—2020 年，绿色全要素生产率未改善是技术效率和技术进步共同拖累的结果。

表 4 - 14　ML 未改善的省份中按来源分布

项目	ML 未改善总数（个）	所占比例（%）
$MLEFCH<1$	3	60
$MLTECH<1$	4	80
两者<1	2	40

综上所述，2001—2006 年，我国水稻生产的整体绿色全要素生产率提升 5.22%，主要受技术进步变化的提升和技术效率变化的提升双重作用。在我国水稻绿色全要素生产率提升的省份中，有 80% 受到技术进步变化的拖累，有 60% 受到技术效率变化的拖累，有 40% 受到技术进步变化和技术效率变化的双

重作用。对绿色全要素生产率提升和未提升及其来源的省份数目进行分析，能够从整体上把握我国水稻生产省份不同效率的分布特征，为我国不同地区水稻经济发展提供努力方向。

（三）水稻绿色全要素生产率年度平均变化规律

2001—2020 年我国水稻生产的变化特征可以利用年度的省份平均值变化来描述。表 4-15 和图 4-2 详细给出了 2001—2020 年绿色全要素生产率及其分解的均值结果。总的看来，2001—2020 年，水稻绿色全要素生产率呈现上升趋势，并且呈现波动上升的过程。2001—2020 年，水稻绿色全要素生产率呈现阶段式差异化增长特征。

表 4-15 2001—2020 年全国 23 个省份水稻绿色全要素生产率均值结果

年度	ML	MLEFCH	MLTECH
2001—2002	1.074 8	1.059 9	1.014 0
2002—2003	1.081 4	1.079 7	0.997 1
2003—2004	1.351 1	1.001 7	1.442 3
2004—2005	0.957 3	1.068 6	0.895 1
2005—2006	1.075 5	1.138 2	0.957 3
2006—2007	1.040 9	1.000 0	1.045 3
2007—2008	0.883 6	0.939 2	0.949 4
2008—2009	1.037 6	1.023 1	1.014 5
2009—2010	0.904 5	0.974 3	0.930 7
2010—2011	1.109 8	1.148 6	0.971 4
2011—2012	1.056 8	1.059 9	1.000 3
2012—2013	0.911 5	0.860 7	1.060 1
2013—2014	1.315 3	1.287 4	1.024 7
2014—2015	1.105 4	1.028 0	1.089 6
2015—2016	1.009 2	1.033 2	0.975 8
2016—2017	0.986 5	0.987 3	0.999 7
2017—2018	1.050 4	1.047 1	1.004 8
2018—2019	1.066 3	0.967 9	1.116 9
2019—2020	0.974 5	1.084 2	0.918 6
平均值	1.052 2	1.041 5	1.021 5

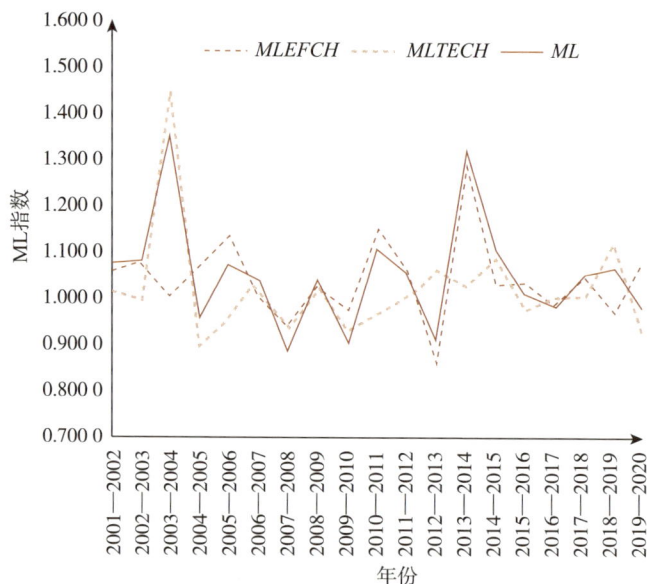

图 4-2　水稻生产的 ML 指数均值及其分解变动趋势

（1）2001—2004 年，水稻绿色全要素生产率呈现稳定上升的趋势。ML 指数分别是 7.48%、8.14% 和 35.11%。2001—2004 年技术效率均提高，而技术进步的变化在 2002—2003 年有小幅下降，但总体上说，ML 指数的提升是由技术进步和技术效率共同作用的结果。

（2）2004—2005 年，ML 指数的均值为 0.957 3，形成一个明显的波谷。这意味着 2004—2005 年，水稻绿色全要素生产率下降了 4.27%，这个是由技术退步造成的，而这一年度技术效率呈现增长的趋势。

（3）2005—2008 年，ML 指数呈现下降趋势。在此期间，技术效率的变化也呈现下降趋势，而技术进步却呈现出先上升后下降的过程。

（4）2008—2009 年，ML 指数为 1.037 6，形成一个明显的波峰。在这一年度，水稻生产的绿色全要素生产率提升了 3.76%。ML 指数的提升来源于技术效率提升 2.31% 和技术进步提升 1.45%。

（5）2009—2012 年，ML 指数持续提升，ML 值分别为 0.904 5、1.109 8 和 1.056 8，2010—2012 年主要是技术效率的提升导致的。

（6）2012—2013 年，ML 指数为 0.911 5，形成一个明显的波谷，这是由技术效率的下降导致的。

（7）2013—2017 年，水稻生产的 ML 指数呈现出下降的趋势，在 2013—2014 年形成一个波峰，然后持续下降，其均值分别为 1.315 3、1.105 4、1.009 2、0.986 5。这期间 ML 指数的下降是技术效率的下降所造成的。技术进步呈现一种波动态势。

（8）2017—2019 年，水稻生产绿色全要素生产率变化呈现上升的趋势。ML 指数分别为 1.050 4 和 1.066 3。在这期间，技术进步都得到提升，而技术效率在 2018—2019 年下降，下降了 3.21%，说明技术进步成为绿色全要素生产率提升的主要推动力量。

（9）2019—2020 年，ML 指数为 0.974 5，意味着这一年度绿色全要素生产率下降了 2.55%，主要是由于技术进步的下降，其拖累了 8.14%。

韦雪（2020）的分析表明，2004—2016 年我国的水稻绿色生产率指数（ML 指数）均值小于 1，技术进步是水稻绿色生产率提高的主要驱动力。这与本书的结论存在差异，主要因为在推进经济高质量发展阶段，更重视技术进步及技术进步绿色化，因此水稻产业有提高技术进步的偏向性。

（四）分区粮食生产效率特征

按照钟甫宁（2007）的研究，将水稻生产分为 6 个区（表 4 - 16）。分析 6 个区的绿色全要素生产率动态变化均值及其分解变量的均值。

表 4 - 16　我国水稻主产省份的区域划分

区域	省份
东北区	辽宁、吉林、黑龙江
长江中下游区	江苏、安徽、湖北
南方区	浙江、福建、江西、湖南、广东、广西、海南
西南区	重庆、四川、贵州、云南
北方区	河北、山东、河南
西北区	内蒙古、陕西、宁夏

如表 4 - 17 所示，在水稻生产的 6 个区域中，只有西南区的绿色全要素生产率有所下降，其他地区都有较为明显的提升。

东北区包括辽宁、吉林和黑龙江 3 个省，在 2001—2020 年，绿色全要素生产率的动态变化的平均值为 1.036 1，低于全国的平均值 1.052 2，这说明东北地区的水稻绿色全要素生产率动态变化低于全国的平均水平，主要受到技术进步变化和技术效率变动的影响，技术进步变化和技术效率变化的均值都低于全国平均水平。在这 3 个省中，只有辽宁省的绿色全要素生产率变化高于全国平均水平，黑龙江和吉林的绿色全要素生产率虽然都取得了提升，但是提升水平低于全国平均水平。

表 4 - 17　2001—2020 年我国各水稻分区域的绿色全要素生产率变化

区域（23）	ML	MLEFCH	MLTECH
东北区（3）	1.036 1	1.018 7	1.016 0
长江中下游区（3）	1.006 8	0.998 0	1.015 2
南方区（7）	1.051 3	1.025 4	1.044 0
西南区（4）	0.995 4	1.021 3	0.972 2
北方区（3）	1.141 7	1.117 1	1.034 3
西北区（3）	1.102 3	1.096 9	1.033 4

长江中下游地区包括江苏、安徽和湖北三省。2001—2020 年绿色全要素生产率动态变化的均值为 1.006 8，这意味着绿色全要素生产率提升了 0.68%，显著低于全国平均水平（5.22%）。主要受到技术进步和技术效率的双重影响，其中技术效率影响较大，在 2001—2020 年，技术效率下降了 0.2%。在这 3 个省中，只有安徽的水稻绿色全要素生产率得到提升，其他两个省都有不同程度的下降，因此，也负向影响了该地区水稻生产绿色全要素生产率的发展。

南方区包括浙江、福建、江西、湖南、广东、广西、海南 7 个省份。在 2001—2020 年，绿色全要素生产率动态变化的均值为 1.051 3，这意味着该区绿色全要素生产率提升了 5.13%，与全国平均水平相近。在该地区中，ML 指数提升最大的省份是湖南，其绿色全要素生产率动态变化的均值为 1.142 1，提升了 14.21%，是技术效率（9.80%）和技术进步（4.93%）共同作用的结果。在这 7 个省份中，提升程度最低的是浙江，其动态变化的均值为 1.014 8。浙江省绿色全要素生产率的提升是技术进步和技术效率共同作用的结果。

西南区包括重庆、四川、贵州、云南 4 个省份。2001—2020 年，绿色全要素生产率的动态变化的均值为 0.995 4，这意味着在此期间水稻绿色全要素生产率下降了 0.46%，降低了 0.46 个百分点。这种下降主要是技术退步的结果；而技术效率在四川、贵州、云南 3 个省份中得到了提升，其中，提升最大的省份是云南，提升最小的是四川。

北方区包括河北、山东、河南 3 个省份。2001—2020 年的绿色全要素生产率的动态变化均值为 1.141 7，这意味着 2001—2020 年，这个三个省的绿色全要素生产率动态提升的均值为 14.17％，这是技术效率变化提升 11.71％和技术进步变化提升 3.43％的结果。在这 3 个省中，提升最大的是河北，2001—2020 年，其绿色全要素生产率动态变化的均值为 1.202 2，这意味着在 2001—2020 年其绿色全要素生产率提升的动态均值为 20.22％。提升程度最低的是河南，其水稻绿色全要素生产率为 1.108 6，2001—2020 年，其水稻生产的绿色全要素生产率提升了 10.86％。

西北区包括内蒙古、陕西、宁夏 3 个省份。2001—2020 年，绿色全要素动态生产率动态变化的均值为 1.102 3，这意味着 2001—2020 年，绿色全要素生产率提升了 10.23％，这种提升来自技术效率提升 9.69％和技术进步提升 3.34％，这种全要素生产率的提升是技术进步和技术效率双重影响的结果。在这 3 个省份中，绿色全要素生产率提升程度最高的省份是宁夏，其绿色全要素生产率动态变化的均值为 1.196 3，提升程度最低的是陕西，其绿色全要素生产率动态变化均值为 1.001 9（表 4 - 18）。

表 4 - 18　我国 23 个省份的绿色全要素生产率变化均值的空间分布

省份	ML	MLEFCH	MLTECH
河北	1.202 2	1.175 8	1.054 7
内蒙古	1.108 6	1.127 1	1.036 5
辽宁	1.083 0	1.053 3	1.036 6
吉林	1.023 0	1.005 4	1.007 1
黑龙江	1.002 4	0.997 3	1.004 4
湖北	0.984 7	0.981 1	1.002 3
安徽	1.057 6	1.015 5	1.062 5
江苏	0.978 0	0.997 3	0.980 6
浙江	1.014 8	1.012 9	1.033 5
福建	1.021 0	0.991 8	1.051 1
湖南	1.142 1	1.098 0	1.049 3
广东	1.060 7	1.000 9	1.074 9
广西	1.018 0	0.995 7	1.036 6

（续）

省份	ML	MLEFCH	MLTECH
海南	1.048 4	1.055 5	1.022 4
江西	1.054 1	1.023 2	1.040 1
山东	1.114 2	1.118 8	0.996 7
河南	1.108 6	1.056 7	1.051 5
重庆	0.987 4	0.999 4	0.987 5
四川	0.990 6	1.002 4	0.988 1
贵州	0.945 1	1.027 2	0.927 4
云南	1.058 4	1.056 2	0.985 7
陕西	1.001 9	1.017 9	0.990 5
宁夏	1.196 3	1.145 6	1.073 3
均值	1.052 2	1.041 5	1.021 5

第五章
基于效率的我国玉米生产高质量发展研究

本章主要从定量分析的角度，测算出玉米生产的全要素生产率和绿色全要素生产率。在此测算结果的基础上，对不同时间和地区我国玉米生产的高质量发展进行比较分析，从而指出我国玉米未来生产的高质量发展路径。

第一节　玉米全要素生产率的实证分析

因为经济效益和市场条件较好，玉米在我国广泛种植，在种植面积和产量上都超过了水稻和小麦，是关系国家粮食安全的重要作物，其生产问题受到各界的高度重视。

一、问题的提出

玉米作为我国三大粮食作物之一，在国家粮食安全战略中具有举足轻重的地位。然而，由于自然灾害频繁、耕地退化严重、饲料粮需求增加及进口激增对国内市场的影响，如何通过调整玉米生产保障粮食安全成为国际与国内社会关注的焦点问题。目前，我国玉米播种面积的提升空间已十分有限，加之生产资料价格上涨引起成本增加，使得单纯依靠加大要素投入来提高产量受到越来越多的限制，也使得依靠技术进步提高全要素生产率成为玉米产量增加的主要动力。

随着畜牧业、玉米加工业的快速发展，玉米产业链被不断延长，玉米经济发展已经成为影响国民经济发展的重要因子。玉米生产作为玉米经济的基石，其增长不仅关系着粮食安全，还会影响整个玉米产业的发展，甚至会影响整个国民经济的发展。因此，玉米产量增长问题是农业技术经济研究领域关注的重要课题，也得到了农业技术经济研究专家的密切关注，并且取得了比较丰富的研究成果，如张雪梅（1999）和张越杰（2002）等对玉米生产技术效率和技术进步进行了研究。刘树坤等（2005）、陈卫平（2006）和杨春等（2007）对我国玉米产量增长与全要素生产率问题进行了研究。丁岩等（2008）对辽宁、吉林两省的玉米全要素生产率进行了比较研究等。但是总体上，学术界对玉米生产问题的研究多集中在全国层面，缺少对玉米主产区，特别是对主产省份的玉米全要素生产率的研究，这与玉米主产区的玉米生产地位是不相称的。虽然已有研究也得出了一些有益的结果，但是由于研究的时效性特别是随着研究理论的进展和研究方法的改进，所以需要深入系统地考察，才能有利于指导玉米生产实践。

粮食产量的增长，要有与之相当的生产率的增长，生产率的增长是资源利用效率的提升（不是依靠要素投入的增长），是靠技术进步推动生产率增长，这对于我国改革开放后粮食产业的转型发展具有十分重要的意义，关系粮食产业发展的可持续性和健康性。玉米是重要的粮食作物，对于我国粮食产业发展具有十分重要的意义。目前研究玉米全要素生产率的文献相对较多，研究结论差异较大，因此，本书结合 2001—2020 年玉米生产的面板数据，测算玉米的全要素生产率及其演变趋势。试图揭示玉米产量的增长是单纯资源投入的结果，还是生产效率提高的结果，或者二者兼具？在玉米产业的发展过程中，其效率变化的趋势呈现什么形态？玉米全要素生产率的增长要素构成中，哪些是值得重视的？这些理论与实证分析，对我国在玉米生产效率提升过程中的资源配置和区域政策具有十分重要的参考意义。本书在这些问题的引导下，对玉米全要素生产率进行动态实证分析，揭示了我国玉米生产全要素生产率的变化及其变化因素来源，为进一步健康、可持续、有效推进玉米生产效率的提升提供参考（图 5-1）。

二、研究回顾

现有文献中，有关我国玉米生产的相关研究众多，本书重点围绕玉米生产和全要素生产率的关系进行总结梳理。

一些学者的研究认为，玉米生产的全要素生产率主要受到技术效率的影响，但是玉米生产的技术效率在不同地区有所差异。分地区来看，玉米生产技术效率由高到低的省份依次为山西、黑龙江、山东和河南，很多省份具有较大的提升潜力（崔钊达，2021）。佟光霁（2022）运用数据包络分析（DEA）模型，分析测算了山东、安徽、河南、辽宁 4 个省份玉米种植新型农业经营主体

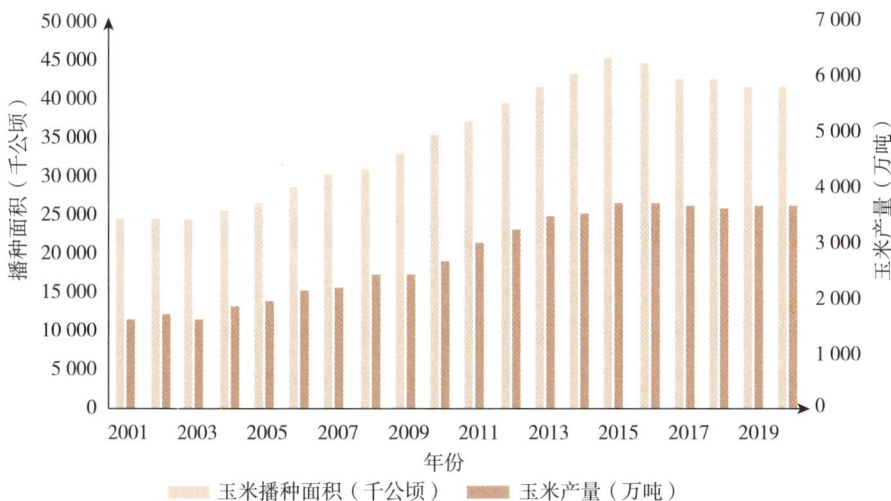

图 5-1 2001—2020 年我国玉米生产基本情况
资料来源：国家统计局。

的玉米生产全要素生产率，并通过 Tobit 模型分析新型农业经营主体效率差异的影响因素。结果表明，河南省新型农业经营主体玉米平均全要素生产率最高，山东省新型农业经营主体玉米平均全要素生产率最低。分主体类型看，农业企业的玉米全要素生产率最高，其次是农民专业合作社、家庭农场，专业大户的平均全要素生产率相对最低。生产经营特征中机械化深度在 1% 显著性水平下对玉米生产效率存在正向影响，新型农业经营主体的年龄对玉米生产效率存在正向影响。顾冬冬（2020）基于河南省 511 份农户的调研数据，运用超越对数随机前沿生产函数对不同兼业程度玉米种植户的技术效率进行了测算，并采用 Tobit 模型实证研究了兼业等因素对技术效率的影响。结果表明，样本农户平均技术效率为 0.773，不同兼业水平技术效率为纯农户＞Ⅰ兼户＞Ⅱ兼户＞非农户；受教育程度、农业技能培训、农地涵养水源等对技术效率有正向影响；兼业、外包程度等对技术效率有负向影响。因此，一方面应鼓励纯农户和Ⅰ兼户成为专业玉米种植大户，Ⅱ兼户和非农户尽快离农；另一方面应加大农户玉米种植技能培训，加强玉米种植地块水利设施建设，加快玉米科技研发进程。

一些学者认为区域和复种模式都能影响玉米的全要素生产率。陈宏伟（2022）基于 2007—2018 年 6 个省份的面板数据，运用 SBM-DEA 和 Fare-Primont 模型从静态和动态视角对冬小麦-夏玉米复种模式的技术效率和全要素生产率的空间分布和时序变动特征进行测算及比较。研究发现，冬小麦-夏玉米复种模式的平均技术效率和全要素生产率水平值分别为 0.793 和 0.744；机械投入、农药投入和水资源投入的平均冗余率较高，分别为 28.693％、26.670％和 21.578％。剩余混合效率即投入产出混合比例优化是造成冬小麦-夏玉米全要素生产率地区差异的主要原因；冬小麦-夏玉米复种模式的全要素生产率波动中小幅上升，技术进步、技术效率和剩余混合效率是主要影响因素。张永强（2018）基于我国 20 个玉米生产省份 2004—2015 年的面板数据，运用超越对数函数模型测算出全国范围以及各省份玉米生产中的化肥投入效率，并利用 Tobit 模型进一步对全国范围、东部、中部、西部地区化肥投入效率影响因素进行分析比较。研究结果表明，全国玉米生产效率均值为 0.754，化肥投入效率均值为 0.448，节肥潜力巨大；我国玉米种植规模、化肥价格、农业补贴与玉米化肥投入效率显著正相关，而农业保护政策与玉米化肥投入效率显著负相关。分区域而言，东部地区化肥价格与化肥投入效率正相关，玉米种植规模与化肥投入效率负相关；中部地区化肥价格、农业补贴与化肥投入效率正相关，非农劳动就业率与化肥投入效率负相关；西部地区化肥价格与玉米化肥投入效率正相关，农业保护政策与玉米化肥投入效率负相关。

赵贵玉（2009）以我国玉米主产区吉林省为例，基于非参数 HMB 指数方法和参数 K-L 随机前沿生产函数方法，采用 1991—2005 年投入产出的面板数据，对玉米生产的全要素生产率进行实证分析。结果表明，主产区的玉米全要素生产率（TFP）变动具有周期性的变化特点，每一周期技术进步、技术效率、规模效率和混合效率对玉米全要素生产率变动的作用不同；分区综合结果显示，黄金边缘区玉米生产率的增长幅度最高，黄金玉米主产区玉米生产率的增长幅度次之，非主产区玉米生产率的增长幅度最低。今后为促进主产区玉米全要素生产率增长应采取促进技术进步、挖掘主产区潜力等措施。李文（2020）通过分析我国玉米的投入产出，以期为提高玉米生产效率提供启示。运用传统 CCR 效率模型和 DEA 交叉效率模型来评估我国玉米主产区玉米的全要素生产率，并且进一步运用聚类分析对玉米生产的投入规模进行分类。传统 CCR 效率模型只能将决策单元分为两大类：生产效率有效和无效。运用 DEA 交叉效率模型能将全部有效的单元进行有效排序，表明我国玉米的全要素生产率整体状况并不理想，进一步运用聚类分析将投入规模相似但生产效率迥异的省份分为一组。我国玉米生产目前没有完全有效的省份，都存在提升的空间。

而且玉米的生产效率与其投入规模并不成正比。对于全要素生产率较低的省份，可以用具有相似投入规模的高效省份为标杆来调整玉米生产的投入结构，这将有助于总产出的增加和效率的提升。

此外，技术进步和农业机械服务等因素通常被认为会影响玉米全要素生产率。丁琪（2021）通过利用 2004—2018 年我国 20 个省份玉米投入产出面板数据，运用 DEA-Malmquist 方法，分析研究阶段内我国玉米全要素生产率的变化、空间差异及玉米生产过程中投入产出冗余情况，同时使用 Tobit 模型分析影响我国玉米全要素生产率的主要因素。研究结果表明，技术进步是促进我国玉米全要素生产率增长的主要因素，综合技术效率的提升影响较小，其主要依赖于规模效率的增长；我国玉米生产综合技术效率总体呈现北方春播玉米区＞西北灌溉玉米区＞黄淮海夏播玉米区＞西南山地玉米区；其中山西、辽宁、山东、湖北、云南、陕西、甘肃均存在产出不足或投入冗余现象；农业机械总动力、受灾面积及地区差异对玉米生产技术效率影响显著。张丽娜（2018）基于 DEA 模型、Malmquist 指数法以及 ESDA 分析法，分析了 2005—2015 年我国 20 个主产省份玉米生产综合技术效率与全要素生产率变化的时空特征。结果表明：①2005—2015 年，玉米全要素生产率平均下降 6.7％，其增长显著依赖于技术进步。②各省份全要素生产率的差异主要受农业生产方式（技术运用等）、经营规模及农业生产占比等的影响。缺乏区域适用的先进生产技术或技术未得到有效投入，推广运用时会导致玉米全要素生产率降低。③玉米生产各个投入要素均存在不同程度的松弛，配置不合理，均有可节约的空间。玉米生产全要素生产率呈现集聚性，11 年间空间差异扩大。少部分区域存在显著的正相关关系，主要集中在北方地区与黄淮海地区，呈现明显的空间集聚特征。

潘经韬（2020）利用面板随机前沿模型测算 2004—2017 年我国玉米主产区的玉米全要素生产率，并运用面板 Tobit 模型实证分析农业机械化服务对玉米全要素生产率的影响。研究结果表明：①我国玉米全要素生产率整体上呈现增长趋势，玉米生产的效率损失从 2004 年的 25.50％减少到 2017 年的 23.40％。②农业机械化服务的供给水平和使用水平均对玉米全要素生产率具有正向影响，且分别通过 10％和 1％水平的显著性检验。提高玉米全要素生产率，可以通过加大对农业机械化服务组织的扶持力度、推进农业生产全程机械化服务和发展农业服务规模经营等对策实现。姜宇博（2019）通过对现有文献研究结果的归纳与分析，得出自然环境、种植规模、机械化水平、播种质量、施肥水平是玉米全要素生产率的主要影响因素，开展适度规模经营和农机农艺相结合是现阶段提升我国玉米生产效率的主要途径。

张梅（2021）研究认为，利用黑龙江省 318 户农户调研样本，采用 DEA-PSM 方法测算单项及组合型玉米产中生产技术社会化服务对全要素生产率的影响。结果表明，除免耕单项技术服务外，其他单项和组合型玉米产中生产技术社会化服务都可以显著提高全要素生产率，提升效率水平为 8%～16%。不同玉米产中生产技术社会化服务对全要素生产率的影响效应存在差异，单项技术服务中，测土配方施肥技术服务对全要素生产率提升作用最突出；两项技术服务组合中，测土配方施肥＋绿色防控技术服务组合对效率提升作用高于其他组合；三项技术服务组合对玉米全要素生产率提升最为显著。刘念（2017）采用 DEA-Malmquist 指数法测算 2002—2013 年我国玉米全要素生产率（TFP），从年际和省际两个方面分析我国玉米 TFP 变动，用多阶段 DEA 分析方法测量 2002—2013 年各省份玉米综合技术效率（Te），以 2013 年为例探讨如何将无效 DEA 决策单元进行投影实现相对有效，并测算松弛量的调整。结果表明，各年度我国玉米 TFP 差异较大，目前全国玉米生产率已经呈现出停滞甚至下降的状态。玉米 TFP 较高的省份主要分布在东北和西北玉米产区，而华中和西南玉米产区 TFP 值相对较低。用多阶段 DEA 计算 2013 年各省份玉米综合技术效率发现，纯技术效率和规模效率较高的省份主要分布在一些玉米种植大省。新时期应重新规划玉米生产空间布局，技术效率优势显著区应继续加强技术要素的投入；规模优势缺乏区应适当降低玉米种植面积。玉米生产优势地区（如新疆维吾尔自治区、黑龙江省等）应继续发挥玉米种植优势，促进玉米增产提质；非玉米生产优势地区（如贵州省、云南省等）应考虑当地资源环境约束，适当缩减玉米生产规模，增加其他作物种植面积，并带动玉米及相关加工产业发展，将更有利于当地农业生产，促进作物结构调整，增加农户收入。

三、理论和模型

本书采用基于 DEA 模型的 Malmquist 指数的方法，分析我国玉米全要素生产率的动态变化特征。Malmquist 生产率指数是基于 DEA 模型的方法提出来的，利用距离函数的比例来计算投入产出效率。

传统的 CCR 和 BCC 模型只能横向比较决策单元在同一时点的生产效率，而 DEA-Malmquist 指数模型则可以测度决策单元在不同时期效率的动态变化。

因此，它可以分析面板数据，具有广泛的应用性。DEA-Malmquist 指数利用距离函数（E）进行运算，数学表现形式为：

$$MPI_I^t = \frac{E_I^t(x^{t+1}, \ y^{t+1})}{E_I^t(x^t, \ y^t)} \qquad (5-1)$$

$$MPI_I^{t+1} = \frac{E_I^{t+1}(x^{t+1}, \ y^{t+1})}{E_I^{t+1}(x^t, \ y^t)} \qquad (5-2)$$

为了把不同时期的技术水平都纳入考虑范围，取它们的几何平均：

$$MPI_I^G = (MPI_I^t MPI_I^{t+1})^{1/2} = \left[\frac{E_I^t(x^{t+1}, \ y^{t+1})}{E_I^t(x^t, \ y^t)} \times \frac{E_I^{t+1}(x^{t+1}, \ y^{t+1})}{E_I^{t+1}(x^t, \ y^t)}\right]^{1/2}$$

$$(5-3)$$

该生产率指数又可以分解为面向输入的效率变化（EFFCH）和技术效率变化（TECHCH），技术效率又可以分为规模效率变化（SECH）和纯技术效率变化（PECH）两部分。

$$MPI_I^G = (EFFCH_I)(TECHCH_I^G)$$

$$= \frac{E_I^{t+1}(x^{t+1}, \ y^{t+1})}{E_I^t(x^t, \ y^t)} \times \left[\frac{E_I^t(x^{t+1}, \ y^{t+1})}{E_I^t(x^t, \ y^t)} \times \frac{E_I^{t+1}(x^{t+1}, \ y^{t+1})}{E_I^{t+1}(x^t, \ y^t)}\right]^{1/2}$$

$$(5-4)$$

$$SECH = \left[\frac{E_{vrs}^{t+1}(x^{t+1}, \ y^{t+1})/E_{crs}^{t+1}(x^{t+1}, \ y^{t+1})}{E_{vrs}^{t+1}(x^t, \ y^t)/E_{crs}^{t+1}(x^t, \ y^t)} \times \right.$$

$$\left. \frac{E_{vrs}^t(x^{t+1}, \ y^{t+1})/E_{crs}^t(x^{t+1}, \ y^{t+1})}{E_{vrs}^t(x^t, \ y^t)/E_{crs}^t(x^t, \ y^t)}\right]^{1/2} \qquad (5-5)$$

$$PECH = \frac{E_{vrs}^{t+1}(x^{t+1}, \ y^{t+1})}{E_{crs}^t(x^t, \ y^t)} \qquad (5-6)$$

Malmquist 指数方法可以利用多种投入与产出变量进行效率分析，且不需要相关的价格信息，也不需要成本最小化和利润最大化等条件，更为重要的是它将生产率的变化原因分为技术变化与技术效率变化，并进一步把技术效率变化细分为纯技术效率变化与规模效率变化。因此，本书采用该指数测算玉米全要素生产率并进行分解分析。

四、样本、变量和数据

在数据的选择方面，本书从多源的渠道获得数据。

（一）样本选择

本部分选择我国玉米生产主要的 20 个省级单位作为研究样本。

（二）变量选择

投入产出变量如表 5 - 1 所示。

表 5 - 1　玉米生产效率的测算变量说明

指标	变量	变量说明
	土地投入	每亩土地成本（元）
	农用机械投入	每亩机械作业费（元）
投入指标	劳动投入	每亩用工数量（日）
	化肥投入	每亩化肥施用量（千克）
	种子投入	玉米种子使用量（千克）
产出变量	每亩玉米主产品产出	每亩玉米产量（千克）

（三）数据来源

数据来源同小麦和水稻，在此不再赘述。

五、玉米全要素生产率结果分析

本书使用 DEAP2.1 软件来计算 DEA-Malmquist 指数，分析采用投入导向（input-orientated）方式核算得到的结果。

（一）玉米全要素生产率总体变化特征

根据 20 个省级区域在 2001—2020 年的全要素生产率的均值变化和来源，本书的研究与张丽娜（2018）和刘念（2017）的研究较为类似，只是研究年份有所不同，故本部分将本书研究结果与二者的研究结果放在一起进行比较，三者的全要素生产率均值结果如表 5 - 2 所示。张丽娜（2018）使用的是 2005—2015 年的数据进行测算，刘念（2017）使用的是 2002—2013 年的数据进行测算。

表 5-2 不同研究的全要素生产率均值结果

研究者	TFPCH	EFFCH	TECHCH	PECH	SECH
本书	0.979	0.995	0.981	1.001	0.994
张丽娜（2018）	0.933	0.933	1.000	1.000	1.000
刘念（2017）	0.988	0.998	1.001	0.991	0.997

　　总体来看，除了研究年份上的差异外，在研究区域上 3 个研究所选择的区域相同，都是 20 个省级玉米主产区。本书研究的时间范围是 2001—2021 年，20 个省级区域的全要素生产率的动态变化平均值为 0.979，这表示 2020 年比 2001 年玉米全要素生产率下降了 2.1%。这个结果低于张丽娜（2018）的下降 6.7%，但高于刘念（2017）下降 1.2%。之所以得出这个结果，主要有两方面的原因：一方面是选择的时间范围有区别。不同时期，对技术进步的要求不同，技术进步的效率也存在差异。另一方面，选取的投入产出变量不同。刘念（2017）选取的投入指标包括化肥用量、用工数量、租赁作业费和其他直接费用①，产出指标是玉米主产品产量。张丽娜（2018）选取的投入指标包括单位面积用工数量、土地成本、化肥费用、种子费用、机械费用以及其他费用，产出指标是单位面积产量。本书在投入指标的选取过程中，尽量使用数量指标，而较少使用受价格影响较大的成本指标。

　　根据全要素生产率的均值分解结果显示，全要素生产率下降 2.1% 源于技术进步的变化，在 2001—2020 年的均值为 0.982，技术进步动态变化下降了 1.8%，技术效率动态变化的均值为 0.995，平均下降了 0.5%。技术效率的变化由纯技术效率的变化和规模效率的变化促成，其中纯技术效率增加了 0.1%，规模效率下降了 0.6%。这表明我国玉米全要素生产率下降的原因。总体上看来本书与张丽娜（2018）和刘念（2017）的研究存在差异。本书表明，玉米全要素生产率的下降主要是由技术退步造成的，而张丽娜（2018）和刘念（2017）的研究却表明玉米全要素生产率的变化主要由技术效率的下降造成的。

（二）不同效率的省份空间分布特征

　　本书选择的 20 个玉米生产省份在 2001—2020 年表现各异，分析这些省份

---

　　① 本租赁作业费用包括机械作业费和畜力费，其他直接费用是除去以上物质费用的所有其他直接费用，包括种子费、农药费、农膜费等。其中单位化肥用量和用工数量采用实物量指标，机械畜力费及其他直接费用以 2000 年全国不变农业生产资料价格指数平减。

的全要素生产率（TFPCH）是否提升？受技术进步变化（TECHCH）的影响有多大？受技术效率（EFFCH）的影响又有多大？技术效率的变化主要受纯技术效率的影响还是受规模效率的影响？回答这些问题对于了解玉米全要素生产率在我国各个省份的分布特征至关重要。各个省份玉米全要素生产率的基本统计特征如表 5 - 3 所示。

表 5 - 3　全国 20 个玉米生产省份全要素生产率均值基本统计特征

指标	最小值	最大值	均值	标准差	大于 1 个省份的个数（个）	有效省份比例（%）
EFFCH	0.973	1.016	0.995	0.011	4	20
TECHCH	0.875	1.031	0.981	0.036	7	35
PECH	0.994	1.012	1.001	0.004	6	30
SECH	0.978	1.011	0.994	0.010	4	20
TFPCH	0.875	1.021	0.979	0.035	6	30

　　如表 5 - 3 所示，玉米全要素生产率改善的省份有 6 个，占玉米生产省份的 30%，说明在此期间，我国只有不到 1/3 的玉米生产省份玉米全要素生产率得到改善，而并非只是投入型的增长。其中全要素生产率改善最大的省份达到 2.1%，下降最大的为 12.5%，离散程度较大，说明我国各个省份玉米生产全要素生产率改善程度并不均匀，个体差异较大。取得技术进步指标上改善的省份的特征与全要素生产率的改善较为一致，有 6 个省份，占玉米生产省份总数的 30%，只有 30% 的省份取得了技术进步，而凭技术效率进步取得进步的省份为诸多效率指标中最少的，只有 4 个，占玉米生产省份总数的 20%。这印证了前文分析中全要素生产率改善的来源主要为技术变化的改善的结论。

　　分作两种类型统计 20 个省份全要素生产率及分解效率的分布特征，即 TFP 实现改善的省份和未实现改善的省份，如表 5 - 4 所示。直观看来，在全要素生产率改善的 6 个省份中，有 5 个省份实现了技术进步变化指标上的改善，而只有 2 个省份实现了技术效率指标方面的改善。在这两个省份中，河北省只有来自规模效率的增长，而山西省来自纯技术效率和规模效率的改善。1 个省份既实现技术进步变化指标上的改善，又实现了技术效率变化指标上的改善，这个省份是河北省。技术效率改善的省份占 TFP 改善省份的 1/3，实现了技术进步改善的省份而未实现技术效率改善的有 4 个，占到 2/3。在技术效率改善的 2 个省份中，实现纯技术效率改善的只有河北省 1 个。

表 5 - 4　**TFP 改善的省份中按来源分布**

项目	TFPCH 改善总数(个)	所占比例（%）	项目	技术效率改善总数(个)	所占比例(%)
EFFCH>1	2	33.33	PECH>1	1	50
TECHCH>1	5	83.33	SECH>1	2	100
两者>1	1	16.67	两者>1	1	50

如表 5 - 5 所示，在玉米全要素生产率未改善的 13 个玉米生产省份中，有 9 个省份被技术效率指标拖累，12 个省份由于技术变化的拖累，而受到两者共同拖累的有 8 个省份。在技术效率未改善的 9 个省份中，都被规模效率所拖累，只有 1/3 的省份被纯技术效率所拖累。这说明，我国 2001—2020 年的玉米生产技术效率的下降，主要是由技术效率和规模效率双拖累所致，其中，受规模效率拖累的省份占大部分。在技术进步变化小于 1 的 12 个省份中，有 9 个省份规模效率未改善，占总数的 75%。

表 5 - 5　**TFP 未改善的省份中按来源分布**

项目	TFPCH 未改善总数(个)	所占比例(%)	项目	技术效率未改善总数(个)	所占比例(%)
EFFCH<1	9	69.23	PECH<1	3	30
TECHCH<1	12	92.31	SECH<1	9	100
两者<1	8	61.54	两者<1	3	30

综上所述，2001—2020 年，我国玉米生产省份的整体全要素生产率改善度为 −2.1%，其中主要是由于技术变化，而非技术效率变化所起到的拖累作用。

（三）年度平均变化规律

我国 20 个玉米生产省份全要素生产率年度平均变化规律如表 5 - 6、图 5 - 2 所示。

表 5 - 6　**2001—2020 年我国 20 个玉米生产省份的全要素生产均值及分解**

年度	TFPCH	EFFCH	TECHCH	PECH	SECH
2001—2002	0.952	0.981	0.970	0.991	0.990
2002—2003	0.996	0.992	1.004	1.038	0.956
2003—2004	1.277	1.053	1.213	0.977	1.078
2004—2005	0.862	0.978	0.881	1.020	0.959
2005—2006	0.924	0.983	0.940	0.971	1.012

（续）

年度	TFPCH	EFFCH	TECHCH	PECH	SECH
2006—2007	0.950	0.972	0.977	0.999	0.973
2007—2008	0.943	1.075	0.877	1.024	1.049
2008—2009	0.955	1.022	0.935	1.012	1.010
2009—2010	0.936	0.992	0.943	1.001	0.991
2010—2011	0.898	0.989	0.908	0.991	0.998
2011—2012	1.003	1.015	0.988	0.985	1.031
2012—2013	1.001	0.915	1.094	0.989	0.925
2013—2014	0.935	1.082	0.865	1.024	1.056
2014—2015	0.988	1.000	0.987	1.004	0.996
2015—2016	0.993	0.946	1.050	0.980	0.965
2016—2017	1.011	1.029	0.983	1.004	1.025
2017—2018	1.002	0.946	1.059	1.014	0.933
2018—2019	0.974	1.046	0.931	0.978	1.070
2019—2020	1.008	0.911	1.107	1.018	0.894
平均值	0.979	0.996	0.985	1.001	0.995

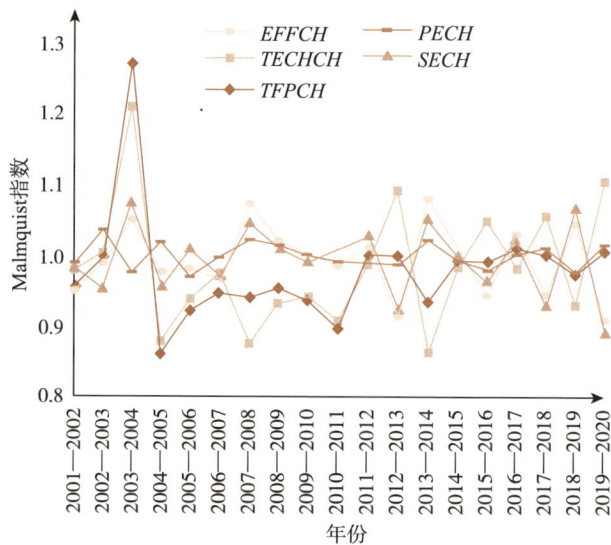

图 5-2　全要素生产率 Malmquist 指数的平均变化

2001—2020 年我国玉米全要素生产率的变化特征要从 20 个省份的年度平均值的变化来描述，表 5 - 6 和图 5 - 2 详细给出了该期间全要素生产率及其分解的均值结果，总的看来，2001—2020 年，Malmquist 指数变化特征主要表现如下。

（1）大起大伏阶段（2001—2007 年）。在该阶段，出现了 3 个波峰和 3 个波谷。第一个波峰位于 2001—2002 年，第二个波峰位于 2003—2004 年，第三个波峰位于 2005—2006 年。从改善程度上看，2003—2004 年玉米生产全要素生产率改善最高，主要来源于技术进步的改善。按年度变化的动态均值绘制出曲线图，可直观展示 2001—2020 年全要素生产率变化的路径及主要来源。

（2）平稳变化阶段（2008—2020 年）。在该阶段，玉米生产的全要素生产率的均值既没有大幅度上升，又没有大幅度下降，呈现出围绕一定均值上下小幅度波动的特征。与刘念（2017）分析结论 2004—2005 年处于波谷阶段的结论相似。在总体趋势上，2008 年以后，玉米全要素生产率的变化波动不大。

2001—2020 年我国玉米各项生产效率指标如表 5 - 7 所示。

表 5 - 7　2001—2020 年我国玉米各项生产效率指标

年份	CRS	VRS	SCAL	TFPCH	TECHCH	EFFCH	PECH	SECH
2001	0.925	0.966	0.958	—	—	—	—	—
2002	0.528	0.93	0.568	1.003	1.930	0.520	0.957	0.543
2003	0.914	0.991	0.922	0.952	0.509	1.871	1.074	1.742
2004	0.945	0.969	0.975	1.277	1.213	1.053	0.977	1.078
2005	0.887	0.988	0.898	0.777	0.874	0.890	1.021	0.872
2006	0.908	0.961	0.945	1.033	0.956	1.080	0.971	1.112
2007	0.884	0.960	0.921	0.950	0.977	0.972	0.999	0.973
2008	0.946	0.982	0.963	0.943	0.877	1.075	1.024	1.049
2009	0.967	0.993	0.974	0.955	0.935	1.022	1.012	1.010
2010	0.959	0.994	0.965	0.936	0.943	0.992	1.001	0.991
2011	0.949	0.986	0.962	0.898	0.908	0.989	0.991	0.998
2012	0.963	0.971	0.992	1.003	0.988	1.015	0.985	1.031
2013	0.887	0.962	0.922	1.001	1.094	0.915	0.989	0.925
2014	0.953	0.984	0.968	0.935	0.865	1.082	1.024	1.056

（续）

年份	CRS	VRS	SCAL	TFPCH	TECHCH	EFFCH	PECH	SECH
2015	0.954	0.987	0.967	0.988	0.987	1.000	1.004	0.996
2016	0.906	0.970	0.934	0.993	1.050	0.946	0.980	0.965
2017	0.931	0.973	0.957	1.011	0.983	1.029	1.004	1.025
2018	0.885	0.985	0.898	1.002	1.059	0.946	1.014	0.933
2019	0.922	0.965	0.955	0.974	0.931	1.046	0.978	1.070
2020	0.848	0.981	0.864	1.008	1.107	0.911	1.018	0.894
平均值	0.903	0.975	0.925	0.981	1.010	1.019	1.001	1.014

（四）发展突出省份的分析

如表5-8所示，河北省、黑龙江省和吉林省的小麦全要素生产率得到明显的改善。

表5-8　20个省份2001—2020年全要素生产率及其分解变化

省份	EFFCH	TECHCH	PECH	SECH	TFPCH
河北	1.008	1.015	1.000	1.008	1.023
山西	1.016	0.999	1.012	1.004	1.015
内蒙古	0.992	1.019	0.998	0.994	1.010
辽宁	0.973	0.993	0.994	0.978	0.965
吉林	0.993	1.027	1.000	0.993	1.020
黑龙江	0.990	1.031	1.000	0.990	1.021
江苏	0.993	0.983	1.004	0.989	0.976
安徽	0.981	0.981	1.000	0.981	0.963
山东	0.989	0.978	1.000	0.989	0.968
河南	0.990	0.984	1.000	0.990	0.975
湖北	0.982	1.007	1.001	0.981	0.988

（续）

省份	EFFCH	TECHCH	PECH	SECH	TFPCH
广西	0.987	1.020	1.008	0.979	1.007
重庆	1.000	0.919	1.000	1.000	0.919
四川	0.990	0.953	1.000	0.990	0.944
贵州	1.000	0.875	1.000	1.000	0.875
云南	0.992	0.971	0.994	0.998	0.963
陕西	1.015	0.951	1.004	1.011	0.965
甘肃	1.016	0.974	1.007	1.009	0.990
宁夏	0.995	0.977	0.996	0.999	0.972
新疆	1.000	1.000	1.000	1.000	1.000
均值	0.995	0.982	1.001	0.994	0.979

这 3 个省份同时也是我国玉米的主要产区，其中河北省玉米全要素生产率改善最大，黑龙江次之，吉林处于第三地位，但 3 个省份比全国 20 个玉米生产省份的均值要高得多。

（五）区域之间的比较

本书将玉米种植区分为主产区、平衡区，北方优势区、黄淮海夏播区、西北灌溉区和西南优势区，如表 5 - 9 所示。

表 5 - 9　我国玉米主产省份的区域划分

区域	省份
主产区	辽宁、吉林、河北、山东、四川、河南、湖北、江苏、安徽、黑龙江、内蒙古
平衡区	山西、广西、重庆、贵州、云南、甘肃、陕西、宁夏、新疆
北方优势区	黑龙江、吉林、辽宁、内蒙古
黄淮海夏播区	河南、山东、河北、山西、江苏、安徽
西北灌溉区	宁夏、甘肃、新疆、陕西
西南优势区	重庆、四川、云南、贵州、广西、湖北

本书分别探究不同区域之间玉米生产全要素生产率的差异及其来源。计算结果如表 5 - 10 所示。

表 5 - 10　2001—2020 年不同分区玉米全要素生产率的变化

区域（20）	EFFCH	TECHCH	PECH	SECH	TFPCH
北方优势区（4）	0.987	1.016	0.998	0.989	1.003
黄淮海夏播区（6）	0.996	0.990	1.003	0.994	0.986
西北灌溉区（4）	1.007	0.977	1.002	1.005	0.983
西南优势区（6）	0.992	0.955	1.001	0.991	0.947

（1）北方优势区包括 4 个省份。2001—2020 年，全要素生产率动态变化的均值为 1.003，这意味着全要素生产率改善了 0.3%，明显高于全国平均水平（－2.1%）。其主要来源于技术进步变化提升了 1.6%，而技术效率下降了 1.3%，对北方优势区的玉米全要素生产率有负向影响。北方优势区技术效率的下降的主要来源于规模效率的下降，其拖累了 1.1 个百分点，而纯技术效率变化贡献了 0.2 个百分点。

（2）黄淮海夏播区包括 6 个省份。2001—2020 年，玉米全要素生产率动态变化的均值为 0.986，这意味着全要素生产率下降了 1.4%。虽然是下降，但是下降的幅度低于全国 20 个省份平均下降的幅度。其主要来源于技术进步的下降，其贡献了 1 个百分点，而技术效率下降贡献了 0.4 个百分点，技术效率的下降的主要来源于规模效率的变化。

（3）西北灌溉区包括 4 个省份。2001—2020 年，其玉米生产全要素生产率变化的均值为 0.983，这意味着玉米全要素生产率下降了 1.7%。虽然下降，但其下降的幅度小于全国平均下降的幅度；西北灌溉区全要素生产率下降的来源主要来源于技术进步的下降，其贡献了 2.3 个百分点，而技术效率则改善了 0.7 个百分点。

（4）西南优势区包括 6 个省份。2001—2020 年，其玉米全要素生产率变化的均值为 0.947，这意味着全要素生产率下降了 5.3%，其下降幅度大于全国平均下降幅度。西南优势区玉米全要素生产率下降主要是技术进步的负向影响所致，其贡献率为 4.5 个百分点。

综合分区研究的结果发现，北方优势区是我国玉米生产效率最高的地区（0.4%），而西南优势区是我国玉米全要素生产率下降最严重的地区，其下降了 5.1 个百分点，全要素生产率下降主要是技术退步所致。各个地区全要素生产率亟待在技术上取得进步，同时提高技术的使用效率（表 5 - 11）。

表 5 - 11　2001—2020 年我国玉米主产区玉米生产综合技术效率测度结果

玉米生产区	地区	TFPCH	TECHCH	EFFCH	PECH	SECH
北方优势区	内蒙古	1.010	1.018	0.992	0.998	0.994
	辽宁	0.963	0.991	0.973	0.994	0.978
	吉林	1.018	1.025	0.993	1.000	0.993
	黑龙江	1.021	1.031	0.990	1.000	0.990
黄淮海夏播区	河北	1.019	1.011	1.008	1.000	1.008
	山西	1.014	0.998	1.016	1.012	1.004
	江苏	0.978	0.985	0.993	1.004	0.989
	安徽	0.964	0.983	0.981	1.000	0.981
	山东	0.965	0.976	0.989	1.000	0.989
	河南	0.977	0.986	0.990	1.000	0.990
西北灌溉区	陕西	0.966	0.951	1.015	1.004	1.011
	甘肃	0.991	0.975	1.016	1.007	1.009
	宁夏	0.973	0.978	0.995	0.996	0.999
	新疆	1.002	1.002	1.000	1.000	1.000
西南优势区	湖北	0.991	1.009	0.982	1.001	0.981
	广西	0.988	1.001	0.987	1.008	0.979
	重庆	0.919	0.919	1.000	1.000	1.000
	四川	0.943	0.953	0.990	1.000	0.990
	贵州	0.875	0.875	1.000	1.000	1.000
	云南	0.966	0.973	0.992	0.994	0.998

我国各省份玉米绿色全要素生产率及其分解的均值如下表 5 - 12。

表 5 - 12　我国各省份玉米全要素生产率及其分解的均值

省份	EFFCH	TECHCH	PECH	SECH	TFPCH
河北	1.008	1.011	1.000	1.008	1.019
山西	1.016	0.998	1.012	1.004	1.014
内蒙古	0.992	1.018	0.998	0.994	1.010
辽宁	0.973	0.991	0.994	0.978	0.963
吉林	0.993	1.025	1.000	0.993	1.018
黑龙江	0.990	1.031	1.000	0.990	1.021

（续）

省份	EFFCH	TECHCH	PECH	SECH	TFPCH
江苏	0.993	0.985	1.004	0.989	0.978
安徽	0.981	0.983	1.000	0.981	0.964
山东	0.989	0.976	1.000	0.989	0.965
河南	0.990	0.986	1.000	0.990	0.977
湖北	0.982	1.009	1.001	0.981	0.991
广西	0.987	1.001	1.008	0.979	0.988
重庆	1.000	0.919	1.000	1.000	0.919
四川	0.990	0.953	1.000	0.990	0.943
贵州	1.000	0.875	1.000	1.000	0.875
云南	0.992	0.973	0.994	0.998	0.966
陕西	1.015	0.951	1.004	1.011	0.966
甘肃	1.016	0.975	1.007	1.009	0.991
宁夏	0.995	0.978	0.996	0.999	0.973
新疆	1.000	1.002	1.000	1.000	1.002
均值	0.995	0.982	1.001	0.994	0.979

第二节　玉米绿色全要素生产率的实证分析

农业生产的绿色效率问题一直是我国农业清洁生产和绿色种植领域关注的热点。玉米作为我国主要的粮食作物，其生产过程中所造成的碳排放、有机物污染和二氧化硫等有毒物质的排放，是玉米生产过程中的非期望产出，这种非期望产出所带来的影响应该纳入玉米全要素生产率的测度过程中。

一、问题的提出

20世纪50年代以来，随着科技进步速度加快，特别是石油化工业的高速发展。在农业生产中大规模采用农业机械、大范围地使用化肥、农药、除草剂、农膜等物资，使农业得到空前发展，农产品专业化、商品化程度不断提高，农业生产由传统农业发展到现代农业。与此同时也产生了日趋严重的负面效应，一是农药的大量不当使用造成环境污染；二是土壤肥力下降、土地板结、有机质含量降低；三是农业资源利用效率低下、农业生产成本提高，农产品品质下降。在这种情况下，20 世纪 80 年代有学者提出了农业发展的可持续性问题。另外，根据联合国政府间气候变化专门委员会（intergovernmental panel on climate change，简称 IPCC）第五次评估报告，2010 年全球农林业温室气体排放占人类活动总排放的 24%，表明农业已经成为温室气体的第二大重要来源。因此，如何测算玉米等主粮作物生产的绿色全要素生产率已经成为迫切需要解决的前沿和热点问题。

二、研究回顾

现有研究文献认为，我国玉米生产的绿色全要素生产率呈现出逐渐改善的状况，种植科技应用等因素会对玉米绿色全要素生产率产生重要影响。例如，杨印生（2016）利用动态 DEA 模型对 2005—2013 年东北地区玉米生产环境效率进行测算，分析了各市玉米生产环境效率的分布特点和变化趋势，并对结果差异进行了回归分析。研究发现，近年来自然可处置性效率呈现明显下降趋势；各地区差异不明显；化肥、农药施用不合理，存在化肥施用过度、施用结构不平衡、滥用农药等问题。管理可处置性效率近年来呈现不断上升趋势，政府不断推行保护性耕作技术对东北地区玉米生产环境效率起到推动作用。为改善东北地区玉米生产环境效率，政府需要加大玉米种植科技推广力度、严格控制高毒高残留农药进入市场流通环节、继续推广保护性耕种技术。

杨欢（2022）基于国家统计数据，利用生命周期评价（LCA）、能值分析和碳平衡等方法，定量化了 2004—2018 年黄淮海地区（包括河北、河南、山东、安徽和江苏 5 个省份）玉米生产的能源利用效率和净生态系统碳平衡，并阐明其时空变化特征。结果表明，不同年份间黄淮海地区玉米生产的能源利用效率和净生态系统碳平衡存在显著差异，各省份中以河北省玉米生产的能源利用效率、净生态系统碳平衡指数和可持续性指数最高，分别高于区域平均 15.3%，9.6% 和 26.4%。河北省、河南省和山东省的综合得分均为正值，具有较高的资源利用效率和生态环境效益。黄淮海地区玉米生产资源投入、能源利用效率、生态环境效益和净生态系统碳平衡指数在时空尺度上存在较大的差异，应制定区域特异性优化管理策略，减少化肥和农药的施用，施用增效肥料和高效生物农药等，采用秸秆还田等保护性耕作措施，积极推进规模化和机械化发展，实现黄淮海地区玉米生产的绿色可持续发展。

王明新（2019）采用基于非期望产出的非径向、非角度的数据包络分析模型，测算了 2006—2016 年我国 20 个省份玉米生产绿色全要素生产率并分析了其时空变化特征和影响因素。结果表明，东北区、黄淮海区和蒙新区玉米绿色全要素生产率较高，但山东和辽宁效率值低于 0.90，各个区内省份之间差异较小。长江中下游区、西南区和西北区效率较低，但安徽、重庆、山西和甘肃效率值高于 0.90，各个区内省份之间差异较大。玉米生产绿色全要素生产率总体上呈降低趋势，两极分化呈先缩小后扩大趋势，低效率地区数量显著增加。四川和贵州用工投入可缩减比例超过 15%，辽宁化肥投入可缩减比例超过 10%，吉林和黑龙江资本投入可缩减比例超过 5%。总氮和总磷排放强度过高是各省份玉米生产绿色全要素生产率降低的普遍原因，湖北、广西、贵州、云南和四川总氮可缩减比例达 60% 以上，宁夏、陕西和湖北总磷可缩减比例达 50% 以上。东北区和黄淮海区应重点控制灌溉引起的磷肥排水损失和氮肥淋溶损失，西南区和长江中下游区重点控制暴雨径流引起的氮磷流失，西北区和蒙新区重点通过节水灌溉减少肥料流失。

陈衍俊（2022）基于 DEA-Malmquist 模型，实证分析了我国玉米生产的生态效率，研究结果表明，我国玉米种植区整体为粗放式的发展模式，北部种植区整体生态效率较高，生产方式较为低碳；中部种区的平均生态效率较高，但技术效率退步明显；西部种区的生态效率增长缓慢，技术投入不足。受灾率、生态治理水平和环保投入因素对各玉米种植区的生态效率和传统 M 指数存在趋同的影响作用，但不同种植区域还是存在较大的影响差异。王耀蕊（2020）利用秸秆露天焚烧的碳足迹模型计算玉米生产过程中产生的碳足迹，并将其作为非期望产出纳入指标体系，运用 SBM-Undesirable 模型对 2004—2017 年黑龙江省玉米生产环境效率进行实证研究。结果表明，考虑秸秆露天焚烧后的玉米生产环境效率明显下降，玉米生产环境效率受到规模效率与纯技术效率的双重影响，且随外部条件的变化，在不同时间段内表现出差异化特征，但整体呈波动下降趋势。对非有效年份玉米生产环境效率进行冗余分析后，提出了环境效率的改善途径，以期为玉米生产绿色、低碳发展提供决策参考依据。

三、理论和模型

在玉米生产过程中，以产出增长为导向的生产方式必然带来化肥、农药的过度使用，从而导致环境恶化问题。科技创新是解决环境问题的重要途径，因此，需要分析在玉米生产过程中所带来的效率问题。

对于资本量的估计，采用永续存盘法。

$$K_{it} = K_{it-1}(1-\delta_{ti}) + I_{it} \qquad (5-7)$$

其中，i 为省级地区，t 为年份，K 为资本存量，I 为固定资产投资总额，δ 为固定资本折旧率。对于固定资本折旧率与基期资本存量，参考王小鲁等（2019）的结果，给定折旧率为 9.6%，基期（2009 年）的固定资本存量由下式估算得到：

$$K_0 = I_0/(\delta_0 + g_0) \qquad (5-8)$$

其中 K_0 表示基期的资本存量，I_0 表示期初的投资额，δ_0 表示固定资本折旧率，g_0 表示基期以前给定时期的资本增长率，具体测算时用 2004—2008 年实际 GDP 的平均增长率。把每个省级地区看作一个生产决策单元，构造包含两种产出的生产可能集。假设每个省份使用 N 种投入 $x = (x_1, \cdots, x_N) \in R_N^+$，生产 M 种期望产出 $y = (y_1, \cdots, y_M) \notin R_M^+$，生产 I 种非期望产出 $b = (b_1, \cdots, b_I) \in R_I^+$，第 $t(t=1, \cdots, T)$ 时期、第 $k(k=1, \cdots, K)$ 个省份投入产出为 (x^{kt}, y^{kt}, b^{kt})，构造的全局生产可能集形式为：

$$P^t(x^t) = \left\{ (y^t, b^t): \sum_{k=1}^K Z_k^t y_{km}^t \geqslant y_{km}^t, \ \forall m; \ \sum_{k=1}^K Z_{hi}^t b_{hi}^t = b_{ki}^t, \right.$$
$$\left. \sum_{k=1}^K Z_k^t y_{kn}^t \leqslant x_{kn}^t, \ \forall n; \ \sum_{k=1}^K Z_k^t = 1, \ Z_k^t \geqslant 0, \ k=1, \cdots, K \right\}$$
$$(5-9)$$

其中，Z_k^t 表示每个截面观测的权重。根据 Tone 和 Sahho（2003）的研究，SBM 方向性距离为：

$$\vec{S}_V^G(x^{t, k'}, y^{t, k'}, b^{t, k'}, g^x, g^y, g^b) =$$
$$\max_{s^x, s^y, s^b} \frac{\frac{1}{N}\sum_{n=1}^N \frac{S_n^x}{g_n^x} + \frac{1}{M+1}(\sum_{i=1}^M \frac{s_m^y}{g_m^y} + \sum_{i=1}^I \frac{s_i^b}{g_i^b})}{2} \qquad (5-10)$$

$$\text{s. t.} \begin{cases} \sum_{k=1}^K Z_k^t x_{kn}^t + s_n^x = x_{k'n}^t, \ \forall n; \ \sum_{k=1}^K Z_k^t y_{km}^t - s_m^y = y_{k'm}^t, \\ \forall m; \ \sum_{k=1}^K Z_k^t b_{ki}^t + s_i^h - b_{k'i}^t, \ \forall i; \\ \sum_{k=1}^K Z_k^t, \ Z_k^t \geqslant 0, \ \forall k; \ s_n^x \geqslant 0, \ \forall n; \ s_m^y \geqslant 0, \ \forall m; \ s_i^b \geqslant 0, \ \forall i \end{cases}$$

其中，$(x^{t,k'}, y^{t,k'}, b^{t,k'})$ 表示省级地区 k' 的投入产出量，(g^x, g^y, g^b) 表示投入产出的方向向量，(s_n^x, s_m^y, s_i^b) 为投入产出的松弛向量。有了 SBM 方向性距离函数后，依据 Oh（2010）的 GML 指数思路，即可测算 GTFP，可表示为：

$$GTFP = \frac{1 + S_v^G(x^t, y^t, b^t; g)}{1 + S_v^G(x^{t+1}, y^{t+1}, b^{t+1}; g)} \qquad (5-11)$$

在此基础上，引入跨期动态的概念，采用序列方法及几何平均值思想构建 SBM-ML 指数，并将其分解为技术效率变化指数（MLEFFCH）和技术进步变化指数（MLTECH）。

Chung 和 FARE（1997）根据产出导向的方向距离函数在 Malmquist 指数的基础上推导出带有非期望产出的 M 指数，并命名为 Malmquist-Luenberger 指数，本书直接使用非期望产出 SBM 的效率值套用 M 指数的方法来计算 ML 指数。

$$ML_c^{t+1} = MLEC_c \times MLTC_c \qquad (5-12)$$

$$ML_c^{t+1}(x^t, y^t, z^t, x^{t+1}, y^{t+1}, z^{t+1}) =$$

$$\left[\frac{E_c^t(x^{t+1}, y^{t+1}, z^{t+1})}{E_c^t(x^t, y^t, z^t)} \times \frac{E_c^{t+1}(x^{t+1}, y^{t+1}, z^{t+1})}{E_c^{t+1}(x^t, y^t, z^t)} \right]^{1/2} \qquad (5-13)$$

$$MLEC_c = \frac{E_c^{t+1}(x^{t+1}, y^{t+1}, z^{t+1})}{E_c^t(x^t, y^t, z^t)} \qquad (5-14)$$

$$MLTC_c = \left[\frac{E_c^t(x^{t+1}, y^{t+1}, z^{t+1})}{E_c^{t+1}(x^{t+1}, y^{t+1}, z^{t+1})} \times \frac{E_c^t(x^t, y^t, z^t)}{E_c^{t+1}(x^t, y^t, z^t)} \right]^{1/2}$$

$$(5-15)$$

本书使用 Matlab 软件进行分析，本次运行所选择参数为非期望产出 SBM 模型、规模报酬不变（CRS）和指数分解。

四、样本、变量和数据

本书根据 SBM 模型的应用要求进行样板和变量选取。

（一）样本的选取

不同的研究者选择的样本不同，本书选择 20 个玉米生产省份作为研究样本。

（二）变量选择

投入指标的选取如表 5-13 所示。本书选择影响玉米产出的土地投入、农用机械投入、劳动投入、化肥投入作为投入指标；期望产出选择每亩主产品产量；非期望产出选择两种，一是碳排放量，二是面源污染量。

表 5-13　玉米绿色全要素生产率的测算变量说明

指标	变量	变量说明
投入指标	土地投入	每亩土地成本（元）
	农用机械投入	每亩机械作业费（元）
	劳动投入	每亩用工数量（日）
	化肥投入	每亩化肥施用量（千克）
	种子投入	玉米种子使用量（千克）
期望产出	每亩玉米主产品产量	每亩玉米产量（千克）
非期望产出	碳排放量	每亩碳排放量（千克）
	面源污染量	每亩面源污染量（千克）

（三）数据来源

1. 投入产出指标

产出指标分为两类：期望产出（每亩玉米主产品产量）、非期望产出（碳排放量和面源污染量）。涉及价格及金额的指标，用以 2000 年为基期的生产资料价格指数进行调整，数据来源如表 5-14 所示。

表 5-14　玉米绿色全要素生产率的测算指标来源

指标名称	含义	数据来源
农业生产资料价格指数	—	《中国农村统计年鉴》
土地投入	每亩土地成本	《全国农产品成本收益资料汇编》
农用机械投入	每亩机械作业费	《全国农产品成本收益资料汇编》
劳动投入	每亩用工数量	《全国农产品成本收益资料汇编》
化肥投入	每亩化肥施用量	《全国农产品成本收益资料汇编》
种子投入	每亩玉米种子使用量	《全国农产品成本收益资料汇编》
玉米产量	每亩玉米产量	《全国农产品成本收益资料汇编》

在非期望产出的两个变量计算过程中，分别包括碳排放量和面源污染量，其计算的数据来源分别如表 5 - 15 和表 5 - 16 所示。

表 5 - 15　玉米生产碳排放量计算数据来源

类型	数值类型	来源
化肥	碳排放系数	美国橡树岭国家实验室
	化肥使用量	《全国农产品成本收益资料汇编》
农药	碳排放系数	美国橡树岭国家实验室
	农药使用量	国家统计局
农膜	碳排放系数	南京农业大学农业资源与生态环境研究所
	农膜使用量	《全国农产品成本收益资料汇编》
柴油	碳排放系数	专门委员会第五次评估报告
	柴油使用量	国家统计局
	玉米播种面积	《中国统计年鉴》
	农作物播种面积	《中国统计年鉴》
灌溉电力	碳排放系数	《省级温室气体清单编制指南（试行）》
	排灌费、水费	《全国农产品成本收益资料汇编》
	灌溉电费计算方法	史常亮等，中国农业能源消费碳排放驱动因素及脱钩效应
	灌溉电价	国家电网各省份电力公司网站

表 5 - 16　面源污染计算数据来源

类型	数值类型	来源
秸秆 TN、TP、COD	玉米产量	国家统计局
	秸秆粮食比	韩鲁佳，闫巧娟，刘向阳，等．中国农作物秸秆资源及其利用现状 [J]．农业工程学报，2002（3）：87 - 91.
	秸秆利用结构	高祥照，马文奇，马常宝，等．中国作物秸秆资源利用现状分析 [J]．华中农业大学学报，2002（3）：242 - 247.
	秸秆废物养分还田率	赖斯芸．非点源调查评估方法及其应用研究 [D]．北京：清华大学，2003.
	固体废弃物养分含量与产污系数	赖斯芸．非点源调查评估方法及其应用研究 [D]．北京：清华大学，2003.
	秸秆养分流失率	赖斯芸．非点源调查评估方法及其应用研究 [D]．北京：清华大学，2003.

（续）

类型	数值类型	来源
化肥 TN、 TP	氮肥使用量	《全国农产品成本收益资料汇编》
	磷肥使用量	《全国农产品成本收益资料汇编》
	复合肥使用量	《全国农产品成本收益资料汇编》
	产污系数	赖斯芸. 非点源调查评估方法及其应用研究［D］. 北京：清华大学，2003.
	化肥流失率 （排放量测算方法）	赖斯芸. 非点源调查评估方法及其应用研究［D］. 北京：清华大学，2003.

2. 投入指标详细说明

（1）2001—2003 年《全国农产品成本收益资料汇编》上无土地成本指标，各省份均借用 2004 年数据。2018 年黑龙江无土地成本指标，采取前后年份算术平均值进行替代处理；2019 年和 2020 年云南省无土地成本指标，沿用 2018 年数据。2007 年，无广西壮族自治区的相关数据，各投入指标均采用前后年份算术平均值进行替代处理。

（2）其他投入。机械作业费、每亩用工量、每亩化肥施用量、种子用量，2018 年黑龙江省均无相关指标，采取前后年份算术平均值进行替代处理；2019 年、2020 年云南无指标，沿用 2018 年数据。

《全国农产品成本收益资料汇编》上无 2001 年每亩化肥施用量数据，故用 2001 年的化肥费用除以 2002 年化肥单价（2002 年费用/2002 年用量）得到。2001 年、2003 年、2004 年贵州省机械作业费无数据，均用 0.01 代替。

为消除价格波动因素带来的影响，本书采用各省份以 2001 年为基期的农业生产资料价格指数和机械化农具价格指数对土地成本和机械作业费分别进行了平减处理。

由于年鉴与统计局均无重庆市的农业生产资料价格指数，机械化农具生产价格指数，故用四川省数据替代进行土地成本与机械投入的平减处理。

3. 产出指标详细说明

（1）期望产出。期望产出为我国 15 个玉米主产省份 2001—2020 年每亩玉米的产量，其中 2018 年黑龙江省无每亩玉米产量数据，采用前后年份算术平均值进行替代处理。

（2）非期望产出——每亩碳排放量。假定玉米生产过程中碳排放源包含化肥、农药、农膜、柴油和灌溉电力共5类。生产过程中的碳排放总量即为5种碳排放源的碳排放量之和，每种碳排放源的碳排放量为各类碳源的数量乘以其碳排放系数，各类碳源的碳排放系数如表5-17所示。

表5-17 农业碳排放系数

碳源	碳排放系数	参考来源
化肥	0.895 6	美国橡树岭国家实验室
农药	4.934 1	美国橡树岭国家实验室
农膜	5.18	南京农业大学农业资源与生态环境研究所
柴油	0.592 7	专门委员会第五次评估报告
灌溉电力	如表5-18所示	《省级温室气体清单编制指南（试行）》

表5-18 2005年我国区域电网单位供电平均二氧化碳排放

电网名称	覆盖省份	二氧化碳排放（千克/千瓦时）
华北区域	北京、天津、河北、山西、山东、内蒙古西	1.246
东北区域	辽宁、吉林、黑龙江、内蒙古东	1.096
华东区域	上海、江苏、浙江、安徽、福建	0.928
华中区域	河南、湖北、湖南、江西、四川、重庆	0.801
西北区域	陕西、甘肃、青海、宁夏、新疆	0.977
南方区域	广东、广西、云南、贵州	0.714
海南	海南	0.917

资料来源：《省级温室气体清单编制指南（试行）》（国家发展和改革委员会发布）。

玉米农药使用量＝（玉米播种面积/农作物播种面积）×农用农药使用量。

玉米柴油使用量＝（玉米播种面积/农作物播种面积）×农用柴油使用量。

辽宁、吉林、广西、重庆、贵州等省级统计局，以及国家统计局均无2020年农用柴油以及农药使用量，均用2019年相关数据代替。

灌溉电费。通常来说，农业排灌费用主要包括水费和电力费用，因此在度量灌溉电力碳排放时，采用《全国农产品成本收益资料汇编》中的排灌费与水费之差来表示灌溉过程中利用电力所产生的费用。耗电量取"灌溉电费/各地电价"，其中灌溉电价数据来源于国家电网各省份电力公司网站。

农膜使用量。由于《全国农产品成本收益资料汇编》上没有各省份2001年农膜使用量的数据，所以均沿用2002年的数据进行运算。

（3）非期望产出——每亩面源污染量（秸秆＋化肥）。面源污染主要来源于秸秆和化肥。在计算秸秆的面源污染量时，我们需要获得的数据是秸秆的产生量及该秸秆产量所带来的面源污染量。在计算秸秆产生量时，需要知道主要农作物秸秆粮食比。秸秆与粮食之比如表5-19所示。

表5-19　秸秆粮食比

种类	水稻	小麦	玉米	豆类	薯类	花生	油菜
秸秆：粮食	0.97	1.03	1.37	1.71	0.61	1.52	3.0

资料来源：赖斯芸.非点源调查评估方法及其应用研究［D］.北京：清华大学，2003.

分地区秸秆利用结构如表5-20所示。

表5-20　分地区秸秆利用结构

地区	肥料	饲料	燃料	原料	焚烧	堆放
安徽	30.3	31.8	17.5	2.9	14.6	2.9
福建	35.5	32.7	4.2	2.0	11.2	4.3
甘肃	26.8	42.8	20.4	0.9	1.7	7.4
广东	41.4	22.5	21.0	3.8	7.6	3.8
贵州	15.0	20.0	20.0	5.0	30.0	10.0
海南	38.0	18.0	10.0	4.0	25.0	5.0
河北	47.3	14.3	11.3	5.2	8.1	13.9
河南	34.6	23.3	22.4	8.4	5.2	6.1
黑龙江	35.1	31.8	22.1	3.8	2.9	4.2
湖北	38.0	11.8	46.4	2.8	0	0.9
湖南	71.0	7.7	6.8	0.3	2.2	2.0
吉林	31.1	23.3	34.6	5.4	1.4	4.1
江苏	31.9	13.2	33.9	5.8	7.2	8.0
江西	65.1	17.7	11.8	1.4	2.0	2.0
辽宁	31.1	23.3	34.6	5.4	1.4	4.1
宁夏	7.0	39.5	27.6	14.8	7.5	3.5
山东	23.6	31.0	19.6	6.3	5.8	13.7
山西	55.7	28.1	5.9	2.7	3.5	4.2
陕西	32.0	22.0	25.4	3.5	6.4	10.7

（续）

地区	肥料	饲料	燃料	原料	焚烧	堆放
上海	47.8	3.6	29.8	8.0	7.5	3.3
四川	14.3	22.8	53.6	2.7	3.1	3.6
浙江	23.9	35.5	16.7	5.8	1.2	6.1
合计	36.6	22.6	23.7	4.4	6.6	6.1

资料来源：高祥照，等．中国作物秸秆资源利用现状分析［J］．华中农业大学学报，2002（3）：242-247.

不同利用方式下秸秆养分还田率。秸秆养分还田率如表5-21所示。

表5-21 秸秆养分还田率

养分	肥料	饲料	燃料	原料	焚烧	弃置乱堆
N	100	50	0	0	0	0
P_2O_5	100	72	90	0	100	0

资料来源：赖斯芸．非点源调查评估方法及其应用研究［D］．北京：清华大学，2003.

农田固废类单元固体废弃物养分含量与产污系数。农田固废类单元固体废弃物养分含量与产污系数如表5-22所示。

表5-22 农田固废类单元固体废弃物养分含量与产污系数

单元	固体废弃物养分含量（%）			产污系数（10^3 吨/吨）		
	COD_{Cr}	TN	P_2O_5	COD_{Cr}	TN	TP
水稻	0.58	0.60	0.10	5.63	5.82	0.42
小麦	0.62	0.50	0.20	6.39	5.15	0.90
玉米	0.82	0.78	0.40	11.23	10.69	2.39
蔬菜	1.00	0.18	0.20	5.10	0.92	0.45
油料	0.91	2.01	0.31	20.57	45.43	3.06
豆类	1.03	1.30	0.30	17.61	22.23	2.24
薯类	0.37	0.30	0.25	2.26	1.83	0.67

资料来源：赖斯芸．非点源调查评估方法及其应用研究［D］．北京：清华大学，2003.

不同利用方式下秸秆养分流失率，如表5-23所示。

表 5 - 23　不同利用方式下秸秆养分流失率

养分	肥料	饲料	燃料	原料	焚烧	弃置乱堆
COD_{Cr}	20	0	0	0	0	50
N	15	0	0	0	0	50
P_2O_5	5	0	0	0	10	50

资料来源：赖斯芸．非点源调查评估方法及其应用研究［D］．北京：清华大学，2003．

化肥。在计算化肥的面源污染量时，需要知道单位面积化肥的投入量及该投入量所带来的面源污染量。具体为氮肥、磷肥、复合肥。

2001—2003 年《全国农产品成本收益资料汇编》无此指标，故借用各省份 2004 年的数据代替；2018 年黑龙江省均无相关指标，采取前后年份数据算术平均值替代处理；2019 年、2020 年云南省无指标，沿用 2018 年数据；2007 年广西壮族自治区无化肥数据，采取前后年份数据算术平均值替代处理。

化肥的产污系数。化肥的产污系数如表 5 - 24 所示。

表 5 - 24　化肥的产污系数

化肥	氮肥	磷肥	复合肥
TN	1.00	0	0.33
TP	0	0.44	0.15

资料来源：赖斯芸．非点源调查评估方法及其应用研究［D］．北京：清华大学，2003．

我国各省份化肥流失情况如表 5 - 25 所示。

表 5 - 25　我国各省份化肥流失情况

序号	地区	流失率（%）	
		氮肥	磷肥
Ⅰ	江苏、北京	30	7
Ⅱ	天津、广东、浙江、上海	30	4
Ⅲ	湖北、福建、山东	20	7
Ⅳ	河北、陕西、辽宁、云南、宁夏、湖南、吉林、内蒙古、贵州	20	4
Ⅴ	河南、黑龙江	10	7
Ⅵ	安徽、海南、新疆、山西、广西、甘肃、四川、江西、重庆、青海、西藏	10	4

资料来源：赖斯芸．非点源调查评估方法及其应用研究［D］．北京：清华大学，2003．

五、玉米绿色全要素生产率结果分析

本书使用 Matlab 软件来建构 SBM 模型，分析玉米产业的绿色全要素生产率指数的动态变化。

(一) 玉米绿色全要素生产率总体变化特征

根据 20 个省份在 2001—2020 年玉米生产的绿色全要素生产率均值变化和来源，本书与陈衍俊（2022）的研究结论较为类似，故将本书研究结果与陈衍俊（2022）的研究结果放在一处进行比较，二者绿色全要素生产率的均值结果如表 5-26 所示。

表 5-26 2001—2020 年 20 个省份绿色全要素生产率均值结果

研究者	*ML*	*MLEFCH*	*MLTECH*
本书	1.035 8	1.050 6	0.999 6
陈衍俊（2022）	1.016 8	1.003 9	1.012 9

总体看来，我国 20 个玉米生产省份在 2001—2020 年绿色全要素生产率动态变化的平均值为 1.035 8，这表明 2020 年较 2001 年玉米生产的绿色全要素生产率提高了 3.85%。这个结果高于陈衍俊（2022）改善 1.68% 的结果。结合两者的差别，本书认为，与陈衍俊（2022）的结果差异主要来源于 3 个方面的原因：①研究时间范围的差异。陈衍俊（2022）研究了 2014—2018 年玉米环境效率的变化，本书研究的时间范围为 2001—2020 年。②变量选择的差异。在投入产出指标上，本书选择影响玉米产出的土地投入、农用机械投入、劳动投入、化肥投入作为投入指标，期望产出本书选择每亩主产品产量，非期望产出本书选择两种，一种是碳排放量，另外一种是面源污染量。陈衍俊（2022）选择的投入指标为土地投入、人力投入和间接费用投入，产出指标为各省份各年份的玉米产量，非期望产出为碳排放总量。③在样本的选择上，本书选择了 20 个省份，而陈衍俊（2022）选择了 18 个省份。

根据玉米绿色全要素生产率均值结果及其分解，本书研究结果显示，绿色全要素生产率有 3.58% 的改善，其改善的源泉全部来自技术效率改善的结果，技术效率变化的动态平均值为 1.050 6。这意味着 2001—2020 年我国玉米技术效率动态平均值约上升 5.06%，但陈衍俊（2022）的研究表明，玉米绿色全要素生产率的改善大部分来自技术进步的变化，而不是技术效率的提高。

整体上玉米绿色全要素生产率的改善状况给 2001—2020 年我国玉米经济发展总体健康的评价，即玉米绿色全要素生产率是基于技术效率的改善，这也印证了我国在推动玉米产业经济发展的过程中，不仅仅处于资源投入的增长，更重要的是对现有技术的推广水平进行充分挖掘，实现技术效率的提升，从而推动玉米生产的绿色化和效率化。

（二）不同效率的省份的空间分布特征

本书所选的 20 个省份在 2001—2020 年的表现各异，有多少省份绿色全要素生产率得到改善？受技术变化拖累的有多少？受技术效率拖累又有多少？这些问题对于了解我国玉米生产省份的绿色全要素生产率分布特征至关重要。

各个省份绿色全要素生产率结果均值的基本统计特征如表 5 - 27 所示。我国玉米绿色全要素生产率得到改善的省份有 14 个，占到玉米生产省份总数的 70%，说明在此期间，我国玉米经济的发展是伴随着绿色全要素生产率的改善的，并非只是投入型增长。在绿色全要素生产率得到改善的省份中，改善最大的省份达到 16.01%，下降最大的省份则达到 5.36%，离散程度较大，说明我国各个省份的绿色全要素生产率改善程度并不是均匀的，个体间差异较大；取得技术变化指标上的改善的省份有 9 个，占到样本总数的 45%，其最大值1.066 9，最小值 0.953 8，离散程度不大。有 19 个省份实现技术效率的改善，占到样本总数的 95%，其中最大值为 1.140 3，最小值为 0.997 7，离散程度较大，说明技术效率改善在空间分布上个体差异较大。

表 5 - 27　20 个省份绿色全要素生产率均值基本统计特征

指标	最小值	最大值	均值	标准差	大于 1 个省份的个数（个）	有效省份比例（%）
MLEFCH	0.997 7	1.140 3	1.050 6	0.046 5	19	95
MLTECH	0.953 8	1.066 9	0.999 6	0.026 4	9	45
ML	0.946 4	1.160 1	1.035 8	0.052 9	14	70

分两种类型来统计 20 个省份在玉米绿色全要素生产率及其分解的分布特征，即 GTFP 实现改善的省份和未实现改善的省份，如表 5 - 28 所示。直观看来，在 GTFP 改善的 14 个省份里，有 13 个省份（占比为 92.86%）实现了技术效率变化指标上的改善，有 9 个省份（占比为 64.29%）实现了技术变化指标上的改善，有 8 个省份（占比为 57.14%）实现了技术效率变化和技术变化指标上的改善。

表 5 - 28　GTFP 改善的省份中按来源分布

项目	ML 改善总数（个）	所占比例（%）
MLEFCH>1	13	92.86
MLTECH>1	9	64.29
两者>1	8	57.14

如表 5 - 29 所示，ML 未改善的 6 个省份全部是技术退步导致的，这说明我国玉米生产在 2001—2020 年技术退步是造成绿色全要素生产率下降的重要原因。

表 5 - 29　ML 未改善的省份中按来源分布

项目	ML 未改善总数（个）	所占比例（%）
MLEFCH<1	0	0
MLTECH<1	6	100
两者<1	0	0

综上所述，2001—2020 年，我国玉米绿色全要素生产率改善程度为 3.58%，主要来源于技术效率变化上的改善，而技术变化上却起到了拖累作用，对我国玉米绿色全要素生产率改善和未改善的省份数目进行分析，能够从整体上掌握我国玉米不同绿色全要素生产率的分布特征，为我国玉米生产省份的未来发展方向提供参考。

（三）玉米绿色全要素生产率年度变化的规律

2001—2020 年我国玉米绿色全要素生产率的变化特征要从 20 个省份的年度平均值的变化来描述。表 5 - 30 和图 5 - 3 详细给出了 2001—2020 年绿色全要素生产率及其分解的均值结果。

表 5 - 30　2001—2020 年我国 20 个省份玉米绿色全要素生产率均值结果

年度	ML	MLEFCH	MLTECH
2001—2002	1.102 5	0.924 2	1.207 4
2002—2003	1.005 9	1.205 6	0.858 0
2003—2004	1.594 0	1.273 5	1.300 1
2004—2005	0.920 7	0.963 2	0.957 4
2005—2006	0.919 3	0.972 6	0.944 9

（续）

年度	ML	MLEFCH	MLTECH
2006—2007	0.966 5	1.040 0	0.939 6
2007—2008	1.039 0	1.097 2	0.952 9
2008—2009	0.926 7	1.016 2	0.918 6
2009—2010	0.936 4	1.030 8	0.914 4
2010—2011	0.931 3	0.904 7	1.066 6
2011—2012	1.105 8	1.258 8	0.899 6
2012—2013	0.990 7	0.959 4	1.049 5
2013—2014	0.987 3	1.136 1	0.873 7
2014—2015	1.010 8	1.015 0	0.998 3
2015—2016	1.000 1	0.976 9	1.029 9
2016—2017	1.058 1	0.969 0	1.103 7
2017—2018	1.001 9	1.070 4	0.951 7
2018—2019	1.010 7	0.988 8	1.014 5
2019—2020	1.172 1	1.158 5	1.012 5
平均值	1.035 8	1.050 6	0.999 6

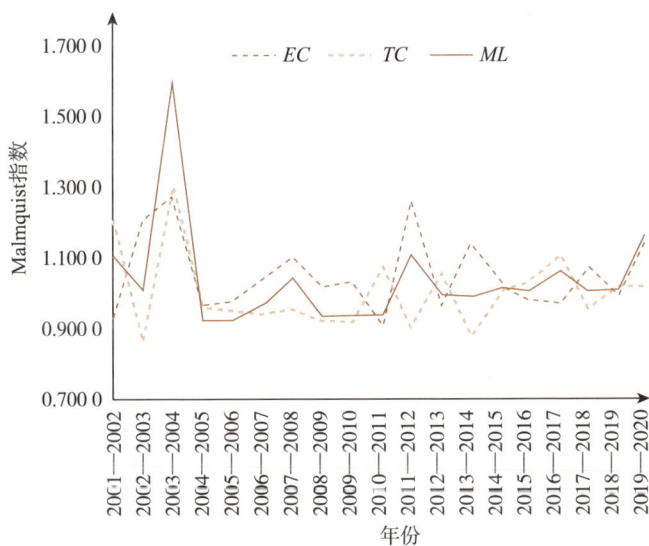

图 5-3　2001—2020 年玉米绿色全要素 Malmquist 指数（ML）的变化情况

总体看来，2001—2020 年，SBM-Malmquist 指数出现 4 个波峰，没有出现明显的波谷。第一个波峰出现在 2003—2004 年，第二个波峰出现在 2007—2008 年，第三个波峰出现在 2011—2012 年，第四个波峰出现在 2016—2017年。本书按年度的变化动态平均值结果画出如图 5-3 的曲线图，可直观展示出2001—2020 年玉米绿色全要素生产率变化的路径及其主要来源。

从核算结果具体来看各年度的绿色全要素生产率的变化及来源。

（1）2001—2004 年，玉米的绿色全要素生产率呈现改善的区间。在此区间，技术效率变化呈现逐步改善的状况，而技术进步呈现"改善—衰退—改善"的状况。

（2）2004—2007 年，玉米绿色全要素生产率的 ML 指数呈现衰退的趋势。在这几年中，技术变化动态均值呈现持续下降的趋势，而技术效率呈现持续上升的状态。

（3）2008—2011 年，玉米绿色全要素生产率的 Malmquist 指数呈现衰退状态。在这几年中，技术效率变化由改善转为恶化，而技术变化由恶化转为改善的发展趋势。

（4）2012—2014 年，玉米绿色全要素生产率的 Malmquist 指数呈现衰退状态。在这几年中，技术效率变化呈现上升趋势，而技术变化呈现下降趋势。

（5）2014—2020 年，玉米绿色全要素生产率的 Malmquist 指数呈现改善状态。除 2019—2020 年时技术效率变化和技术变化呈现双改善的状态外，其他年份都是两者呈现相反的发展趋势。

（四）不同区域生产效率比较分析

本书将玉米生产的 20 个省份分成 4 个主要的区域，如表 5-31 所示。本书分别分析了绿色全要素生产率变化的区域差异，计算结果如表 5-32 所示。

表 5-31　我国玉米主产省份的区域划分

区域	省份
主产区	辽宁、吉林、河北、山东、四川、河南、湖北、江苏、安徽、黑龙江、内蒙古
平衡区	山西、广西、重庆、贵州、云南、甘肃、陕西、宁夏、新疆
北方优势区	黑龙江、吉林、辽宁、内蒙古
黄淮海夏区	河南、山东、河北、山西、江苏、安徽
西北灌溉区	宁夏、甘肃、新疆、陕西
西南优势区	重庆、四川、云南、贵州、广西、湖北

表 5 - 32　2001—2020 年玉米分区域的绿色全要素生产率变化

区域（20）	ML	MLEFCH	MLTECH
北方优势区（4）	1.016 9	1.013 4	1.009 6
黄淮海夏播区（6）	1.058 6	1.071 8	0.988 8
西北灌溉区（4）	1.021 2	1.052 6	0.992 9
西南优势区（6）	1.035 2	1.052 8	1.008 3

（1）北方优势区共包括黑龙江、吉林、辽宁、内蒙古 4 个省份。2001—2020 年，其玉米生产的绿色全要素生产率动态变化的均值为 1.016 9，这意味着全要素生产率改善了 1.69%，这低于全国的平均水平（3.58%）；这个改善主要来源于技术效率变化改善的 1.34% 和技术变化改善的 0.96%。其中改善最大的是内蒙古，绿色全要素生产率改善了 5.99%，这个改善来源于技术效率变化改善的 2.69% 和技术变化改善的 4.68%。改善最小的省份是辽宁，绿色全要素生产率改善的均值为 0.990 9。

（2）黄淮海夏播区共包括河南、山东、河北、山西、江苏、安徽 6 个省份。2001- 2020 年，其玉米绿色全要素生产率动态变化的均值为 1.058 6，这说明绿色全要素生产率改善的均值为 5.86%。这个改善来自技术效率变化的改善 7.18% 和技术进步的变化为 -0.02%。在这 6 个省份中，改善最大的省份是江苏，其动态变化的均值为 1.120 4，衰退最大的省份为山东，其动态变化的均值为 0.946 4。

（3）西北灌溉区包括宁夏、甘肃、新疆、陕西 4 个省份。2001—2020 年玉米的绿色全要素生产率动态变化的均值为 1.021 2，其改善主要来自技术效率的变化，技术效率改善了 5.26%。在这 4 个省份中，有 3 个省份实现了绿色全要素生产率的改善，其中改善最大的省份是甘肃，其 GTFP 动态变化的均值 1.071 0，衰退最大的为陕西，其 GTFP 动态变化的均值为 0.977 3。

（4）西南优势区包括重庆、四川、云南、贵州、广西、湖北 6 个省份。2001—2020 年 GTFP 动态变化的均值为 1.035 2，这意味着 2001—2020 年西南优势区的绿色全要素生产率改善了 3.52%。这个改善稍微低于全国 20 个省份的平均值 3.58%，其改善主要来自技术效率变化的改善。在这 6 个省份中，4 个省份实现了 GTFP 的改善，GTFP 改善最大的为贵州，2001—2020 年其 GTFP 动态变化改善的均值为 1.097 9，ML 指数最小的省份为重庆，其动态变化的均值为 0.985 2。

综合分区域的结果分析发现,黄淮海夏播区玉米绿色全要素生产率的改善最大(5.86%),北方优势区玉米生产的 GTFP 动态变化的改善最小(1.69%),虽然北方优势区是我国玉米主要的生产区,但其受制于传统生产技术,在技术改善和绿色化方面成本较高,所以造成其绿色全要素生产率的改善水平较低。黄淮海夏播区作为我国玉米重要的主产区,其玉米种植处于技术快速变化的状态,更便于采用新的、绿色化的技术,并且在技术研发和实施方面具有一定优势。

各省份的玉米绿色全要素生产率均值如表 5-33 所示。

表 5-33　不同省份玉米绿色全要素生产率均值

省份	ML	MLEFCH	MLTECH
河北	1.072 4	1.088 4	1.005 7
山西	1.053 2	1.044 5	1.002 9
内蒙古	1.059 9	1.026 9	1.046 8
辽宁	0.990 9	1.011 5	0.979 3
吉林	1.001 7	1.017 4	0.995 6
黑龙江	1.015 1	0.997 7	1.016 5
江苏	1.120 4	1.139 1	0.983 1
安徽	1.160 1	1.140 3	0.989 3
山东	0.946 4	1.005 8	0.965 2
河南	0.999 3	1.012 6	0.986 4
湖北	1.029 7	1.017 1	1.022 9
广西	1.075 0	1.065 9	1.066 9
重庆	0.985 2	1.007 0	0.976 8
四川	0.994 6	1.022 2	0.980 2
贵州	1.097 9	1.134 3	0.997 5
云南	1.028 7	1.070 3	1.005 6
陕西	0.977 3	1.044 6	0.953 8
甘肃	1.071 0	1.091 9	0.992 9
宁夏	1.030 9	1.056 6	1.015 2
新疆	1.005 7	1.016 9	1.009 9
均值	1.035 8	1.050 6	0.999 6

第六章
我国粮食生产高质量发展研究

随着我国居民消费需求与粮食生产技术的转型，粮食生产高质量发展成为新的时代需求。粮食生产高质量发展需要将创新发展、绿色发展和包容性发展融合起来。我国粮食总产量逐年增长，但是粮食安全隐患仍明显存在。在农村劳动力不断外流的背景下，化肥、机械等要素投入带来的粮食产量增长受到限制，因此要更加重视粮食全要素生产率的提高，促进粮食生产的高质量发展，提高粮食生产综合能力，保障国家粮食安全。

第一节　基于生产效率的粮食生产高质量发展指标

党的十八届五中全会提出创新、协调、绿色、开放、共享的新发展理念。本书结合新发展理念设置了 5 类指标，来衡量粮食生产高质量发展水平。基于现有文献对粮食生产高质量发展研究指标的构建，结合本书对于粮食生产高质量发展内涵的阐释，本书将粮食生产的全要素生产率、绿色全要素生产率和莫兰指数作为创新、绿色和协调的衡量指标。开放使用粮食生产的社会化服务水平来衡量。共享使用粮食生产的空间关联性指标来衡量。应用此五类指标建构一个多指标的评价指标体系来衡量粮食生产的高质量，并使用熵权法来评价每一个省份粮食生产高质量发展状况。

一、粮食生产高质量发展的创新指标

我国粮食产量自 2003 年以来实现十二连增，对全国粮食供给作出了巨大贡献，但粮食产量增长率在近几年却逐年降低。全要素生产率（total factor productivity，简称 TFP）增长是促进粮食产量增长的重要手段，对产量能否持续稳定增加有重要影响。因此，本书主要以 2003 年以来我国粮食生产基本情况

为基础，系统分析粮食全要素生产率的时间及空间演变、对粮食产量增长的贡献度、自身的收敛性及影响因素，以便掌握我国粮食全要素生产率增长的规律及特征，为以后提高粮食全要素生产率进而促进粮食生产高质量发展提供参考。

很多学者将创新指标纳入到粮食全要素生产率衡量指标体系中。研究认为，近年来我国粮食产业高质量发展水平呈现快速上升趋势，粮食产业在质量-效率协调性上进行了深度调整，但仍存在影响粮食安全及产业发展的不稳定因素和制约因素。祁迪等（2022）基于新发展理念，统筹粮食产业发展与粮食安全来理解粮食产业高质量发展的内涵，从安全保障、结构效益、科技创新、绿色生态和包容共享五个维度来构建我国粮食产业高质量发展指标体系，评估了 2015—2019 年我国粮食产业高质量发展水平[①]。高维龙等（2021）研究认为，创新是赋能粮食产业转型升级、引领高质量发展的第一动力。粮食全要素生产率是表示生产创新的重要指标，我国东部地区在科技创新方面具有优势，其技术进步速度领先于中西部地区[②]。王瑞峰等（2020）基于价值链分析构建了中国粮食产业高质量发展内涵框架体系，认为粮食产业科技对于粮食产业高质量发展十分重要，粮食生产和加工环节的效率指标、农业生态可持续指标、粮食产业科技人数指标等应纳入粮食产业高质量发展评价指标体系[③]。因此，本书将粮食创新纳入粮食生产高质量发展评价指标之中。粮食生产指标则作为粮食生产高质量发展评价指标体系中的基础性指标（表 6-1）。

表 6-1　粮食生产、安全和创新指标

一级指标（8）	二级指标（32）	指标含义和数据来源
粮食生产	粮食播种面积（万公顷）	《中国统计年鉴》、国家统计局
	粮食单产（公斤/公顷）	《中国农业年鉴》、各省份经济统计
	粮食土地生产率（%）	《中国农业年鉴》
	粮食劳动生产率（%）	《中国农业年鉴》
	粮食成本收益率（%）	《农产品成本收益汇编》
	耕种收综合机械化率（%）	《中国农业机械工业统计年鉴》

---

① 祁迪，祁华清，樊琦. 粮食产业高质量发展评价指标体系构建［J］. 统计与决策，2022，38（5）：106-110.

② 高维龙，李士梅，胡续楠. 粮食产业高质量发展创新驱动机制分析：基于全要素生产率时空演化视角［J］. 当代经济管理，2021，43（11）：53-64.

③ 王瑞峰，李爽，王红蕾，等. 中国粮食产业高质量发展评价及实现路径［J］. 统计与决策，2020，36（14）：93-97.

（续）

一级指标（8）	二级指标（32）	指标含义和数据来源
粮食安全	粮食人均消费量（公斤）	《中国统计年鉴》
	粮食产需缺口（万吨）	《中国统计年鉴》
	粮食播种面积变动率（%）	国家统计局
粮食创新	耕地保障程度（%）	《中国农村统计年鉴》、国家统计局
	人平均粮食产量（公斤）	国家统计局
	质量达标率（%）	《中国粮食年鉴》附录
	粮食产业化水平（%）	《中国粮食年鉴》附录、《中国农村统计年鉴》

二、粮食生产高质量发展的绿色指标

保护生态环境前提下实现粮食增产是保障我国粮食安全可持续发展的重要前提。新时期粮食生产高质量发展应该以提升绿色效率为必要条件。从绿色发展的角度看，绿色全要素生产率同时将经济效益和资源环境代价纳入分析框架，这与"既要经济快速增长又要污染排放减少"的绿色发展理念相契合。高维龙（2021）[1] 等学者研究认为，实现粮食产业高质量发展，应以提升绿色效率和服务生态系统为发展目标，聚焦于粮食高质量发展的绿色效率问题。胡莉莉等（2024）认为粮食生产用能包含有机能和无机能，前者包括劳动力、畜力及粪便等，后者包括农药、农膜、化肥、农机与柴油等。粮食的绿色生产过程需要考虑粮食生产有机能和无机能所产生的二氧化碳排放量。史常亮（2024）等研究认为，土地流转带来的经营规模扩大将会通过影响农户的化肥投入水平和绿色技术采用行为，进而对农业面源污染产生影响，可能会出现使用其他技术替代化肥的情况。同时，伴随着土地经营规模的扩大，农户生产方式也将随之发生改变，比如从原来"小而全"的多样化种植转向效率更高的专业化种植，这种转变有利于增加农户化肥减量生产知识的积累，提高化肥利用效率，从而减少农业面源污染排放。因此，本书将农药施用强度、化肥使用强度、地膜施用强度、有效灌溉面积和机械使用强度等指标纳入粮食生产高质量发展指标评价体系之中（表6-2）。

---

① 高维龙．中国粮食产业高质量发展驱动机制研究［D］．长春：吉林大学，2021．

表 6 - 2　绿色发展指标计算所包括的变量

指标	数据来源
农药施用强度（吨/公顷）	《中国农业年鉴》
化肥使用强度（吨/公顷）	《中国农业年鉴》
地膜施用强度（吨/万公顷）	《中国农业年鉴》
有效灌溉面积（千公顷）	《中国农业年鉴》
机械使用强度（千瓦/公顷）	《中国农业年鉴》

三、粮食生产高质量发展的开放、协调和共享指标

农业社会化服务是指在家庭承包经营的基础上，为农业产前、产中、产后各个环节提供的各类服务的统称，包括农资供应、生产服务、技术服务、信息服务、金融服务、保险服务，以及农产品的包装、运输、加工、贮藏、销售等内容（张甜等，2024；张利国等，2024）。目前，我国的社会化服务体系已经走过内涵拓展、体系建设的阶段，正迈向发展新型农业社会化服务体系的新征程。"十四五"时期，我国农业社会化服务在内容、主体、形式等多方面呈现高质量发展的趋势，其主要特征是服务主体多元化、服务内容生产化、服务对象精准化、服务形式专业化。当前，社会化服务被认为是粮食生产效能提高的充要条件，也是加快农业发展方式转变的引擎。

从协调发展的角度看，推动协调发展首先体现在提高资源配置效率上，而全要素生产率本质上是一种资源配置效率，即全要素生产率的提升与协调发展是内在统一的。从开放发展的角度看，高质量发展必然要求更高水平的对外开放，而全要素生产率是促进地区提升发展效率参与国内国际双循环的重要手段，全面提升开放型经济发展水平必须依靠全要素生产率的增长。从共享发展的角度看，生产力是共享发展的物质基础，而全要素生产率是生产力发展的集合体，其稳步提升有利于扩大共享基础、保障共享质量。综上可知，作为现代经济学中表征经济发展质量的核心因素，全要素生产率虽然无法全面反映农业高质量发展的内涵，但二者在本质方向上具有高度一致性。而绿色全要素生产率在传统全要素生产率的基础上进一步考虑了环境污染约束，既符合现实农业生产过程，又与新发展理念相契合，是从经济发展质量角度衡量农业高质量发展水平较为理想的指标。因此，本书采用社会化服务代表开放、协调和共享指标，并将其纳入粮食生产高质量发展评价指标之中（表 6 - 3）。

表 6 - 3　粮食生产社会化服务的指标体系

指标	资料来源
农业化肥使用量（万吨）	《中国统计年鉴》、国家统计局
农药施用量（万吨）	《中国统计年鉴》、国家统计局
农业塑料薄膜使用量（吨）	《中国统计年鉴》、国家统计局
农村用电量（亿千瓦时）	《中国统计年鉴》、国家统计局
农业贷款余额（亿元）	《中国金融年鉴》
农业保险（亿元）	《中国保险年鉴》
农业技术人员（人）	《中国科技统计年鉴》
农业机械总动力（万千瓦）	《中国统计年鉴》、国家统计局
农业柴油消耗量（万吨）	《中国统计年鉴》、国家统计局
移动电话（每百户）（部）	《中国统计年鉴》、国家统计局
彩色电视（每百户）（台）	《中国统计年鉴》、国家统计局
家用电脑（每百户）（台）	《中国统计年鉴》
有效灌溉面积（千公顷）	《中国统计年鉴》、国家统计局
发电设备容量（千瓦）	《中国统计年鉴》
水库总容量（亿米^3）	《中国统计年鉴》、国家统计局
水土流失治理面积（千公顷）	《中国统计年鉴》、国家统计局
农林水事务（亿元）	《中国统计年鉴》
对第一产业的总投资（亿元）	《中国统计年鉴》
谷物回收损失（万吨）	《中国粮食年鉴》

第二节　我国粮食生产高质量发展评价实证

一、粮食生产高质量发展评价模型

熵值法是一种在综合考虑各因素提供信息量的基础上，计算综合指标的统计方法。作为客观综合定权法，主要根据各个指标传递给决策层的信息量大小来确定权重。在信息论中，熵是对不确定性的一种度量，信息量越大，不确定性就越小，信息量越小，不确定性就越大，熵也越大。熵值法是一种客观赋权方法，它通过计算指标的信息熵，相对变化程度较大的指标具有较大的权重，其基本计算原理如下。

(1) 假设评价对象为某一个省份的粮食生产高质量发展的 n 个评价指标，包括 m 年的数据，可得到每年各个指标的评价指标统计值，其矩阵为下式。

$$R = (x_{ij})_{m \times n} (i = 1, \cdots, m, j = 1, \cdots, n) \qquad (6-1)$$

(2) 由于各指标的量纲，数量级均有差异，所以为消除因量纲不一致而对评价结果的影响，需要对各个指标进行标准化处理。

$$x_{ij}^t = \frac{x_j - x_{\min}}{x_{\max} - x_{\min}} （对于正向指标） \qquad (6-2)$$

$$x_{ij}^t = \frac{x_{\max} - x_j}{x_{\max} - x_{\min}} （对于逆向指标） \qquad (6-3)$$

其中 x_j 为第 j 项指标，$x_{\max}$ 为第 j 项指标的最大值，$x_{\min}$ 为第 j 项指标最小值，x_{ij}^t 为标准化值，不同类型的指标采用不同的公式进行标准化处理。

(3) 计算第 j 项指标下第 i 个评价值占给指标的比重。

$$y_{ij} = \frac{x_{ij}^t}{\sum\limits_{i=1}^{m} x_{ij}^t} (i = 1, \cdots, m, j = 1, \cdots, n) \qquad (6-4)$$

(4) 计算第 j 个指标的信息熵。

$$H_j = K \sum_{i=1}^{m} y_{ij} \ln y_{ij} \text{ 其中 K 为常熟，} K = \frac{1}{\ln m} \text{ 为第 } j \text{ 项指标的信息熵。}$$

(5) 计算第 j 项指标的权重。

$$w_j = \frac{1 - H_j}{\sum\limits_{j=1}^{n} 1 - H_j} \qquad (6-5)$$

本书使用熵值法方法赋权，确定权重后，利用线性加权法来计算粮食生产高质量发展历年的综合发展指数，数据分析软件为 Stata14.0。

(6) 粮食生产高质量衡量指标。

$$H_i = \sum_{i=1}^{3} w_i \times p_i \qquad (6-6)$$

其中以省为单位，w_i 为该省份主粮作物（小麦、水稻、玉米）产量占该省粮食总产量的比重，p_i 为该省主粮作物的生产高质量指标。

二、粮食生产高质量发展指标的分类评价

（一）粮食生产的创新发展指标

表 6-4 是 2001—2020 年全国粮食主产省份创新驱动指数的排名情况。综合来看，全国粮食主产省份的均值为 0.760 4，标准差为 0.121 1，有 16 个省份在均值水平以上，有 10 个省份在均值水平以下，其中第一名与最后一名的指数的差值为 0.444 9。说明我国粮食主产省份在总体上的创新驱动水平处于中等偏上的水平，但是地区间的发展水平不够均衡，还有较大的改进空间。

东部地区在全国粮食主产省份中占了 8 席，比例为 30.77%。东部 8 省份的创新驱动指数均值为 0.735 8，低于全国平均水平。其中排名第一的省份是江苏省，指数为 0.952 8，在全国粮食主产省份中排名仍是第一；排名最后的是广东省，指数为 0.539 9，在全国粮食主产省份中排名为第二十五，与第一名得分的差距显著。

中部地区在全国粮食主产省份中占了 10 席，比例为 38.46%。中部 10 省份的创新驱动指数均值为 0.780 6，略高于全国平均水平。其中排名第一的省份是河南省，指数为 0.889 3，在全国粮食主产省份中排名为第二名；排名最后的是广西壮族自治区，指数为 0.574 9，在全国粮食主产省份中排名第二十三。

西部地区在全国粮食主产省份中占了 8 席，比例为 30.77%。西部 8 省份的创新驱动指数均值为 0.759 8，接近于全国平均水平。其中排名第一的省份是贵州省，指数为 0.873 8，在全国粮食主产省份中排名为第五名；排名最后的是甘肃省，指数为 0.50 79，在全国粮食主产省份中排名第二十六。

表 6-4　2001—2020 年全国粮食主产省份创新驱动指数排名

省份	创新驱动指数得分	创新驱动指数排名
江苏	0.952 8	1
河南	0.889 3	2
山东	0.882 7	3
湖北	0.874 5	4
贵州	0.873 8	5
四川	0.856 9	6

（续）

省份	创新驱动指数得分	创新驱动指数排名
重庆	0.856 0	7
江西	0.854 6	8
新疆	0.826 9	9
浙江	0.825 0	10
吉林	0.820 7	11
安徽	0.814 7	12
山西	0.804 8	13
陕西	0.796 4	14
河北	0.779 8	15
湖南	0.770 6	16
黑龙江	0.744 7	17
宁夏	0.739 3	18
辽宁	0.734 4	19
内蒙古	0.657 0	20
云南	0.621 3	21
福建	0.614 5	22
广西	0.574 9	23
海南	0.557 1	24
广东	0.539 9	25
甘肃	0.507 9	26

（二）粮食生产的绿色发展指标

表 6-5 是 2001—2020 年全国粮食主产省份绿色经济指数的排名情况。综合来看，全国粮食主产省份的均值为 0.739 1，标准差为 0.149 3，有 16 个省份在均值水平以上，有 10 个省份在均值水平以下，其中第一名与最后一名的指数的差值为 0.541 2，广东省的指数得分还不足第一名河南省的一半。这说明在总体上我国粮食主产省份的绿色经济水平处于中等偏上的状态，但是地区间的发展水平有些失衡，存在较大的改进空间。

东部 8 个省份的绿色经济指数的均值为 0.685 5，显著低于全国平均水平。其中排名第一的省份是江苏省，指数为 0.909 8，在全国粮食主产省份中仅次于中部地区的河南省，位列第二；排名最后的是广东省，指数为 0.412 4，在全国粮食主产省份中排名为第二十六，与江苏省的得分差距比较显著。

中部 10 个省份的创新驱动指数均值为 0.803 8，显著高于全国平均水平。其中排名第一的省份是河南省，指数为 0.953 6，在全国粮食主产省份中排名为第一名；排名最后的是广西壮族自治区，指数为 0.504 9，在全国粮食主产省份中排名第二十四。

西部 8 个省份的创新驱动指数均值为 0.711 9，略低于全国平均水平，其中排名第一的省份是四川省，指数为 0.857 9，在全国粮食主产省份中排名为第八名；排名最后的是云南省，指数为 0.545 0，在全国粮食主产省份中排名第二十二。

表 6-5　2001—2020 年全国粮食主产省份绿色经济指数排名

省份	绿色经济指数得分	绿色经济指数排名
河南	0.953 6	1
江苏	0.909 8	2
浙江	0.901 6	3
安徽	0.887 0	4
江西	0.885 3	5
湖北	0.876 3	6
黑龙江	0.861 8	7
四川	0.857 9	8
山东	0.833 2	9
吉林	0.819 6	10
湖南	0.809 9	11
山西	0.806 8	12
重庆	0.789 8	13
新疆	0.760 3	14
辽宁	0.754 5	15
宁夏	0.741 7	16
陕西	0.728 8	17

（续）

省份	绿色经济指数得分	绿色经济指数排名
贵州	0.716 2	18
河北	0.655 6	19
内蒙古	0.632 7	20
甘肃	0.555 8	21
云南	0.545 0	22
福建	0.518 5	23
广西	0.504 9	24
海南	0.498 4	25
广东	0.412 4	26

（三）粮食生产的开放、协调和共享发展指标

表 6-6 是 2001—2020 年全国粮食主产省份开放、协调和共享发展指数的排名情况。综合来看，全国粮食主产省份的均值为 0.280 2，标准差为 0.112 3，有 13 个省份在均值水平以上，有 13 个省份在均值水平以下，其中第一名与最后一名的指数的差值为 0.435 6。这说明在总体上我国粮食主产省份的开放发展水平处于较低的状态，但是地区间的发展水平相对均衡，部分省份存在改进空间。

东部 8 个省份的开放、协调和共享发展指数均值为 0.326 7，显著高于全国平均水平。其中排名第一的省份是山东省，指数为 0.496 4，在全国粮食主产省份排名中位列第一；排名最后的是海南省，指数为 0.060 8，在全国粮食主产省份中排名为第二十六，与山东省的得分差距十分显著。

中部 10 个省份的开放、协调和共享发展指数均值为 0.293 0，略高于全国平均水平。其中排名第一的省份是河南省，指数为 0.467 7，在全国粮食主产省份中排名为第二名；排名最后的是山西省，指数为 0.158 1，在全国粮食主产省份中排名第二十二。

西部 8 个省份的开放、协调和共享发展指数均值为 0.217 8，显著低于全国平均水平。其中排名第一的省份是四川省，指数为 0.395 1，在全国粮食主产省份中排名为第五名；排名最后的是宁夏回族自治区，指数为 0.067 9，在全国粮食主产省份中排名第二十五。

表 6－6　2001—2020 年全国粮食主产省份开放、协调和共享发展指数排名

省份	开放、协调和共享发展指数得分	开放、协调和共享发展指数排名
山东	0.496 4	1
河南	0.467 7	2
河北	0.413 6	3
江苏	0.411 3	4
四川	0.395 1	5
广东	0.375 0	6
黑龙江	0.366 5	7
浙江	0.345 3	8
湖南	0.343 6	9
湖北	0.325 7	10
云南	0.307 5	11
安徽	0.299 5	12
新疆	0.293 7	13
内蒙古	0.265 2	14
福建	0.256 6	15
辽宁	0.254 3	16
江西	0.236 1	17
广西	0.233 9	18
吉林	0.233 4	19
陕西	0.210 1	20
甘肃	0.195 1	21
山西	0.158 1	22
贵州	0.150 0	23
重庆	0.122 9	24
宁夏	0.067 9	25
海南	0.060 8	26

三、粮食生产高质量发展指标

表 6－7 将三个分类指标汇总成粮食主产省份的高质量发展指数并进行排

名。综合来看，全国粮食主产省份的均值为 0.504 0，东部 8 个省份的高质量
发展指数的均值为 0.498 4，中部 10 个省份的高质量发展指数的均值为
0.563 9，西部 8 个省份的高质量发展指数的均值为 0.434 8。由此可见，中部
地区的粮食生产高质量发展水平较高，西部地区粮食生产高质量发展水平较
低，东部地区的粮食生产高质量发展属于平均水平。其中，前三名分别为中部
的河南省、东部的江苏省和山东省，组成第一梯队，粮食生产高质量发展指数
均在 0.75 以上。后三名分别是东部的海南省，西部的甘肃省以及中部的广西
壮族自治区，其粮食生产高质量发展指数均在 0.25 以下。

表 6 - 7　2001—2020 年全国粮食主产省份高质量发展指数排名

省份	高质量发展指数得分	高质量发展指数排名
河南	0.811 9	1
江苏	0.791 9	2
山东	0.774 4	3
四川	0.698 2	4
湖北	0.676 6	5
浙江	0.675 5	6
安徽	0.628 4	7
江西	0.618 5	8
黑龙江	0.617 9	9
湖南	0.602 9	10
河北	0.574 0	11
新疆	0.559 5	12
吉林	0.547 8	13
山西	0.495 1	14
陕西	0.488 7	15
重庆	0.484 6	16
辽宁	0.475 3	17
内蒙古	0.391 2	18
贵州	0.367 4	19
云南	0.339 5	20
宁夏	0.325 1	21

（续）

省份	高质量发展指数得分	高质量发展指数排名
福建	0.293 1	22
广东	0.282 6	23
广西	0.248 7	24
甘肃	0.215 7	25
海南	0.120 4	26

第三节　我国粮食生产高质量发展策略

根据本书的研究结论，粮食生产高质量发展，应以保障粮食供给、提升绿色效率和服务生态系统为发展目标，以农业社会化服务深化为核心手段，构建系统的驱动机制，培育高质量发展新动能。实现可从激活创新动力、强化绿色生产、释放服务化红利三个方面形成"创新驱动、绿色驱动、服务化驱动"三位一体的驱动机制，充分发挥多引擎驱动的协同效应，推动粮食生产的高质量发展。

一、科技创新驱动战略

科学技术作为第一生产力，是我国粮食生产转向高质量发展过程中的关键动能。粮食生产的高质量发展需要进一步加强粮食创新资源投入，发展粮食科技，坚持创新驱动发展战略。粮食生产高质量发展需要加大科技创新资金投入，打造"产学研"综合创新平台，在育种攻关、粮食精深加工等技术上发力，提升粮食生产、流通的机械化、智能化水平，提高粮食综合生产效率。具体可以从如下几个方面实施科技创新驱动粮食生产高质量发展战略：

第一，多渠道增加粮食生产科研投入，提高粮食科技研发投入水平。要形成粮食科研投入来源多元化局面，特别关注涉农企业的研发投入，对涉农企业给予相应的政策扶持，释放政策激励效应。

第二，支持粮食科技孵化器建设，提高粮食科技成果应用水平。鼓励各地政府根据实际情况为粮食科技孵化器建设创造更多有利条件。

第三，开展现代粮食科技普及培训项目，提高粮食领域从业者的专业技术水平。现代粮食的科技含量高，而我国粮食生产从业者大都是传统农民，因而有必要开展现代粮食科技普及培训。

第四，成立专门的智慧粮食研究机构，加快数字技术、人工智能在粮食生产领域的应用。数字农业、智慧农业无疑是现代粮食生产的最新发展方向。我国要充分利用好在物联网、大数据、云计算、人工智能、5G 等相关技术方面的优势，加速数字信息技术在粮食生产方面的应用。

此外，我国粮食生产高质量发展的科技创新驱动战略，需要加强数字普惠金融发展力度，激活外部动力驱动机制。要加大数字金融科技研发投入力度，努力降低融资交易成本，不断延伸数字普惠金融服务抵达边界，解决金融服务的"最后一公里"问题；要进一步将数字普惠金融服务精准聚焦于"三农"领域，加快推进"三农"金融业务全过程数字化改造，通过金融科技培育助力农村普惠金融，扩展农村地区的数字金融服务；要加速建立农村数字金融信用体系，优化粮食生产数字金融保险服务，利用数字平台建立粮食生产保险与信贷之间的内部联系，形成线上线下有机结合的数字农业金融发展模式，结合大数据技术缓解农户与数字融资平台之间的信息不对称问题，通过"数据多跑路，农民少跑路"的服务方式有效推进粮食生产高质量发展的进程。在推动数字普惠金融发展的同时还要密切关注数字普惠金融发展的区域协调度。要加强农村地区互联网和相关通信设施建设，推进中西部落后地区数字化金融服务力度和数字技术硬件基础建设；要积极完善落后地区的数字电信覆盖服务，加强农村地区示范性网络建设；要推动农村地区互联网知识的普及和应用，逐步缩小区域之间的数字鸿沟，推动农村地区数字普惠金融服务获得机会的均等化。

二、绿色生产组织战略

我国"十四五"规划指出，"全面推进乡村振兴，提高农业质量效益和竞争力"。近年来，我国粮食生产发展面临诸多挑战。由于受到生产要素流失、资源短缺、气候恶化和国际贸易保护等内外因素叠加影响，粮食生产及全产业链转型的压力十分严峻。粮食生产向"质量兴农""效益兴农""绿色兴农"的高质量发展转型势在必行。实现粮食生产高质量发展，既是全力保障国家粮食安全的必然选择，又是持续巩固拓展脱贫攻坚成果的现实要求，更是全面贯彻"两山理论"的具体表现，对实现农业现代化、促进乡村产业振兴具有重要作用。新时期粮食产业高质量发展是更关注于粮食商品使用价值及其质量的发展，是以保障粮食供给为首要目标、以提升绿色效率为必要条件、以服务生态系统为最终目的的可持续的发展。根据本书的研究，目前我国粮食生产高质量发展的主要限制在于生产要素投入过多、绿色技术水平不高、绿色生产基础设施不完善等问题，实施绿色生产组织战略是粮食生产高质量发展的核心手段。

绿色生产组织战略的基础是坚持推进高标准农田建设政策，促进粮食生产中的碳排放减量。加强农业综合项目资金投入，完善农业综合开发项目的资金投入体系；推动中高低田改造和农业生态综合治理，建设优质的粮食生产基地，建立粮食产业化经营项目，努力打造以农民专业合作社、龙头企业为代表的现代农业生态园区和生态科技示范区，改善粮食生产条件，从而推进农业低碳化与粮食生产高质量发展的进程。除此之外，要重点解决政策实施过程中的区域差异问题。将中西部地区和粮食主产区作为政策实施的重点区域，调动粮食领域碳排放分布较高区域政策推行的积极性。通过政策试点探索出适合不同区域高标准农田建设模式，并将成熟的发展模式进行有效推广。强调政策实施过程中动态监控，实现化肥、农药等投入要素的科学减量配比，提高要素投入利用效率，强化测土配方技术应用，激发粮食生产中的节能技术创新能力，助力实现粮食生产高质量发展。

绿色生产组织战略的重点是积极推动粮食生产的适度规模化。农业生产规模小以及分散的特点会影响到农户在粮食生产过程中的管理与决策行为，并且还会减少农业劳动力的就业机会。因此，若要农民扩大粮食生产规模，就要积极完善农村土地流转等政策，推动粮食生产的土地规模化经营。在粮食生产土地流转集聚过程中，政府的作用显得尤为重要：一是政府要协调各组织间的关系，加大对粮食生产领域的扶持力度，规范市场秩序，为粮食生产的土地流转集聚发展创造条件。二是建立农业合作社等组织，将粮食产业以及相关企业机构有机结合起来，以此规避市场风险。三是积极推进粮食生产集聚区内的技术传播工作，解决农户所遇到的生产技术问题，为粮食科技成果转化提供场所。

绿色生产组织战略中，高标准农田建设和粮食生产适度规模化要相互配合、相互协作。高标准农田代表着粮食生产集中连片分布，生产配套设施完善，土壤以及生态环境良好，粮食生产高质高产，是与现代粮食生产经营相适应的高等级基本农田。高标准农田的建设有利于提高粮食的产量和质量，改善土壤品质。并且通过土地的整合、种植结构的调整以及农业基础设施的改善等措施，为粮食生产新技术的推广、新品种的引进以及延长粮食产业链创造良好的环境条件。相比较于传统粮食生产过度使用化学农药、化肥，容易造成环境和土壤的污染，高标准农田的建设对于土地的利用更加合理，土地环保观念更强。高标准化种植模式，一定程度上会减轻粮食生产对环境的污染和破坏。在提高农业效益和农产品竞争力方面，高标准农田的建设起到关键作用，通过开展土地整合，将分散小规模的种植地集聚到一起，便于机械化工作，从而降低人工成本，提高粮食种植综合效益。规模化的经营促进粮食生产向专业化和品牌化方向发展，从而提高粮食产品的市场竞争力，高标准农田的这些内容与粮食生产高质量发展的内涵不谋而合。

三、社会服务释放策略

农业生产性社会化服务能够有效地保障粮食生产安全。在新的发展时期，能够作为更有效的手段保障粮食安全水平，转变小农户经营为主的农业生产经营方式，促进粮食生产向高质量发展转型。农业生产性社会化服务存在独特优势，为进一步发挥农业生产性社会化服务对粮食生产高质量发展的促进作用，可以从以下几个方面实施社会服务释放策略：

第一，农业生产性社会化服务要坚持以服务农户和粮食作物为重点。农业生产性社会化服务要保障粮食生产的高质量发展，要实现粮食生产的现代化转型。这必须以小农户为主要的服务对象，农业生产性社会化服务的进一步发展必然也要继续以小农户为重点，用更专业的服务、更先进的技术解决小农户面临的粮食生产难题，从根本上带动农户粮食生产转型。另外，要以粮食作物为重点服务对象。粮食安全事关国家安全，各地在发展农业生产性社会化服务时，服务粮食作物要放在首位，尤其是小麦、水稻、大豆、玉米等粮食作物。要求相关农业生产性社会化服务主体，不断提升自身服务水平，为粮食生产提供专业标准的规模化服务，在服务小农户和粮食作物的过程中，促进农户粮食生产转型，保障粮食生产的高质量发展。

第二，农业生产性服务要进一步加快重点组织的培育，持续发挥粮食生产规模优势。基于规模经营效应，规模大、实力强的农业生产性社会化服务型组织，其带动农户进行粮食生产的能力最强且收益高；而数量较多的农业服务专业户，基本是分散提供服务，难以形成规模上的优势，其提供服务收益较低。要进一步整合农业服务专业户，形成农业生产性社会化服务的规模优势。一方面，能够实现服务规模化发展，在粮食生产产前环节，统一进行农资购买和相关服务，降低成本，提高种粮收益比；另一方面，由分散到集中，集中发挥农户的力量，更有利于进行统筹规划，能够保障在不同的粮食生产环节，服务主体都是更具生产优势的农业专业户，减少供给过多的同质类服务，更精准地对接实际服务需求，逐步形成多元化、具有竞争力的服务体系，充分发挥不同农户在粮食生产上的优势。通过培育重点服务型企业，提升农业生产性社会化服务的规模化水平，发挥农户在粮食不同生产环节的优势，进一步保障粮食生产的高质量发展。

第三，农业生产性服务要进一步拓宽服务环节，提升服务质量。基于专业分工效应，当前阶段，农业生产性社会化服务在服务环节更多集中于耕、种、防、收环节，相关服务主体或提供单一环节服务，或提供部分环节服务，全链条服务整体较少，需要进一步提升服务环节深度。一方面，积极鼓励相关实力较强的服务主体向粮食生产链条的上下游发展，并给予一定的政策补贴，拓宽农业生产性社会化服务覆盖的粮食产业链条，尽可能向产前、产中、产后等全过程的服务全面发展，提升自身的服务纵向深度，进而提升粮食生产的专业分工水平。另一方面，对实力较弱的服务主体，可以进行集中力量差异化发展，可以向产前、产后等服务领域发展，形成自己的竞争优势，同样拓宽了农业生产性社会化服务渠道。在拓宽服务环节的同时，要注重提升农业生产性社会化服务的服务质量，要严格把关，只有优质的服务才能真正获得农户的信任，才能真正帮助农户实现粮食生产的现代化转型，保障粮食生产的高质量发展。

第四，农业生产性社会化服务要进一步加强粮食生产科技创新，提升粮食产业科技化水平。基于技术进步效应，农业生产性社会化服务促进粮食生产高质量发展需要大力推进粮食科技创新与应用水平。一方面，企业进行技术创新的前期研发投入较高，成本压力较大，一定程度上抑制了技术创新，需要给予相应的研发投入补贴政策倾斜，完善相关专利保护制度，鼓励相关的研发机构进行技术创新。同时需要进一步完善相关协同机制，让农户、农业生产性社会化服务组织、专业的农业技术开发机构之间相互促进，技术不断创新和农业生产性社会化服务的不断应用和推广，有效带动小农户的技术更新，实现技术创新和应用的统一。另一方面，粮食产业科技创新需要进一步向产前、产后等环节深入，优质良种培育、绿色粮食产品深加工技术等，推动粮食产业的全链条创新。在新的发展时期，要继续坚定进行粮食生产技术创新，实现粮食生产的绿色科技化转型，切实保障粮食生产的高质量发展。

第四节　农民专业合作社粮食生产高质量发展案例

农民专业合作社作为农业生产者自愿组建的经营组织。在经过"井喷式"数量增长后，我国农民专业合作社并未同步实现规范化运行和高质量发展。基于"浙大卡特——企研中国涉农研究数据库"提供的农民专业合作社数据，正在运行的合作社中，约60%的农民专业合作社为"空壳社"，从经营和服务能力看，整体能力偏弱，且分布不均衡（马彦丽等，2024）。农民专业合作社对农户收入增长与粮食产量增长的带动作用不十分明显，只有1/3的农民专业合作社对农户增收与粮食产量增长具有推动作用（孔祥智，2019）。但是，农民专业合作社在科技创新投入、绿色生产组织和社会化服务应用方面均有一定的优势。在良好发展运行的这些农民专业合作社中，其合作社内外部不同功能资源重新配置和整合，提升了农民专业合作社的自身发展，实现了粮食生产的增产增收，最终促进了我国粮食生产的高质量发展，成为我国粮食生产高质量发展的重要保障。本书选取新乡市 LF 农民专业合作社作为案例，分析说明农民专业合作社运用不同策略实现我国粮食生产的高质量发展。

（一）LF 农民专业合作社基本情况

新乡市 LF 农业种植专业合作社（以下简称"LF 合作社"）成立于 2013年，是由延津县榆林供销社领办的河南省重点农业社会化服务组织、绿色食品企业，目前有管理人员 9 名，成员 1 300 多户，整合社会各类大型农业机械 60余台（套）。合作社分为管理部、生产部、财务部、农机部、供应部 5 个部门，合作社管理架构及职能介绍如图 6-1 所示。

LF 合作社主要业务是土地托管社会化服务，按照服务类型分为：菜单式半托管、收益型全托管、服务型全托管三种，其经营模式及托管内容介绍如表 6-8 所示，土地托管社会化服务收入来源与参与主体如图 6-2 所示。

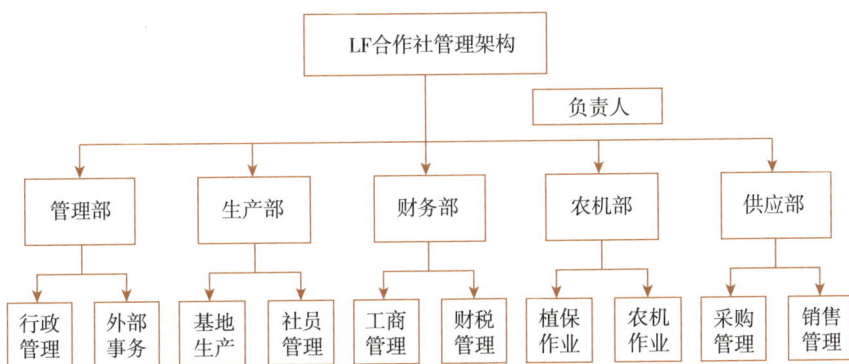

图 6-1　LF 合作社管理架构及职能介绍

表 6-8　LF 合作社土地托管社会化服务经营模式

经营模式	托管内容
菜单式半托管	针对季节性在外打工和家庭劳动力不足或缺少技术的成员，合作社提供从种到收各环节的服务，成员按照自己的实际需要，自愿选择服务项目，生产服务结束后由成员验收作业质量并结算服务费用
收益型全托管	社员将土地委托村集体经济合作社全权管理，合作社每年给社员约定的产量保底和超产分红
服务型全托管	围绕农业生产的产前、产中、产后"一条龙"服务模式，社员向合作社交付生产所需生产资料、农机作业等生产成本费用，合作社保质保量完成生产资料集采、耕种防收等全程生产服务，收获粮食归农户所有

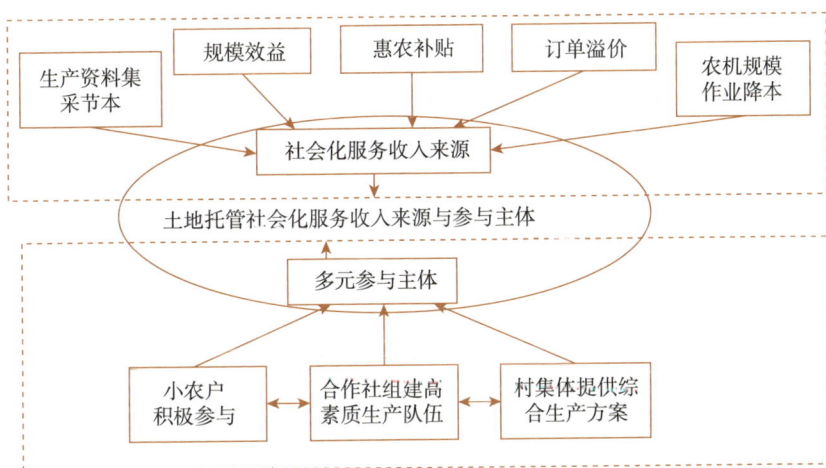

图 6-2　土地托管社会化服务收入来源与参与主体

　　LF 合作社拥有订单生产基地 1.3 万余亩、绿色小麦原料基地 8 万余亩、绿色花生原料基地 3 万余亩和绿色玉米原料基地 2 万余亩，辐射带动 4 个乡镇 3 000 余户农户，实现了每亩节本增效 300 元。资产、营业额、利润和辐射面积如图 6-3 所示。

图 6-3　LF 合作社总资产、销售额、利润和辐射面积变动趋势

　　LF 合作社与河南省豫资农业服务有限公司、延津县帝益麦种业有限公司、河南省云联社专业合作社联合社等集体组织为战略合作伙伴，并获得"农业产业化市重点龙头企业""田间农民学校""国家农民专业合作社示范社""河南工业大学'科技小院'基地"等资质（荣誉）。

　　综上所述，LF 农民专业合作社一方面满足了"大国小农"国情下农业强国建设的需求；以市场为依托建立起上连企业，下连农户的利益共享连接机制，通过开展订单种植，土地托管等农业社会化服务，把分散经营的农户组织起来，推行绿色生产，产销一体化发展，解决一家一户办不了、办不好、办了不合算的难题。并有效破解了"大国小农"国情下"谁来种地，怎么种地"的时代难题。另一方面，适应我国当前土地制度需求，在不改变土地家庭承包责任制的基础上，实现土地连片经营，获得了规模收益。促进小农户和现代农业有机衔接，推进农业生产过程的专业化、标准化、集约化，把小农生产引入现代农业发展轨道，以服务过程的现代化实现农业现代化。

（二）数据的搜集

2023 年 6—9 月四次到 LF 合作社考察，对合作社内部管理人员、财务人员和负责人彭总进行深入的访谈，并搜集相关的纸质汇报材料，在四次访谈的基础上总结出调研报告，在调研报告的基础上形成本案例研究。同时，还结合网络上新闻报道等数据，整理成网络资料，结合案例访谈形成相互验证的分析内容。

（三）组织战略和社会化服务战略下的高质量生产

合作社的经营模式不是一成不变的，而应该根据内部和外部环境的变化，积极调整自身的业务流程和经营模式、整合内外部资源来适应外部环境的变化，从而建构持续竞争优势。基于 LF 合作社的案例，我们分析一下 LF 合作社如何在实现经营模式的组织创新和制度创新基础上，应用组织战略和社会化服务战略实现粮食生产的高质量发展。

LF 合作社在粮食生产过程中，不断创新合作社带动农户模式，实现 LF 合作社由"合作社＋村庄代理＋农户"模式到"合作社＋村集体＋农户"模式的转变，从而推动合作社粮食生产的整体绩效和农户增收绩效的共同提升。

首先，合作社负责人能够敏锐地感知外部粮食市场环境的不确定性。针对"合作社＋村庄代理＋农户"这一模式所特有的不确定性和风险，合作社负责人通过深入观察和思考，成功识别出村庄代理模式可能带来的不利因素。土地托管合作社并非村庄内自然产生的机制，在合作社与农户建立土地托管服务关系时，需要在每个村庄内寻找一位合适的代理人。这位代理人需在村庄内部拥有一定的威望和影响力，以便更好地与农户沟通，促进双方建立土地托管合约，为农户提供优质的服务。在实际的经营过程中，由于合作社和村庄代理人是一种非正式的雇佣关系，这种关系存在一定的不稳定性。不稳定性包括：①代理人退出。合作社与该村农户的联结关系将受到严重冲击，甚至可能彻底断裂。此时，寻找新的代理人并重新建立稳定关系的成本相对较高。②代理人管理不善。将导致农户的进入和退出管理变得混乱，进而影响土地托管服务的环节和规模，降低合作社资源的利用效率。在上述不确定性条件下，导致合作社的土地托管服务市场动荡性增强，粮食生产的不稳定性增多。

其次，合作社负责人识别出原来模式存在的不确定性和风险后，与合作社核心社员，包括加盟的种植合作社，农机合作社的负责人进行充分沟通，在合

175

作社内部达成一致认识的基础上形成集体决策。合作社领导和内部核心社员构成的团队在充分调研的基础上，决定采用"村集体经济组织"作为组织中介，建立"合作社＋村集体＋农户"的联结模式。与原先的村庄代理人相比，村集体作为中介具有显著的优势：①村集体作为中介具有更高的稳定性。与可能变动的村庄代理人不同，村集体是长期稳定存在的组织，并且与农户有着紧密的联系。这种稳定性有助于更好地协调合作社与农户之间的关系，降低因代理人的不确定性带来的风险。②村集体的介入在一定程度上提高了农民自愿托管土地的积极性。通过村集体统一经营的方式发展农业生产，这种模式展现出了更强的包容性，使得农民更愿意参与并信任这一新的合作模式。这样的变革不仅优化了合作社的运营结构，也为合作社与农户之间的合作带来了更为稳定的基础。通过生产组织策略模式的变化，稳定粮食生产的基本盘。

最后，通过村集体的嵌入，拓展了合作社的社会化服务网络范围和规模，通过合作社外部社会关系网络促进合作社粮食生产绩效的提升。合作社的收益与辐射范围、纵向协作程度和服务规模相关。合作社本身根植于农村，与村集体经济组织、社员和产业链上下游及村庄的其他方面相互关联形成社会网络结构。合作社的结网能力和调整网络发展方向的能力在一定程度上决定了合作社辐射范围及与农户的紧密程度，同时也反映了合作社嵌入粮食产业链的程度。合作社通过嵌入粮食产业网络和社会网络，积极利用网络关系获取信息和资源。这种网络动态能力的构建，使得合作社能够依托和整合内外部资源，有效抓住外部机会，从而在激烈的市场竞争中获得显著的竞争优势。社会网络拓展带来的社会化服务覆盖范围的增加，有效保障了粮食生产高质量发展的不断提升。

村集体虽然作为中介嵌入合作社与农户的联结中，但如何调动村集体和农户参与生产管理的积极性，成为组织战略和社会化服务战略促进合作社粮食生产高质量发展的关键。合作社负责人和核心成员利用自身生产经验的积累和估算，创新合作社、村集体和农户之间的收益分配方案，在"合作社＋村集体＋农户"模式的基础上，形成"梯次收益分配机制"。具体实施方案：小农户不参与生产劳作和生产投资，享受小麦、玉米按照 500 斤[①]，花生按照 200 斤产量保底，扣除生产成本后，超产部分合作社、村集体与农户按照 2∶3∶5 或

---

① 斤，非法定计量单位，1 斤＝500 克。——编者注

2∶4∶4分红。以亩产花生600斤、玉米1 500斤、小麦1 200斤为例，每亩地采用"花生＋小麦"或"玉米＋小麦"耕种模式，超产部分按照2∶4∶4分红，在两种模式下，农户每亩地纯收益分别为1 542元和1 860元，村集体每亩地年均收益约为502元和460元，合作社每亩地年均收益约为251元和230元，以托管3 000亩地计算，村集体每年收入为130万～150万元。该分配机制的关键在于要形成超额产出，如果没有形成超额产出，合作社、村集体和农户都没有超额收益的分配。为了获得更多的收益分配，村集体在农业生产管理过程中就会付出更多的努力，农户也更为配合村集体的生产管理，使得农业生产过程中的"偷懒"行为难以发生。这种收益分配机制的设计，深刻体现了合作社的动态能力。它不仅是合作社面对经营危机时的一种高效响应机制，而且要求托管服务在收益产生之前便制定明确的分配方案。该方案的设计需在合作社根据市场和自然条件的变化、村集体和农民行为的变化预测的基础上，再根据以往的生产经营经验来确定，充分体现了合作社在实施组织战略和社会化服务策略后，应对外部环境变化的能力。

（四）高质量发展战略带来的粮食增产增收效应

1. 获得规模经济和范围经济

农民专业合作社借助集体经济的物质支持、服务支持等实现资源集聚、治理优化和效益提升）。"村集体"的嵌入扩大了合作社的辐射范围，实现村集体与合作社的业务合作。对于LF合作社来说，社会化服务是合作社的主要收入来源，合作社与村集体经济组织合作，通过村集体经济组织协调当地农户，使得更多的农户加入合作社进行土地托管服务，或者通过入股的方式加入合作社，扩大合作社托管的土地规模，从而获得规模经济。2020—2023年，合作社的销售额从1 135万元增加到1 547万元。此外，通过村集体经济组织的协调，还能扩大农户托管的产业链环节，使得农户将更多的环节托管给合作社经营，包括生产资料采购、农机服务、生产管理、金融和保险服务、储运和市场销售等，多样化服务的供给，使合作社获得范围经济，为粮食高质量生产提供了坚实基础。

在该联结模式下，村集体经济不仅能够享受合作社的分红，从而增加其经济收益，还能给农户二次分红，有效地提升了农户的收入水平。村集体经济在其中扮演了"中介"的角色，主要负责动员农户参与土地托管服务，并协调农户与合作社之间的关系，为农民专业合作社和农户提供信誉担保。在LF合作社的经营模式中，村集体协调农户与合作社签订土地托管服务，承担生产管理的角色，并按照土地托管服务的收益获得分红，在一定程度上激励村集体经济组织参与土地托管服务的积极性。LF 合作社采用的"梯次收益分配机制"蕴含了深厚的互信理念。它不仅考虑了村集体和农户的收益，还在农户与合作社的联结过程中，实现了村集体组织担保的功能，使其能够参与超产奖金的分配。这种机制使合作社与农户之间的关系超越了简单的土地托管服务合约，变成了一种包含最低保底期望收入和激励收益的期权合约关系。最低期望收益能够有效地降低协作风险，而激励收益则可激发农户和村集体对生产更为负责任。LF 合作社依据不同的农产品品种，分别制定不同的保底产量，比如小麦、玉米按照 500 斤，花生按照 200 斤产量保底。此举降低了农户单独经营的风险，并通过保底收入形成了参与社会化服务的激励。此外，超产分红作为一种额外的激励，极大地提升了农户和村集体的工作积极性和责任心。在这一模式下，LF 合作社不仅解决了当地 33 人的劳动就业问题，还培训了 600 人次非社员农民和 350 人次社员，为当地带来了显著的经济效益和社会效益。

2. 降低合作社生产管理成本

通过村集体承担生产管理的职责，LF 合作社有效降低了雇佣专门管理者的成本。同时，"合作社＋村集体＋农户"模式下的"梯次收益分配机制"极大地激发了村集体和农户提高生产效益的积极性，进而提高了粮食生产的数量产出。当超额产出形成后，合作社的分配总额也按照分配比例相应增加。从 2020 年到 2023 年，合作社的利润从 76 万元增长到 236 万元。粮食生产向现代化农业生产不断转变。

3. 获得合作社综合服务的范围经济和规模经济

合作社探索由村集体和合作社共同参与管理的收益全托管经营模式，旨在在保障农民利益的前提下为发展壮大村集体经济提供内生动力。合作社提供农业社会化服务综合方案（表 6-9），从订单种植、生产资料集采、农机服务、供应链金融、工商财税管理、农业保险、管理及植保技术、粮食及农产品储运等环节提供全面服务，村集体发挥组织优势，负责组织集中土地和富余劳动力，"打造适应现代农业发展的高素质生产经营队伍"。2023 年带动农户每亩增收 300 元/亩，户均增收 1 300 元。合作社成员每亩综合节本增效 300 元左右，年增收 450 万元。通过社会化服务综合方案，在产业链的上游，建立了郑麦 136 良种繁育基地 3 万亩，每年可为社员增加收益 450 余万元；每年提供 90 万斤小麦种子和 3 600 万斤小麦。合作社与农户签订协议，代储代售农户农产品 4 500 万斤。合作社与延津县克明面业签订长期订单合同，合作社的普通小麦每斤比市场高 3~5 分钱，优质小麦比市场价格每斤高 1 角钱左右。粮食生产不断受益于农业社会化服务的实施。

表 6 - 9　LF 合作社农业社会化服务综合方案的内容

项目	内容	解决的问题
订单种植	根据农户需求情况，通过与农户签订土地托管合同，按合同规定为农户提供社会化服务	解决农户单独使用社会化服务的不确定性，提高应对自然和市场风险的能力
生产资料集采	集采扩大了采购规模，可以获得价格折扣，通过专门人员的采购，保障农资质量	降低农资的采购成本，提高农资质量
农机服务	为农户提供耕种、打药、收割等环节的农机服务	降低社会化服务的不确定性，提高服务质量
供应链金融	当农户收割后的粮食储存入库后，通过质押获得合作社提供的资金服务	解决农户由于延迟销售农产品而产生的资金短缺问题
工商财税管理	提供一站式工商注册、变更、年报公示等工商事务管理服务，以及税务申报、筹划、咨询和代理记账等财税专业服务	确保合作社成员在经营过程中合法合规，且合作社财务稳健
农业保险	为托管土地购买保险，防范种植过程中遭受意外损失	降低农户生产的不确定性，提高农户收入水平
管理与植保技术	如提供水肥一体化灌溉，使用大数据监控病虫害等	降低生产过程中的风险，提高农产品生产质量
粮食及农产品储运	为农户提供储藏服务，同时按照灵活的价格收购农产品	降低农户销售风险，提高农户收入
农产品加工	提高农产品附加值，从而提高合作社和农户收入	提高合作社收入，从而提高农户收入

4. 降低合作社的交易成本

"合作社＋村集体＋农户"有助于交易成本的降低。村集体的嵌入有助于农民专业合作社获得农户的信任，从而降低合作社和农户之间的协调成本。在农资采购等方面，由于不同成员可能获取的价格和质量信息存在差异，缺乏信任可能导致合作社成员在价格上难以达成一致。村集体的介入建立了合作社与农户之间的信任基础，促进了双方的合作，使合作社的辐射面积大幅增长。

2020—2023 年，LF 合作社辐射面积由 0.8 万亩增长到 1.35 万亩，辐射面积显著增长。粮食生产实现集聚，粮食绿色生产和科技投入取得良好开端。

"合作社＋农户"模式能够节约交易费用，从而显著提高农户的纯收入水平。从"合作社＋村庄代理＋农户"转变为"合作社＋村集体＋农户"也同样起到节约交易费用的作用。农村集体经济组织与农户具有天然的联系，农村集体经济组织作为中国农村土地所有权主体和村民自治组织，具有先天的协调与组织优势，也容易构建起与农户的信任关系，这种信任关系能够有效地保障合作社与农户之间的合作秩序，降低双方的协调成本。一方面，在该模式的土地托管服务合约中，村集体承担生产管理的责任，在灌溉、排水、道路维护、生产环节管理过程中发挥重要作用，降低了单个农户与合作社协调的成本。另一方面，农户和合作社之间信任缺失是土地托管社会化服务合约成本居高的重要原因，而村集体的介入和协调，能够有效构建农户与合作社之间的信任关系，降低农户与合作社之间的协商成本。合作社内部成员间的粮食生产协调与共享水平不断提高。

LF 合作社的实践表明通过生产组织战略和社会化服务战略，能够有效推广以新型农业经营主体为主导的社会化服务，从而推动农业适度规模经营，促进村集体嵌入合作社的社会化服务网络，形成"合作社＋村集体＋农户"的社会化服务模式，使得粮食生产具有较强的"降成本、抗风险"能力，能够有效推动农民专业合作社粮食的高质量生产，实现农户的增产增收效应。

参考文献

蔡梦雨，柴佳慧，张雨萌，2021. 中国非农就业与农业绿色全要素生产率：考虑粮食耕种收机械总动力及污染排放的研究 [J]. 市场周刊（5）：4-8.

曹芳萍，沈小波，2012. 我国粮食生产全要素化肥效率研究 [J]. 价格理论与实践（2）：26-27.

曹慧，赵凯，2017. 粮食主产区粮食生产技术效率时空特征分析 [J]. 华东经济管理（12）：82-90.

陈超，李纪生，2008. 基于 SBM 模型的中国水稻生产效率分析 [J]. 农业技术经济（4）：71-78.

陈红，关博，孙文娇，2017. 我国粮食主产区不同环境规制下农业生产效率研究 [J]. 商业研究（3）：167-174.

陈红，王浩坤，秦帅，2020. 水足迹视角下黑龙江粮食生产用水绿色效率研究：基于三阶段 SBM-Malmquist 指数分析法 [J]. 长江流域资源与环境（12）：2790-2804.

陈惠芬，杨洁，2021. 粮食产业高质量发展的内涵研究 [J]. 质量与市场（1）：59-61.

陈敏辉，2021. 河南省小麦绿色全要素生产率测度及其发展演变 [J]. 山西农经（21）：164-166.

陈苏，张利国，2013. 鄱阳湖生态经济区粮食全要素生产率研究：基于 25 个县（市）面板数据的 DEA 分析 [J]. 鄱阳湖学刊（6）：81-86.

陈卫平，郑风田，2006. 中国的粮食生产力革命：1953—2003 年中国主要粮食作物全要素生产率增长及其对产出的贡献 [J]. 经济理论与经济管理（4）：56-61.

陈衍俊，2022. 我国玉米种植区生态效率的区域差异及影响因素研究 [J]. 安徽农业科学（5）：196-199，209.

陈燕，2020. 高质量发展视角下的粮食安全问题研究 [J]. 东南学术（1）：176-183.

陈兆荣，李停，王珺，2022. 科技创新、农业高质量发展对我国粮食安全影响的实证分析 [J]. 吉林工商学院学报（1）：23-27.

成德宁，杨敏，2015. 农业劳动力结构转变对粮食生产效率的影响 [J]. 西北农林科技大学学报（社会科学版）（4）：19-26.

程名望，黄甜甜，刘雅娟，2015. 农村劳动力外流对粮食生产的影响：来自中国的证据
　　[J]. 中国农村观察（6）：15-21，46，94.

程长明，陈学云，2020. 安徽省粮食生产现代化与科技创新协调发展研究 [J]. 中国农业资
　　源与区划（9）：163-171.

崔宁波，生世玉，2022. 粮食主产区农业绿色发展的影响因素、质量测度与动力分析：基于
　　绿色全要素生产率视角 [J]. 农业资源与环境学报（3）：621-630.

崔宁波，于尊，姜兴睿，2020. 黑龙江垦区粮食生产水资源利用效率研究 [J]. 农业经济与
　　管理（5）：54-63.

崔钊达，余志刚，张培鸽，2021. 保护性耕作技术采用有助于提高粮食生产技术效率吗：以
　　玉米为例 [J]. 农林经济管理学报（4）：458-467.

邓灿辉，2019. 河南省粮食绿色全要素生产率及影响因素研究 [D]. 郑州：河南农业大学 .

邓灿辉，马巧云，魏莉丽，2019. 基于碳排放的河南省粮食绿色全要素生产率分析及对策建
　　议 [J]. 中国农业资源与区划（9）：12-19.

丁琪，杨艳涛，安岩，2021. 玉米主产省生产效率测度及影响因素分析：基于 DEA-Tobit 模
　　型的实证研究 [J]. 中国农学通报（23）：151-157.

丁声俊，2018. 站在新时代高度认识农业粮食高质量发展 [J]. 价格理论与实践（1）：5-9.

丁岩，翟印礼，周艳波，2008. 辽吉两省玉米全要素生产率的比较研究：基于 Trngvist 指数
　　法 [J]. 农机化研究（9）：63-65.

杜鑫，2022. 劳动力转移对中国粮食生产的影响：基于 2020 年全国 10 省份农户调查数据的
　　经验研究 [J]. 经济问题（3）：104-115.

范东君，2013. 我国农村劳动力流出对粮食生产的可持续影响：基于不同区域面板数据考察
　　[J]. 现代财经（天津财经大学学报）（6）：57-69.

范丽霞，2017. 中国粮食全要素生产率的分布动态与趋势演进：基于 1978—2012 年省级面
　　板数据的实证 [J]. 农村经济（3）：49-54.

范群芳，董增川，杜芙蓉，等，2008. 随机前沿生产函数在粮食生产技术效率研究中的应用
　　[J]. 节水灌溉（6）：30-33.

高鸣，陈秋红，2014. 贸易开放、经济增长、人力资本与碳排放绩效：来自中国农业的证据
　　[J]. 农业技术经济（11）：101-110.

高帅，王征兵，2012. 粮食全要素生产率增长及收敛分析：以陕西省 32 个产粮大县为例
　　[J]. 中国科技论坛（10）：138-143.

高维龙，2021. 产业集聚驱动粮食高质量发展机制 [J]. 华南农业大学学报（社会科学版）
　　（2）：80-94.

高维龙，2021. 农业服务化对粮食产业高质量发展的影响效应及作用机制 [J]. 广东财经大

学学报（3）：61-76.

高维龙，2021. 中国粮食产业高质量发展驱动机制研究［D］. 长春：吉林大学.

高维龙，李士梅，2021. 农业服务化对粮食产业高质量发展的驱动机制研究［J］. 湖南农业大学学报（社会科学版）（5）：1-14，37.

高维龙，李士梅，胡续楠，2021. 粮食产业高质量发展创新驱动机制分析：基于全要素生产率时空演化视角［J］. 当代经济管理（11）：53-64.

高祥照，马文奇，马常宝，等，2002. 中国作物秸秆资源利用现状分析［J］. 华中农业大学学报（3）：242-247.

龚锐，谢黎，王亚飞，2020. 农业高质发展与新型城镇化的互动机理及实证检验［J］. 改革（7）：145-159.

巩前文，李学敏，2020. 农业绿色发展指数构建与测度：2005—2018 年［J］. 改革（1）：133-145.

郭婧，刘秀梅，2020. 不同土地经营规模对玉米生产技术效率影响研究：基于内蒙古农户调研数据［J］. 内蒙古科技与经济（15）：53-55.

郭沛楠，李绍玲，2020. 河南省粮食产业高质量发展的问题和对策研究［J］. 粮食科技与经济（12）：35-36.

郭斯华，季凯文，2018. 江西水稻生产效率测算及其影响因素分析［J］. 江西财经大学学报（2）：90-99.

郭永奇，侯林岐，2020. 中国粮食主产区粮食农业绿色全要素生产率测度及影响因素研究［J］. 科技管理研究（19）：223-229.

郭志超，2009. 我国玉米生产函数及技术效率分析［J］. 经济问题（11）：74-78.

韩鲁佳，闫巧娟，刘向阳，等，2002. 中国农作物秸秆资源及其利用现状［J］. 农业工程学报（3）：87-91.

韩苗苗，乐永海，孙剑，2013. 我国农业社会化服务水平测评与制约因素解构［J］. 统计与决策（3）：142-146.

杭斌，周小梅，2002. 我国粮食生产技术有效率的区域分析［J］. 统计研究（1）：30-32.

胡逸文，霍学喜，2016. 农户禀赋对粮食生产技术效率的影响分析：基于河南农户粮食生产数据的实证［J］. 经济经纬（2）：42-47.

华坚，潘雪晴，2022. 农业科技创新对粮食产业高质量发展的影响：基于 30 个省份面板数据分析［J］. 华东经济管理（7）：55-64.

宦梅丽，侯云先，2021. 农机服务、农村劳动力结构变化与中国粮食生产技术效率［J］. 华中农业大学学报（社会科学版）（1）：69-80，177.

宦梅丽，侯云先，吕静，2022. 农机作业服务对中国粮食生产技术效率的影响：基于共同前沿方法的考察［J］. 农林经济管理学报（2）：136-145.

黄大勇，朱洋洋，熊豪，等，2020. 粮食安全视角下水稻家庭农场全要素生产率测度研究
　　[J]. 中国稻米：1-8.

黄金波，周先波，2010. 中国粮食生产的技术效率与全要素生产率增长：1978—2008 [J].
　　南方经济（9）：40-52.

黄佩佩，魏凤，2022."一带一路"沿线国家粮食全要素生产率时空演变及驱动因素 [J].
　　世界农业（5）：5-15.

黄寿海，胡小平，2019. 占补平衡制度下耕地质量对粮食生产的影响 [J]. 财经科学（12）：
　　121-129.

黄伟华，祁春节，方国柱，等，2021. 农业环境规制促进了小麦绿色全要素生产率的提升
　　吗？[J]. 长江流域资源与环境（2）：459-471.

黄炎忠，罗小锋，李兆亮，等，2021. 农户兼业对粮食生产效率的非线性影响 [J]. 资源科
　　学（8）：1605-1614.

贾娟琪，孙致陆，李先德，2019. 粮食价格支持政策提高了我国粮食全要素生产率吗：以小
　　麦最低收购价政策为例 [J]. 农村经济（1）：67-72.

贾琳，夏英，2017. 农户粮食生产规模效率及其影响因素分析：基于黑、豫、川三省玉米种
　　植户的调查数据 [J]. 资源科学（5）：924-933.

江激宇，李玉，2021. 中国玉米生产技术效率测算及影响因素分析：基于土地流转视角
　　[J]. 云南农业大学学报（社会科学）（4）：61-66.

江激宇，徐腾，2019. 安徽粮食全要素生产率时空演变及收敛性分析 [J]. 新疆农垦经济
　　（6）：62-69.

江松颖，2016. 湖北省水稻经营规模效率研究 [D]. 武汉：华中农业大学.

姜岩，朱晓莉，周宏，等，2015. 气候变化对江苏水稻生产效率变动的影响 [J]. 农业技术
　　经济（12）：109-116.

姜宇博，蒋和平，钱春荣，等，2019. 我国玉米生产效率影响因素及提升途径研究进展
　　[J]. 江苏农业科学（5）：12-15.

焦晋鹏，宋晓洪，2015. 粮食全要素生产率影响因素的实证分析 [J]. 统计与决策（11）：
　　126-129.

金碚，2018. 关于"高质量发展"的经济学研究 [J]. 中国工业经济（4）：5-18.

晋洪涛，2015. 政府"要粮"和农民"要钱"目标的兼容性：基于粮食生产社会效率和私人
　　效率的考察 [J]. 经济纬（5）：25-30.

井莉，2021. 环境规制下我国粮食生产绿色全要素生产率分析 [J]. 南方农业学报（8）：
　　2311-2318.

亢霞，刘秀梅，2005. 我国粮食生产的技术效率分析：基于随机前沿分析方法 [J]. 中国农
　　村观察（4）：25-32.

孔贵宝，张赵晋，2020. 我国粮食流通现状及高质量发展路径探析 [J]. 商业经济研究（5）：
　　177-180.

赖斯芸，2003. 非点源调查评估方法及其应用研究 [D]. 北京：清华大学.

李炳军，张淑华，2022. 基于系统思考的粮食生产科技创新因素分析 [J]. 科技管理研究
　　（2）：129-136.

李光泗，杨崑，韩冬，等，2020. 高质量发展视角下粮食产业发展路径与政策建议 [J]. 中
　　国粮食经济（2）：61-64.

李光泗，朱丽莉，2014. 农村劳动力流动背景下我国粮食生产技术变动分析 [J]. 中国科技
　　论坛（7）：143-148.

李辉尚，胡晨沛，曲春红，2018. 中国小麦主产区生产效率时空演变特征分析 [J]. 中国农
　　业资源与区划（10）：91-99.

李俊鹏，冯中朝，吴清华，2018. 粮食生产技术效率增长路径识别：直接影响与溢出效应
　　[J]. 华中农业大学学报（社会科学版）（1）：22-30，157.

李礼连，张利国，2017. 长江经济带粮食全要素生产率时空演变及驱动因素实证分析 [J].
　　价格月刊（6）：77-82.

李梦欣，任保平，2019. 新时代中国高质量发展的综合评价及其路径选择 [J]. 财经科学
　　（5）：26-40.

李明文，王振华，张广胜，2019. 东北玉米种植结构调整与粮食高质量增长：基于全要素生
　　产率视角 [J]. 农业现代化研究（5）：745-754.

李明文，王振华，张广胜，2019. 农业政策变化对粮食高质量产出影响的再讨论：基于 Ner-
　　love 动态分析模型 [J]. 农业经济与管理（6）：73-84.

李明文，王振华，张广胜，2020. 农业服务业促进粮食高质量发展了吗：基于 272 个地级市
　　面板数据的门槛回归分析 [J]. 农业技术经济（7）：4-16.

李首涵，2015. 中国玉米生产技术效率、技术进步与要素替代：基于超对数随机前沿生产函
　　数的分析 [J]. 科技与经济（6）：52-57.

李文，周利平，翁贞林，2020. 全国玉米主产区生产效率评价：基于 DEA 交叉效率模型
　　[J]. 江苏农业科学（24）：293-298.

李辛一，陈其兰，2017. 粮食收入性补贴对中国籼稻全要素生产率的影响：基于 2002—2013
　　年面板数据的实证 [J]. 当代经济（5）：6-9.

李学林，李隆伟，董晓波，等，2019. 云南省粮食全要素生产率分解研究 [J]. 农业技术经
　　济（10）：102-113.

李自强，李晓云，孙倩，等，2021. 财政支农补贴能有效提升粮食全要素生产率吗：兼顾农
　　业技术环境的调节作用探讨 [J]. 中国农业大学学报（8）：236-252.

李自强，叶伟娇，梅冬，2022. 环境规制视角下农业基础设施对粮食生态全要素生产率的影

响〔J〕. 中国生态农业学报（中英文）：1-15.

梁流涛，2009. 农村生态环境时空特征及其演变规律研究〔D〕. 南京：南京农业大学.

梁伟森，方伟，2021. 粮食产业高质量发展评价及其影响因素：基于广东省的经验证据〔J〕. 江苏农业科学（12）：215-221.

林思辰，刘林煦，张利国，2020. 中部地区粮食全要素生产率实证分析：基于2009—2018年省际面板数据〔J〕. 南昌航空大学学报（社会科学版）（3）：64-70.

刘波，2019. 推进新时代我国粮食经济高质量发展〔J〕. 中国粮食经济（1）：14-17.

刘超，王雅静，陈其兰，等，2018. 中国玉米生产技术效率的测度及其影响因素研究：基于1995—2015年省级面板数据的实证〔J〕. 世界农业（8）：139-145.

刘成，周晓时，冯中朝，等，2019. 中国小麦生产技术效率测算与影响因素分析：基于农机服务视角的研究〔J〕. 中国农业资源与区划（10）：34-40.

刘念，李晓云，黄玛兰，2017. 中国玉米生产要素使用效率时空分析：基于DEA模型的实证〔J〕. 江苏农业科学（24）：348-352.

刘其涛，2016. 低碳经济视域下中国粮食全要素生产率变化实证研究〔J〕. 江苏农业科学（10）：524-527.

刘树坤，杨汭华，2005. 中国玉米生产的技术效率损失测算〔J〕. 甘肃农业大学学报（3）：389-395.

刘顺飞，2007. 中国水稻布局变化研究〔D〕. 南京：南京农业大学.

刘小瑜，2021. 农业生产托管促进粮食高质量生产的机理与效果研究〔D〕. 济南：山东财经大学.

刘新智，李璐，2015. 农业社会化服务的省域差异〔J〕. 改革（4）：153-159.

刘勇，张俊飚，张露，2018. 基于DEA-SBM模型对不同稻作制度下我国水稻生产碳排放效率的分析〔J〕. 中国农业大学学报（6）：177-186.

刘战伟，2011. 我国欠发达地区粮食生产效率的实证研究：基于DEA和Malmquist指数法分析〔J〕. 江西农业大学学报（社会科学版）（2）：9-15.

刘照馨，张玲玲，2022. 汉江流域粮食全要素生产率分析：基于DEA-Malmquist指数〔J〕. 江西农业学报（2）：218-225.

鲁庆尧，王树进，孟祥海，2020. 基于SBM模型的我国粮食生产生态效率测度与PS收敛检验〔J〕. 农村经济（12）：24-32.

陆泉志，陆桂军，范稚莲，等，2018. 广西粮食全要素生产率时空差异及收敛性分析〔J〕. 南方农业学报（9）：1887-1893.

路燕，田迎芳，许保疆，等，2021. 粮食安全视角下河南农业高质量发展的实现路径与保障机制研究〔J〕. 农业科技管理（1）：12-15.

罗丹，陈洁，2014. 加快转变粮食生产方式〔J〕. 中国乡村发现（4）：11-20.

罗光强，谭芳，2020. 粮食生产效率的区域差异及其政策效应的异质性 [J]. 农林经济管理学报 (1)：34-43.

罗海平，何志文，李卓雅，2021. 基于动态空间杜宾模型的 2008—2018 年中国粮食全要素生产率增产效应 [J]. 浙江农业学报 (11)：2195-2204.

罗慧，赵芝俊，钱加荣，2021. 要素错配对中国粮食全要素生产率的影响 [J]. 中国农业大学学报（社会科学版）(1)：97-110.

罗丽丽，2016. 中国粮食生产的绿色技术效率和绿色全要素生产率研究 [D]. 武汉：华中科技大学.

马林静，王雅鹏，田云，2014. 中国粮食全要素生产率及影响因素的区域分异研究 [J]. 农业现代化研究 (4)：385-391.

马林静，王雅鹏，吴娟，2015. 中国粮食生产技术效率的空间非均衡与收敛性分析 [J]. 农业技术经济 (4)：4-12.

马梦丽，2020. 基于数据挖掘的农户粮食全要素生产率测算及影响因素研究 [D]. 湘潭：湘潭大学.

马瑞，2012. 东北三省粮食生产全要素生产率研究 [D]. 长春：吉林大学.

闵锐，2012. 粮食全要素生产率：基于序列 DEA 与湖北主产区县域面板数据的实证分析 [J]. 农业技术经济 (1)：47-55.

闵锐，李谷成，2012. 环境约束条件下的中国粮食全要素生产率增长与分解：基于省域面板数据与序列 Malmquist-Luenberger 指数的观察 [J]. 经济评论 (5)：34-42.

闵锐，李谷成，2014. 转型期湖北省粮食绿色全要素生产率增长与分解：基于全国宏观横向比较的维度 [J]. 湖北大学学报（哲学社会科学版）(1)：137-141.

潘丹，郭巧苓，孔凡斌，2019. 2002—2015 年中国主要粮食作物过量施肥程度的空间关联格局分析 [J]. 中国农业大学学报 (4)：187-201.

潘经韬，李平，陈池波，等，2020. 农业机械化服务对玉米生产效率的影响：基于 2004—2017 年玉米主产区面板数据的实证分析 [J]. 中国农机化学报 (6)：210-215.

庞英，李树超，周蕾，等，2008. 中国粮食生产资源配置效率及其区域差异：基于动态 Malmquist 指数的经验 [J]. 经济地理 (1)：113-117, 162.

彭超，张琛，2020. 农业机械化对农户粮食生产效率的影响 [J]. 华南农业大学学报（社会科学版）(5)：93-102.

彭代彦，文乐，2016. 农村劳动力老龄化、女性化降低了粮食生产效率吗：基于随机前沿的南北方比较分析 [J]. 农业技术经济 (2)：32 44.

彭柳林，池泽新，付江凡，等，2019. 劳动力老龄化背景下农机作业服务与农业科技培训对粮食生产的调节效应研究：基于江西省的微观调查数据 [J]. 农业技术经济 (9)：91-104.

祁迪，祁华清，樊琦，2022. 粮食产业高质量发展评价指标体系构建 [J]. 统计与决策 (5)：

106-110.

乔丹，陆迁，2016. 不同生态类型区玉米生产技术效率及有偏演进模式［J］. 华南农业大学
　　学报（社会科学版）（5）：28-36.

乔世君，2004. 中国粮食生产技术效率的实证研究：随机前沿面生产函数的应用［J］. 数理
　　统计与管理（3）：11-16，64.

上官彩霞，郑国清，张伟，等，2020. 乡村振兴战略背景下我国粮食产业高质量发展模式及
　　政策需求：以粮食主产区河南省为例［J］. 农业经济（4）：3-5.

沈尤佳，2011. 粮食危机与农业生产方式：粮食生产中的集体化、资本化与合作化［J］. 中
　　国农村观察（4）：27-34，44，96-97.

石淑芹，陈佑启，姚艳敏，等，2008. 东北地区耕地变化对粮食生产能力的影响评价［J］.
　　地理学报（6）：574-586.

史常亮，郭焱，占鹏，等，2017. 中国农业能源消费碳排放驱动因素及脱钩效应［J］. 中国
　　科技论坛（1）：136-143.

宋海风，刘应宗，2017. 粮食主产区小麦生态效率及降污潜力研究：基于藏粮于田的视角
　　［J］. 干旱区资源与环境（7）：97-101.

宋海风，刘应宗，2019. 技术前沿异质下的粮食环境全要素生产率研究［J］. 新疆农垦经济
　　（5）：50-57.

宿桂红，傅新红，2011. 基于 SFA 的中国粮食主产区小麦生产技术效率分析［J］. 贵州农业
　　科学（8）：196-199.

睢忠林，刘春明，周杨，2021. 农业机械对劳动力的替代能否提高粮食生产环境效率［J］.
　　世界农业（1）：99-108，130-131.

孙顶强，卢宇桐，田旭，2016. 生产性服务对中国水稻生产技术效率的影响：基于吉、浙、
　　湘、川 4 省微观调查数据的实证分析［J］. 中国农村经济（8）：70-81.

孙小钧，2020. 基于化肥施用削减及其碳减排的水稻生产效率测度研究［D］. 贵阳：贵州大学.

唐亮，曾庆双，郎润华，2021. 粮食全要素生产率及影响因素研究：基于 2008—2017 年四
　　川省市级面板数据的实证分析［J］. 云南农业大学学报（社会科学）（4）：67-75.

陶素敏，蔡荣，2020. 黑龙江农垦生态效率时空演变：基于碳排放和面源污染双重视角
　　［J］. 粮食经济研究（1）：91-103.

田红宇，付玮琼，2021. 农户务农劳动力质量与水稻生产技术效率：基于土地流转和农业社
　　会化服务调节视角［J］. 商业研究（2）：88-98.

田伟，柳思维，2012. 中国农业技术效率的地区差异及收敛性分析：基于随机前沿分析方法
　　［J］. 农业经济问题（12）：11-18，110.

田珍，王睿，史运，2022. 发达地区不同规模家庭农场粮食生产技术效率的实证研究：基于
　　上海松江家庭农场的调查［J］. 中国农业资源与区划（2）：150-159.

佟光霁，李伟峰，2022. 新型农业经营主体生产效率比较研究：以 4 省玉米种植经营主体为
　　例 [J]. 东岳论丛 (4)：140-147.

万宝瑞，2010. 我国粮食安全的几个问题 [J]. 沈阳农业大学学报（社会科学版）(1)：7-10.

汪恭礼，2021. 中国粮食生产面临的困境及高质量发展路径 [J]. 西华师范大学学报（哲学
　　社会科学版）(3)：11-18.

王琛，吴敬学，2015. 我国玉米产业生产技术效率与其影响因素研究：基于 2001—2011 年
　　的省级面板数据 [J]. 中国农业资源与区划 (4)：23-32.

王琛，吴敬学，钟鑫，2015. 我国农业部门资本投入对粮食生产技术效率的影响研究：基于
　　空间计量经济面板模型的实证 [J]. 科技管理研究 (10)：97-103.

王慧，2009. 河南省粮食生产能力的区域差异分析与协调发展策略 [J]. 经济经纬 (1)：
　　58-61.

王慧芳，鲍丙飞，张利国，2017. 鄱阳湖生态经济区粮食全要素生产率时空演变及空间探索
　　性分析 [J]. 企业经济 (12)：134-140.

王明利，吕新业，2006. 我国水稻生产率增长、技术进步与效率变化 [J]. 农业技术经济
　　(6)：24-29.

王明新，朱颖一，王迪，2019. 基于面源污染约束的玉米生产效率及其时空差异 [J]. 地理
　　科学 (5)：857-864.

王千，金晓斌，周寅康，等，2010. 基于 DEA-Malmquist 的河北省县级粮食生产效率评价
　　[J]. 地理与地理信息科学 (6)：51-55.

王倩，余劲，2015. 农地流转背景下粮食生产效率分析 [J]. 现代经济探讨 (11)：78-82.

王瑞峰，李爽，王红蕾，等，2020. 中国粮食产业高质量发展评价及实现路径 [J]. 统计与
　　决策 (14)：93-97.

王瑞峰，刘卿卿，王红蕾，等，2020. 中国粮食产业高质量发展实现路径研究 [J]. 北方园
　　艺 (15)：161-170.

王瑞峰，王艳艳，曾海容，2021. 粮食产业高质量发展影响因素的实证检验 [J]. 统计与决
　　策 (18)：103-107.

王善高，许昭，刘吉双，2020. 粮食收入性补贴对粮食生产技术效率的影响分析：以不同规
　　模稻谷种植为例 [J]. 农林经济管理学报 (3)：297-306.

王淑红，杨志海，2020. 农业劳动力老龄化对粮食绿色全要素生产率变动的影响研究 [J].
　　农业现代化研究 (3)：396-406.

王雪娇，肖海峰，2016. 中国玉米生产配置效率的空间关联效应及其影响因素研究 [J]. 哈
　　尔滨工业大学学报（社会科学版）(6)：125-131.

王颜齐，史修艺，2020. 市场化介入对组织化小农户经营效率的影响：基于黑龙江省大豆合
　　作社的面板数据 [J]. 农林经济管理学报 (3)：314-323.

王洋，许佳彬，2019. 农技服务采纳提高玉米生产技术效率了吗：基于黑龙江省 38 个村 279 户玉米种植户的调查 [J]. 农林经济管理学报（4）：481-491.

王耀蕊，陈红，韩哲英，2020. 基于 SBM-Undesirable 模型的中国玉米生产环境效率研究：以黑龙江省为例 [J]. 生态经济（5）：93-98, 109.

王永静，李佳璇，2022. 粮食主产区农业绿色全要素生产率测度及其时空分异特征研究 [J]. 新疆农垦经济（4）：1-10.

王跃梅，姚先国，周明海，2013. 农村劳动力外流、区域差异与粮食生产 [J]. 管理世界（11）：67-76.

王允，韩亚琼，韩一军，2022. 农村劳动力转移对小麦生产环境效率的影响路径研究：基于并行中介效应模型的实证 [J]. 中国农业资源与区划（3）：90-96.

韦雪，2020. 中国水稻绿色生产率及其影响因素研究 [D]. 南京：南京农业大学.

卫荣，2013. 河南省粮食全要素生产率分析 [D]. 郑州：河南农业大学.

魏丹，王雅鹏，2011. 粮食主产省粮食生产要素配置效率评价 [J]. 统计与决策（2）：60-63.

魏后凯，韩磊，胡冰川，2018. 粮食供需关系变化新形势下转变农业生产方式研究 [J]. 河北学刊（1）：103-110.

魏佳朔，高鸣，宋洪远，2021. 无偿转入土地对粮食生产效率的影响：福利还是负担 [J]. 华中农业大学学报（社会科学版）（3）：83-92, 187.

吴晓雨，2021. 华北平原小麦生产的生态效率评价 [D]. 杨凌：西北农林科技大学.

吴兆丹，张依，吴兆磊，等，2021. 中国粮食主产区农作物生产广义用水经济效率时空演变及影响因素研究 [J]. 长江流域资源与环境（11）：2763-2777.

伍国勇，张启楠，张凡凡，2019. 中国粮食生产效率测度及其空间溢出效应 [J]. 经济地理（9）：207-212.

武舜臣，宦梅丽，马婕，2021. 服务外包程度与粮食生产效率提升：农机作业外包更具优势吗 [J]. 当代经济管理（3）：49-56.

夏显力，陈哲，张慧利，等，2019. 农业高质量发展：数字赋能与实现路径 [J]. 中国农村经济（12）：2-15.

肖红波，王济民，2012. 新世纪以来我国粮食综合技术效率和全要素生产率分析 [J]. 农业技术经济（1）：36-46.

效赛丽，2016. 河南省粮食全要素生产率及其影响因素研究 [D]. 郑州：河南农业大学.

效赛丽，朱秀英，赵亚娟，等，2015. 基于 SFA 的河南省粮食生产全要素生产率分析 [J]. 河南农业大学学报（6）：861-865.

谢俊奇，蔡玉梅，郑振源，等，2004. 基于改进的农业生态区法的中国耕地粮食生产潜力评价 [J]. 中国土地科学（4）：31-37.

谢琼，马立新，2021. 发挥农业社会化服务在防灾减灾应急中的重要作用［J］. 农村工作通讯（23）：19-21.

徐建玲，储怡菲，严洁君，2020. 临时收储政策对玉米生产技术效率的影响研究［J］. 新疆农垦经济（3）：40-50.

徐丽君，杨敏丽，2012. 基于 Malmquist 指数法的水稻生产效率实证分析［J］. 农业机械学报（S1）：169-174.

徐鹏杰，杨萍，2019. 扩大开放、全要素生产率与高质量发展［J］. 经济体制改革（1）：32-38.

徐晓红，赵兴敏，吴迪，等，2020. 玉米丰产增效技术模式生产效率评价：基于吉林省半湿润区中北部试验数据［J］. 玉米科学（6）：127-133.

徐孝新，孙自敏，刘戒骄，2022. 我国粮食主产区农业高质量发展的区域差异及收敛性分析［J］. 技术经济（2）：86-95.

徐志刚，郑姗，刘馨月，2022. 农业机械化对粮食高质量生产影响与环节异质性：基于黑、豫、浙、川四省调查数据［J］. 宏观质量研究（3）：22-34.

许文静，2021. 河南粮食绿色全要素生产率的测度与收敛性分析［J］. 现代营销（学苑版）（10）：132-134.

薛超，周宏，2018. 污染排放约束下中国水稻生产用水效率与影响因素分析［J］. 水资源保护（3）：52-56.

薛龙，刘旗，2013. 河南省粮食生产综合技术效率和全要素生产率分析［J］. 河南农业大学学报（3）：345-350.

薛思蒙，刘瀛弢，毛世平，2017. 中日水稻产业生产效率比较研究［J］. 农业经济问题（11）：67-76.

薛选登，谷秀云，2022. 非粮化对粮食绿色全要素生产率的门槛效应研究［J］. 中国农业资源与区划（7）：17-26.

延桢鸿，马丁丑，2019. 小麦全要素生产率变化及其影响因素分析：基于全国 15 个小麦主产省份数据的实证研究［J］. 上海农业学报（4）：114-120.

颜波，亢霞，姜明伦，等，2019. 我国粮食产业高质量发展研究（上）［J］. 中国粮食经济（12）：43-46.

杨春，陆文聪，2007. 中国玉米生产率增长、技术进步与效率变化：1990—2004 年［J］. 农业技术经济（4）：34-40.

杨皓天，句芳，2015. 基于 DEA 模型的内蒙古农村牧区粮食生产效率实证研究：源于内蒙古 10 个地区的 1312 户农牧户调研数据［J］. 干旱区资源与环境（6）：32-38.

杨皓天，刘秀梅，句芳，2016. 粮食生产效率的随机前沿函数分析：基于内蒙古微观农户层面 1312 户调研数据［J］. 干旱区资源与环境（12）：82-88.

杨锦英，韩晓娜，方行明，2013. 中国粮食生产效率实证研究［J］. 经济学动态（6）：47-53.

杨林，许丹，2011. 基于粮食生产效率的财政补贴政策地区差异化研究［J］. 经济学动态（12）：81-84.

杨璐嘉，2013. 低碳视角下粮食主产区农业全要素生产率比较：基于中国 13 省 2002—2011 年数据的分析［J］. 湖南农业大学学报（社会科学版）（6）：27-32.

杨庆，蒋旭东，闪辉，等，2019. 长江三角洲地区农产品主产区域粮食生产效率研究［J］. 中国农业资源与区划（8）：141-148.

杨仁发，杨超，2019. 长江经济带高质量发展测度及时空演变［J］. 华中师范大学学报（自然科学版）（5）：631-642.

杨思雨，蔡海龙，2021. 农机社会化服务对玉米生产技术效率的影响研究［J］. 中国农业资源与区划（4）：118-125.

杨万江，李琪，2016. 我国农户水稻生产技术效率分析：基于 11 省 761 户调查数据［J］. 农业技术经济（1）：71-81.

杨印生，王舒，王海娜，2016. 基于动态 DEA 的东北地区玉米生产环境效率评价研究［J］. 农业技术经济（8）：58-71.

杨志海，王洁，2020. 劳动力老龄化对农户粮食绿色生产行为的影响研究：基于长江流域六省农户的调查［J］. 长江流域资源与环境（3）：725-737.

姚利好，郭颖梅，2019. 农机服务对玉米生产技术效率的影响研究［J］. 中国农机化学报（12）：231-236.

姚升，王洪江，2019. 分区视角下粮食全要素生产率差异及收敛性分析［J］. 河北农业大学学报（社会科学版）（5）：22-29.

姚增福，2022. 中国粮食生产功能区农业环境效率及其改进程度：基于 FDH 方法的经济和人力资本空间异质性检验［J］. 经济地理（1）：182-190.

尹昌斌，李福夺，王术，等，2021. 中国农业绿色发展的概念、内涵与原则［J］. 中国农业资源与区划（1）：1-6.

尹琴，郑瑞强，戴志强，2021. 推进农业高质量发展接续脱贫攻坚与乡村振兴：第三届乡村振兴论坛综述［J］. 农林经济管理学报（1）：138-140.

于爱华，吴松，王琳，等，2021. 农业劳动力女性化对粮食生产的影响研究：基于土地流转及外包服务市场发育的视角［J］. 中国农业资源与区划（5）：51-59.

余可，2018. 碳排放视角下不同经营规模水稻生产绿色技术效率研究［D］. 雅安：四川农业大学.

虞松波，刘婷，曹宝明，2019. 农业机械化服务对粮食生产成本效率的影响：来自中国小麦主产区的经验证据［J］. 华中农业大学学报（社会科学版）（4）：81-89，173.

袁青青，韩一军，2018. 我国小麦全要素生产率的评价分析：基于 DEA-Malmquist 指数方法 [J]. 中国农业文摘-农业工程（4）：19-24.

苑鹏，丁忠兵，2018. 小农户与现代农业发展的衔接模式：重庆梁平例证 [J]. 改革（6）：106-111.

曾福生，高鸣，2012. 我国粮食生产效率核算及其影响因素分析：基于 SBM-Tobit 模型二步法的实证研究 [J]. 农业技术经济（7）：63-70.

曾智，2020. 提质增效背景下小麦主产区小麦生产效率实证研究 [D]. 荆州：长江大学.

张发明，丁峰，王坪，2021. 中国粮食主产区农业高质量发展水平评价与时空演变 [J]. 浙江农业学报（1）：150-160.

张凡凡，张启楠，李福夺，等，2019. 基于三阶段 DEA-Windows 的主产区粮食生产效率评价 [J]. 中国农业资源与区划（5）：158-165，194.

张海波，2012. 我国粮食主产区农业全要素生产率增长及收敛研究 [D]. 武汉：华中农业大学.

张海波，刘颖，2011. 我国粮食主产省农业全要素生产率实证分析 [J]. 华中农业大学学报（社会科学版）（5）：35-38.

张海波，刘颖，2012. 我国农业全要素生产率增长及收敛研究 [J]. 统计与决策（13）：139-142.

张海鑫，杨钢桥，2012. 耕地细碎化及其对粮食生产技术效率的影响：基于超越对数随机前沿生产函数与农户微观数据 [J]. 资源科学（5）：903-910.

张宏，王振华，姜会明，2011. 玉米生产的投入产出效率分析：基于吉林省玉米生产的实证研究 [J]. 吉林农业大学学报（6）：698-702.

张丽，李容，2020. 农机服务发展与粮食生产效率研究：2004—2016：基于变系数随机前沿分析 [J]. 华中农业大学学报（社会科学版）（2）：67-77，165.

张丽，李容，2021. 农机作业服务是否影响粮食全要素生产率：基于农业分工的调节效应 [J]. 农业技术经济（9）：50-67.

张利国，鲍丙飞，2016. 我国粮食主产区粮食全要素生产率时空演变及驱动因素 [J]. 经济地理（3）：147-152.

张利国，鲍丙飞，潘丹，2016. 鄱阳湖生态经济区粮食生产技术效率时空演变及环境协调性探究 [J]. 经济地理（11）：116-123.

张露，罗必良，2020. 农业减量化：农户经营的规模逻辑及其证据 [J]. 中国农村经济（2）：81-99.

张露，罗必良，2020. 中国农业的高质量发展：本质规定与策略选择 [J]. 天津社会科学（5）：84-92.

张梅，董双月，朱继元，等，2021. 玉米产中生产技术社会化服务对生产效率的影响研究

［J］. 玉米科学（6）：175-183.

张梦瑶，2021. 基础设施投资、机械作业推广与中国粮食全要素生产率增长［D］. 贵阳：贵州大学.

张宁宁，胡向东，2020. 我国玉米主产区生产成本效率分析：基于吉林、河北和四川3省调研数据［J］. 中国农业资源与区划（12）：129-135.

张培文，2021. 社会化服务对农业环境技术效率的影响研究［D］. 南昌：江西财经大学.

张启楠，张凡凡，陈学军，2018. 我国粮食主产区生产效率测算研究［J］. 价格理论与实践（9）：155-158.

张倩，孟凡杰，高聚林，等，2020. 基于DEA模型的西辽河流域玉米生产效率研究［J］. 内蒙古农业大学学报（社会科学版）（3）：72-77.

张新民，2011. 有机水稻生产技术效率及影响因素的实证研究［J］. 经济纵横（10）：65-67.

张旭，2016. 粮食生产中资本投入与劳动投入的替代弹性［J］. 江苏农业科学（11）：551-554.

张雪梅，1999. 我国玉米生产增长因素的分析［J］. 农业技术经济（2）：33-36.

张永强，蒲晨曦，王珧，等，2018. 化肥投入效率测度及归因：来自20个玉米生产省份的面板证据［J］. 资源科学（7）：1333-1343.

张永强，田媛，2021. 社会化服务模式对农户技术效率的影响［J］. 农业技术经济（6）：84-100.

张元洁，田云刚，2020. 马克思的产业理论对乡村产业振兴的指导意义［J］. 中国农村经济（10）：2-16.

张越杰，2008. 中国东北地区玉米生产效率的实证研究：以吉林省为例［J］. 吉林农业大学学报（4）：632-639.

张越杰，霍灵光，王军，2007. 中国东北地区水稻生产效率的实证分析：以吉林省水稻生产为例［J］. 中国农村经济（5）：24-32.

张德元，宫天辰，2018. "家庭农场"与"合作社"耦合中的粮食生产技术效率［J］. 华南农业大学学报（社会科学版）（4）：64-74.

张哲晰，穆月英，侯玲玲，2018. 参加农业保险能优化要素配置吗：农户投保行为内生化的生产效应分析［J］. 中国农村经济（10）：53-70.

张忠明，钱文荣，2010. 农户土地经营规模与粮食生产效率关系实证研究［J］. 中国土地科学（8）：52-58.

赵丹丹，周宏，2020. 农业生产集聚：如何提高粮食生产效率：基于不同发展路径的再考察［J］. 农业技术经济（8）：13-28.

赵贵玉，王军，张越杰，2009. 基于参数和非参数方法的玉米生产效率研究：以吉林省为例［J］. 农业经济问题（2）：15-21，110.

赵丽平，王雅鹏，何可，2015. 城镇化、农村人力资本与粮食生产技术效率：基于环境规制视角的面板数据分析 [J]. 农业现代化研究（4）：595-602.

赵丽平，王雅鹏，何可，2016. 我国粮食生产的环境技术效率测度 [J]. 华南农业大学学报（社会科学版）（3）：28-37.

赵亮，余康，2019. 要素投入结构与主产区粮食全要素生产率的增长：基于1978—2017年粮食主产区的投入产出面板数据 [J]. 湖南农业大学学报（社会科学版）（5）：8-13.

赵霞，李宁，钱龙，等，2021. 中国粮食产业高质量发展的路径分析 [J]. 粮食经济研究（1）：125-136.

钟甫宁，陆五一，徐志刚，2016. 农村劳动力外出务工不利于粮食生产吗：对农户要素替代与种植结构调整行为及约束条件的解析 [J]. 中国农村经济（7）：36-47.

钟真，蒋维扬，李丁，2021. 社会化服务能推动农业高质量发展吗：来自第三次全国农业普查中粮食生产的证据 [J]. 中国农村经济（12）：109-130.

周海文，王志刚，2021. "三量齐增"困境下除草剂使用对粮食生产效率提升研究 [J]. 华中农业大学学报（社会科学版）（6）：44-53，188.

周宏，李丹，2020. 粮食生产环节质量安全控制的现实困境及改进对策：来自湘赣苏三省水稻种植的经验数据 [J]. 经济纵横（3）：108-118.

周宏，王全忠，张倩，2014. 农村劳动力老龄化与水稻生产效率缺失：基于社会化服务的视角 [J]. 中国人口科学（3）：53-65，127.

周靖祥，2016. 重新评估社会化小农家庭粮食生产效率：以 SC 省 SZH 村水稻种植为例 [J]. 重庆大学学报（社会科学版）（2）：1-14.

周明华，2013. 中国粮食全要素生产率变化的实证分析：1978—2010 [J]. 广东商学院学报（2）：70-76.

周琼，王佳佳，曾玉荣，2019. 台湾水稻生产效率的实证分析 [J]. 福建农业学报（9）：1009-1018.

周应恒，杨宗之，2021. 生态价值视角下中国省域粮食绿色全要素生产率时空特征分析 [J]. 中国生态农业学报（中英文）（10）：1786-1799.

朱晶，晋乐，2017. 农业基础设施、粮食生产成本与国际竞争力：基于全要素生产率的实证检验 [J]. 农业技术经济（10）：14-24.

朱丽莉，钟钰，2015. 我国粮食生产效率与区域差异的实证观察 [J]. 统计与决策（17）：93-96.

朱宁，曹博，秦富，2018. 基于化肥削减潜力及碳减排的小麦生产效率 [J]. 中国环境科学（2）：784-791.

朱婷，2016. 基于三阶段 DEA 模型的我国小麦主产区小麦生产效率分析 [D]. 无锡：江南大学.

卓乐，曾福生，2018. 农村基础设施对粮食全要素生产率的影响 [J]. 农业技术经济 (11)：92-101.

Chen T，Rizwan M，Abbas A，2022. Exploring the Role of Agricultural Services in Production Efficiency in Chinese Agriculture：A Case of the Socialized Agricultural Service System [J]. Land (3)：1-18.

Cooke S C，Sundquist W B，1989. Cost Efficiency in U. S. Corn Production [J]. American Journal of Agricultural Economics (4)：1003-1010.

Cui J，Sui P，Wright D L，et al.，2021. A revised integrated framework to evaluate the sustainability of given cropping systems [J]. Journal of Cleaner Production (3)：1-13.

Fare，Grosskopf S，Pasurka C A，2007. Environmental production functions and environmental directional distance functions [J]. Energy (7)：1055-1066.

Fosso P K，Nanfosso R T，2016. Adoption of agricultural innovations in risky environment：the case of corn producers in the west of Cameroon [J]. Review of Agricultural Food & Environmental Studies (1)：51-62.

Kalaitzandonakes N G，Dunn E G，2009. Technical Efficiency，Managerial Ability and Farmer Education in Guatemalan Corn Production：A Latent Variable Analysis [J]. Agricultural & Resource Economics Review (1)：36-46.

Oh D H，2010. A global Malmquist-Luenberger productivity index [J]. Journal of Productivity Analysis (3)：183-197.

You L，Spoor M，Ulimwengu J，et al.，2011. Land use change and environmental stress of wheat，rice and corn production in China [J]. China Economic Review (4)：461-473.